安徽省精品教材项目
国际金融课程体系教学创新与实践成果

International Finance
China Scenario

王潇　史蛟　王健——编著

国际金融
中国情景

北京大学出版社
PEKING UNIVERSITY PRESS

图书在版编目(CIP)数据

国际金融：中国情景 / 王潇，史蛟，王健编著. —北京：北京大学出版社，2024.3

ISBN 978-7-301-34438-5

Ⅰ.①国… Ⅱ.①王… ②史… ③王… Ⅲ.①国际金融 Ⅳ.①F831

中国国家版本馆 CIP 数据核字（2023）第 174860 号

书　　名	国际金融：中国情景 GUOJI JINRONG: ZHONGGUO QINGJING
著作责任者	王　潇　史　蛟　王　健　编著
责任编辑	高　源　裴　蕾
标准书号	ISBN 978-7-301-34438-5
出版发行	北京大学出版社
地　　址	北京市海淀区成府路 205 号　100871
网　　址	http://www.pup.cn
微信公众号	北京大学经管书苑（pupembook）
电子邮箱	编辑部 em@pup.cn　总编室 zpup@pup.cn
电　　话	邮购部 010-62752015　发行部 010-62750672　编辑部 010-62750667
印 刷 者	北京飞达印刷有限责任公司
经 销 者	新华书店
	787 毫米×1092 毫米　16 开本　14.75 印张　300 千字 2024 年 3 月第 1 版　2024 年 3 月第 1 次印刷
定　　价	48.00 元

未经许可，不得以任何方式复制或抄袭本书之部分或全部内容。
版权所有，侵权必究
举报电话：010-62752024　电子邮箱：fd@pup.cn
图书如有印装质量问题，请与出版部联系，电话：010-62756370

序
PREFACE

  这是一本国际金融学的教科书。它的最大特点是以中国情景为案例的主要背景，通过对中国数据的梳理和呈现，展现国际金融学的经典理论在理解中国实际问题中的应用。

  本书的三位编著者相识于美国威斯康星州首府麦迪逊城。三人都在威斯康星大学麦迪逊分校获得经济学博士学位，师从国际金融领域的泰斗查尔斯·恩格尔（Charles Engel）教授。在毕业后，三位编著者都辗转回到了中国，希望将自己所学应用于中国的经济学研究。

  三位编著者都在国际金融领域有着丰富的教学经验。在实际的教学过程中，三位编著者达成了一个共识，即在传授国际金融理论时，必须要与学生所观察到的实际经济现象有机结合，才能够达到学以致用的效果。但是传统的国际金融理论往往在独立货币政策、浮动汇率和自由资本流动的假设下进行分析，这与中国等发展中国家的实际情况不同，因此会给学生造成困惑，怀疑这种理论是否能用于理解和分析中国的实际情况。

  本书展示了经典国际金融理论如何被用于理解中国和其他发展中国家的现象。在理论上，本书并未偏离经典理论的框架。只是在理论的呈现上，本书不偏重发达国家的政策选择，而是给予固定汇率制度和资本管制制度同样重要的考量。学生会发现，经典理论提供了一个统一自洽的框架，只要对这个框架的假设稍作修改，就可以将它应用在不同制度选择的国家。

  在正文之外，本书还提供丰富的线上数字资源，包括提供给教师的教学参考课件，以及提供给读者的延伸阅读、习题集和每章重点难点的视频讲解资料。

  本书受益于许多人的帮助。特别感谢导师查尔斯·恩格尔教授，他的为人与治学始终令我们高山仰止。感谢在本书的撰写中提供了许多帮助的研究助理们，包括王伊人、何贺敏、何家豪、施妤、徐赫聪。同时，也感谢本书的编辑裴蕾、高源，感谢她们在成书过程中细致耐心地提出意见。文中难免存在纰漏和错误，敬请读者指正，以期未来得到改正和完善。

本书的撰写得到国家自然科学基金项目 72003181、项目 72173111、项目 72133005 和安徽省精品教材项目（项目号：sztsjh-2022-10-14）的资助，在此谨致谢意！

目 录
CONTENTS

第一章　导论与背景知识 // 1

1.1　国际金融的研究对象、研究方法与适用范围 // 3
   1.1.1　国际金融领域的研究对象与理论工具 // 4
   1.1.2　研究方法和理论逻辑 // 6
   1.1.3　适用范围 // 6

1.2　内容概述 // 8
   1.2.1　汇率 // 8
   1.2.2　国际收支和金融全球化 // 8
   1.2.3　国际金融市场、机构与制度变革 // 9

1.3　全球化和中国的开放 // 9
   1.3.1　全球化的近代简史 // 9
   1.3.2　中国的开放简史 // 12

1.4　国际货币体系简史 // 15
   1.4.1　复本位制与金本位制 // 15
   1.4.2　布雷顿森林体系 // 17
   1.4.3　后布雷顿森林时代 // 20

第二章　汇率基础理论 // 23

2.1　汇率与外汇市场 // 25
   2.1.1　汇率定义 // 25
   2.1.2　汇率制度与汇率决定机制 // 28
   2.1.3　外汇市场与外汇衍生品 // 32

2.2　汇率套利与利率平价 // 39
   2.2.1　汇率套利 // 39
   2.2.2　抛补利率平价 // 40

2.2.3　无抛补利率平价　// 41
　　　2.2.4　风险与流动性　// 43
附录　// 46

第三章　汇率的长期定价和短期定价　// 51

3.1　汇率的长期定价　// 53
　　　3.1.1　一价定律和购买力平价　// 53
　　　3.1.2　绝对购买力平价和相对购买力平价　// 54
　　　3.1.3　汇率的长期定价：巴拉萨-萨缪尔森模型　// 60
　　　3.1.4　汇率的长期定价：货币路径　// 64

3.2　汇率的短期定价　// 66
　　　3.2.1　汇率的短期定价：资产路径　// 66
　　　3.2.2　汇率的长期定价模型和短期定价模型：货币路径与资产路径　// 68
　　　3.2.3　固定汇率和"不可能三角"　// 70
　　　3.2.4　汇率预测　// 73

3.3　外汇管理　// 75
　　　3.3.1　外汇管制和外汇储备管理　// 75
　　　3.3.2　中国汇率制度的发展与改革　// 77

第四章　国际收支与金融全球化　// 83

4.1　国际收支与国际收支平衡表　// 85
　　　4.1.1　宏观经济行为与宏观账户　// 85
　　　4.1.2　国际收支平衡表　// 88
　　　4.1.3　对外财富　// 96

4.2　金融全球化的成本收益分析　// 103
　　　4.2.1　小国开放经济模型　// 103
　　　4.2.2　平滑消费　// 104
　　　4.2.3　提升投资效率　// 107
　　　4.2.4　分散风险　// 109
　　　4.2.5　国际金融市场的效率　// 110

附录 // 114

第五章　开放宏观经济模型与政策分析 // 117

5.1　开放经济中的凯恩斯模型 // 119
- 5.1.1　总需求 // 119
- 5.1.2　产品市场与外汇市场的均衡 // 122
- 5.1.3　货币市场均衡 // 123

5.2　凯恩斯模型政策分析 // 124
- 5.2.1　暂时性的货币政策和财政政策 // 124
- 5.2.2　永久性的货币政策和财政政策 // 133
- 5.2.3　宏观政策与经常账户 // 135
- 5.2.4　流动性陷阱 // 139

附录 // 144

第六章　汇率制度 // 147

6.1　汇率制度与固定汇率 // 149
- 6.1.1　汇率制度分类 // 149
- 6.1.2　中央银行资产负债表和货币供给 // 154
- 6.1.3　固定汇率制度下的经济政策 // 158

6.2　汇率制度选择的考虑因素 // 167
- 6.2.1　钉住国与锚定国冲击的相似性 // 167
- 6.2.2　经济一体化 // 168
- 6.2.3　汇率制度对贸易的影响 // 168
- 6.2.4　汇率制度和货币纪律 // 171
- 6.2.5　汇率制度和财富冲击 // 172
- 6.2.6　固定汇率制度的可行性 // 173

第七章　资本管制和资本流动管理 // 177

7.1　国际资本流动与分类 // 179

7.2　国际资本管制政策 // 182
- 7.2.1　资本管制 // 182

7.2.2 资本管制与宏观审慎管理 // 185

7.3 资本管制下的宏观经济与政策：理论框架 // 186

7.3.1 基本模型的假定 // 187

7.3.2 货币政策 // 188

7.3.3 财政政策 // 189

7.3.4 汇率政策：目标汇率变更 // 191

7.3.5 资本管制的得与失 // 192

7.4 外国直接投资 // 193

7.4.1 FDI对生产率和经济发展的影响 // 193

7.4.2 影响FDI流动的因素 // 196

第八章 发展中国家 // 201

8.1 世界经济的增长与分化 // 203

8.1.1 收入差距和幸福感 // 203

8.1.2 经典经济增长理论的预测和条件趋同 // 205

8.2 流向发展中国家的资本、风险和危机 // 208

8.2.1 发展中国家的资本流动 // 208

8.2.2 违约和资本流动逆转 // 213

8.2.3 货币错配与"原罪" // 214

8.3 新兴市场的国际收支危机 // 216

8.3.1 20世纪80年代的拉美债务危机 // 216

8.3.2 1997—1998年的亚洲金融危机 // 217

8.4 国际金融安全网 // 223

8.4.1 资本管控的复兴 // 224

8.4.2 外汇储备 // 225

8.4.3 区域安全网和央行互换 // 226

8.4.4 国际货币基金组织的作用 // 227

第一章

导论与背景知识

1.1 国际金融的研究对象、研究方法与适用范围

本书的最大特点是关注发展中国家所面临的问题，这种关注从三个方面影响本书内容的呈现。首先，在理论框架上，我们对"不可能三角"中的每一种政策选择都给予同等认真细致的分析。"不可能三角"要求一个国家在三种传统的经济政策目标间进行取舍，即只能在独立货币政策、稳定的汇率、自由资本流动三个选项中挑选两个。目前，大多数研究者往往重点关注独立货币政策、浮动汇率和自由资本流动的政策选择，这个政策组合是以英美为代表的发达国家最为常用的。但相比之下，发展中国家出于不同的国情，往往更倾向于管理汇率并使用资本管制来规避国际热钱流动带来的风险。改革开放以来，中国最初是在资本管制和固定汇率的保护下开展国际贸易的。不了解固定汇率制度与资本管制，不但无法分析许多发展中国家的经济问题，而且无法了解什么样的考量促使了中国的汇率制度和资本管制政策的改革与变迁。因此，本书对"不可能三角"中的政策选择给予同等的关注。在搭建了政策分析的关键基石之后，本书在一个自洽的理论框架下，分别利用相互独立的三章分析"不可能三角"中政策选择的利弊。

其次，在数据和案例的呈现上，本书更倾向于用发展中国家，尤其是中国的数据来检验和应用国际金融理论。之所以在发展中国家里选择用中国的数据和案例，一方面是因为作者过去的研究多集中在中国经济问题。另一方面是因为中国作为全球第二大经济体和最成功的发展中国家经济增长模式，其案例自有它的重要性与趣味性。自改革开放以来，中国深度参与国际贸易、积极吸引并利用外资，在拥抱全球化的过程中，自身经济获得腾飞。但同时，中国的政策选择又避免了国际资本带来的冲击和风险，得以有惊无险地渡过历次金融危机的风浪——不管是由于偶然，还是由于明智的事前选择。这些经历足以给其他发展中国家一些启发，让它们也能够在风谲云诡的国际金融市场上实现较为平稳的经济发展。

最后，本书第八章专门讨论了发展中国家的问题。从理论和实践两个方面回顾了国际资本市场带给发展中国家的机遇与风险。

本书的理论框架并未偏离经典模型而独辟蹊径。国际金融理论经过数代经济学家的深耕，已经发展得较为成熟，只要对其假设稍作修改，便足以囊括广大发展中国家的事实分析和政策选择。本书的作者们在求学时代研习了经典的国际金融理论，但对于如何运用这些理论分析中国和其他发展中国家的国情，却经常感到困惑。在后来多年的教学中，

我们发现学生们也有着我们当初同样的困惑。当然，这并非因为经典理论不能用来解释中国的现象。经典理论对全球资本流动的因果关系有着深刻和隽永的洞悉，但在针对发展中国家的应用上，则需要根据国情对假设做出相应的修改和补充，这也是本书的贡献所在。

在内容的呈现上，本书采用由浅入深的方式，力图满足不同知识背景与不同需求的学生。本书的正文用相对独立但又相互佐证的两种方式来阐述国际金融理论。具备较强数学背景的学生可以通过图形和数学两种不同的表达形式来学习理论；而数学知识相对较弱，或仅希望了解理论应用的学生可以通过图形分析来完整地了解本书的理论框架。同时，本书也加入了相对前沿、对数学和统计学背景要求较高的内容，放在各章的附录中。这使得本书可以更好地与学术研究的前沿衔接，为学生进一步深入学习相关领域知识并独立从事研究打下坚固的基础。

1.1.1 国际金融领域的研究对象与理论工具

本节对国际金融领域的研究对象与理论工具进行概述，并阐述本书的两大特点：第一，在讲述国际金融中的经典模型后，专门讲解如何运用模型分析中国相关问题；第二，遵从国际金融研究规律，将经济事实与模型相结合，引入最新研究成果。

1. 研究对象

将今日的世界称为"地球村"或许是一种夸张的说法，但是它反映出一个现实：当今世界上几乎每一个国家都通过若干渠道与其他国家紧密联结。国家之间的经济来往不是什么新鲜事，自古以来便有跨国贸易，但是在当今世界，国与国之间的经济联系的紧密度确实是前所未有的。相互间的紧密联系意味着相互影响，即一个国家的政策对他国的经济产生溢出现象，发生在一个国家的危机会"传染"另一个国家……这些都是现代世界司空见惯的事。

国际经济学是研究国家之间经济联结和相互影响的学科。传统上，国际经济学有两个大分支：一是国际贸易，其研究对象是物资的跨境流动；二是国际金融，其研究对象是资本的跨境流动。国际贸易是最早的经济学分支之一，而国际金融在很长一段时间里被视为"国际贸易的背面"，因为最初的资本流动主要是为服务国际贸易，完成贸易支付。每一笔国际贸易交易都包含了物资的跨境流动，以及资本的反向流动。①如果物资的流动已知，资本的流动就可以很容易地推导得出。然而随着20世纪90年代金融市场全球化，目前多数的国际资本流动并非和国际贸易直接挂钩，而是处于金融投资的目的，例如股

---

① 以物易物的情况是例外。但在当今国际经济体系中，以物易物非常稀少，不在本书的讨论范围内。

票和债券类的国际资本流动。这种新趋势造成了国际金融领域研究的蓬勃发展。

国际金融的研究范围并不仅仅是资本流动本身，还包括促使资本流动的因素以及资本流动的后果。要理解这番前因后果，国际金融研究将视角转向了宏观的层面：国际资本流动与汇率、通货膨胀率、国家财富、经济政策、投资和经济增长等宏观变量的紧密联系。因此，国际金融是将宏观经济延伸至国际层面来研究，其理论框架是经过改造后以适应国际视角的宏观经济学理论，故而国际金融在很多情境下与国际宏观经济是同义词。[①]

那么，开放经济体宏观经济学与传统的单一国家（封闭经济体）宏观经济学有何异同呢？一般而言，主权国家通常有自己的货币，而外贸公司、国际投资者、旅游人士等都需要获取外国货币来从事经济活动，由此汇率——货币与货币之间的相对价格——就成为国际金融上一个独有的重要变量。汇率的波动会影响到国与国之间的交换，因此是国际金融的一个重要研究对象。

国家之间还可以通过相互联结的金融市场来借款或贷款。国际金融市场近几十年来快速发展，规模惊人。因为资本流动的便捷性，在一个国家没有资本管制的情况下，国际金融市场的流动速度与规模往往超过国际贸易，更超过国际移民。通过国际金融市场借贷一方面可以增进经济效率、促进经济发展；另一方面也可能带来风险。由资本的迅速流动和汇率的急速变动而引发的国际收支平衡危机与金融危机依然时常发生。肇端于一个国家的经济危机也可能因资本市场的相互联结而传导至其他国家。国际金融市场上产生的借贷以及随之而来的对外财富或债务，同样是国际金融的研究对象。

同样重要的还有经济政策的作用和相互作用。出于管理国内经济的需要，各国政府经常使用货币政策和财政政策等宏观工具。在开放经济中，这些政策的效果会因汇率、贸易和金融对政策的内生反应而受到影响。在开放经济中，一个国家还可以将汇率管制和资本管制作为额外的经济政策工具。因此，开放经济中各种经济政策的效果也是国际金融重要的研究对象。

2. 理论工具

国际金融的研究对象是资本——包括现金和其他金融资产的跨境流动，以及与这些资本流动紧密相关的宏观变量。为了能够准确地捕捉这些变量之间的相互关系，本书的理论部分用数学模型作为阐释工具。

考虑到国际金融领域的特性，我们一般通过一国开放模型或者两国开放模型，分析开放经济中的宏观变量关系。一国开放模型中，我们假设这个国家可以和其他国家自由

[①] 本书由此有别于国际金融管理和国际金融投资。虽然在内容上，这三个分支学科颇有重合，但本书研究问题的侧重点和理论工具都更偏向于宏观经济学。

贸易，资本可以跨国自由流动，但是由于这个国家规模较小，对世界经济不产生影响，而世界经济的变化可以作为外生冲击影响这个国家。两国开放模型中，我们假设两国之间可以进行贸易、资本流动并相互影响。

本书中的经济模型绝大多数属于一国开放模型或两国开放模型。在分析开放经济中的宏观变量时，是选择使用一国开放模型还是两国开放模型？如果我们研究的国家体量相对较小，对全球经济变量影响有限，就可以使用一国开放模型；如果研究的国家对全球经济会造成显著的相互影响，则需要使用两国开放模型。

国际金融中许多经典模型是以发达国家或者发展中国家里的小型开放经济为原型的，不一定能够直接用于分析中国问题。本书的一个特点是：在讲述完经典模型后，专门讲述如何将经典模型用于分析中国的经济问题，特别是中国逐步开放的动态过程。

1.1.2 研究方法和理论逻辑

经济学的一般研究规律是从经济数据中使用统计方法提炼出变量之间的关系，然后利用经典模型进行解释。模型的解释应该能够说明经济事实中变量的关系，以及其中的经济机制。本书的各个章节首先从经济事实出发，引出我们要分析的国际金融问题；其次介绍模型，着重分析模型是如何解释经济事实的；最后将模型应用于解释新的经济事实，特别是分析中国经济问题。本书还以专栏的形式加入实际案例以及最新的研究成果，从而将现实经济动态和理论模型更好地结合起来。

国际金融是宏观经济研究中活跃的领域，全球化进程中的新问题、新挑战不断推动着相关研究的进一步发展，因此国际金融前沿研究中会遇到现有模型推导出的结果与经济事实不符合的情况。此时我们需要检查：（1）在从经济数据中提炼宏观变量的关系时，是否使用了正确的统计方法，是否存在测量误差？（2）模型中的假设是否和现实相符，模型的推导是否正确？如果在数据分析和模型分析两个方面都不存在明显错误，现有模型就不能解释经济事实，我们称之为悖论（puzzle）。国际金融中的悖论往往是产生最新研究成果的地方。

基于国际金融领域的研究逻辑，本书在引入模型以及用模型分析经济现实时，经常采用逐步推导的方式。如果初始模型不能很好地解释经济事实，我们就会加入新的假设或丰富模型构造，使模型能够更好地分析经济情况。这样的过程有利于读者熟悉研究思路，为今后进行研究打下良好的基础。按照研究规律推导模型以及运用模型分析经济事实，也是本书的一大特点。

1.1.3 适用范围

作为教材，本书的适用范围包括经管专业的大学生、对国际金融感兴趣的理工科大学生、其他人文社会科学专业的大学生，以及经管及其他专业的研究生。这种分类并不完全确切，它仅仅指代学生的知识背景：是否已经学习过经济学原理、中级宏观经济学、高等数学、概率论与统计学。

本书在内容呈现上，根据学生知识背景的不同，设计了不同的难度分级，由浅入深、层层递进。在正文中，我们通过两种形式来表达理论：一是图形，二是数学公式。用图形来表达经济学理论，是从经济学原理就开始采用的传统教学工具，学生会感到熟悉且直观。数学是现代经济学和一切自然科学的语言，它可以精确、完整、严谨、自洽地表达经济学理论。对于想要在经济学研究上再进一步的学生而言，数学是不可或缺的工具。这两种表达形式以相互独立的方式阐释本书的主要理论，适用于不同的学生，但是它们在设计上也是互相补充、互相加强、互相佐证的。还有一些相对前沿的知识，要求具备比较扎实的数学和统计学功底才能较好地掌握。这些有难度的内容放在各章的附录中，供有兴趣或有需要的学生参考。

经管专业的大学生通常会在学完专业必修课之后再学习国际金融。在学习国际金融这门课程之前，学生通常已经学习了微观经济学原理与宏观经济学原理，有些已经学习了中级微观经济学与中级宏观经济学课程。同时，学生还掌握了高等数学的基础知识，能够较为熟练地使用微积分。理工科的大学生往往具有数学、统计学知识与建模技能，但对经济学的原理与应用尚不熟悉。对于上述两类学生而言，除附录的内容外，都可以全盘掌握。我们建议学生在学习的过程中，用图形与数学互相配合、互相佐证的方法加深对国际金融的理解。

其他人文社会科学专业的大学生对经济学之外的社会科学有广泛的了解，但有些学生可能尚未熟练掌握高等数学与统计学的基本工具。对于这些学生而言，学习国际金融可能是出于好奇，也可能是为了扩展自己的主修专业。本书的正文部分假定学生已经学习过经济学原理的入门课，对超过原理的部分都做了详细的讲解，并且佐以许多现实案例来加深学生的理解。在没有相应数学基础的情况下，学生可以通过文字与图形来学习国际金融理论。

研究生阶段的学生以及有志于走学术道路的本科高年级学生已经熟练掌握了经济学的基本知识，并且可以较熟练地运用高等数学、统计学、数据处理等知识和技能。在这个阶段学习国际金融，除了系统了解本领域的知识结构，还希望能更进一步，以批判性思维去推敲经典理论并结合现实提出自己的见解，甚至开展新的独立研究。我们鼓励这些学生不但要学习附录中的内容，而且要勇于在书本之外进行探索。

1.2 内容概述

本书首先详细介绍国际金融中最重要的变量——汇率，即不同货币之间的相对价格；其次介绍一个国家的国际收支平衡表，金融的全球化成本收益分析，以及开放经济中一个国家的财政、货币政策组合；最后介绍一个国家的汇率制度选择，以及各个国家面对全球经济冲击时协调货币政策的可能性。本书还分析了发展中国家特有的经济问题，并提出了相应政策建议。

1.2.1 汇率

汇率表示两种货币之间的相对价格。各个国家由于自身经济状况的不同，可能选择本国货币价格相对于其他货币价格自由变动，也可能选择本国货币价格与一种或几种主要货币价格保持相对稳定。由于汇率的可变性，企业在从事国际贸易、国际投资等涉及多种货币的经济活动时，需要研究汇率的变化规律，管理汇率风险。

我们将从产品市场和资本市场两个方面讨论汇率的决定因素。在产品市场上，不同货币被用于国际贸易，汇率反映两种货币的相对购买力。从长期来看，市场不存在套利机会，同样的产品在不同国家用不同货币购买的相对价格一致，由此可以决定不同货币的相对价格。在资本市场上，汇率反映两种货币之间的相对价格。资本市场上同样不存在套利机会，因此两种货币资金的收益率相等，由此可以决定汇率。由于汇率在产品市场上与产品价格相关，在资本市场上与利率相关，我们进一步引入货币路径和资金路径，分析汇率、产品价格、利率的关系。

汇率相关研究中的默认模型假设是浮动汇率和资本自由流动，这与我国目前的汇率制度选择不一致，因此我们将专门讲述如何改变假设并将模型用于分析中国汇率的相关问题。我们还将进一步讨论中国汇率制度的发展和改革过程。

1.2.2 国际收支和金融全球化

一个国家和其他国家进行国际贸易、国际投资，需要正确记录和分析跨国经济行为，这样决策者才能掌握宏观经济形势，并科学制定相应政策。我们将学习如何在国际收支平衡表上正确记录和分析一个国家在给定时间内的产品和服务进出口额、海外生产要素收入等,以及如何分析这个国家的对外资产和负债。

我们利用小国开放经济模型分析金融全球化的成本和收益。一个国家可以从国际市场融资,达到平滑消费、提升投资效率和分散风险等目的。但是目前的金融全球化成本收益分析框架仍然难以解释国际资本的有效性以及如何利用数据加以检验,这需要我们进一步研究。

在经济全球化背景下,采用浮动汇率制度或者固定汇率制度的开放经济可以选择的货币、财政政策有所不同。我们利用开放经济中的凯恩斯模型,分析不同汇率制度下的货币、财政政策组合对经济的影响,以及资本管制下货币、财政政策组合对经济的影响,并将该模型用于分析中国相关问题。

1.2.3　国际金融市场、机构与制度变革

汇率制度是一个国家对外开放的基本经济制度之一。我们将阐述一个国家选择汇率制度的理论模型,然后比较分析中国与其他各国的汇率制度。如果一个国家不能维持汇率相对稳定,短时期内本国货币就会急剧贬值,进而发生汇率危机。为此,我们需分析汇率危机发生的原因和造成的经济影响。汇率危机在各国历史上多次发生,通过回顾汇率危机历史,我们结合理论进一步分析中国面临的挑战。

随着全球化发展,一个国家受到的经济冲击可能传导至多个国家。面对经济冲击,如果各国仅考虑本国利益实施刺激性经济政策,就可能会对其他国家造成负面影响。如果能协调各国经济政策,那么各国都能从中受益。此外,针对发展中国家特有的问题,我们将分析其债务问题和跨境资本流动的特点,并提出相应的政策建议。

1.3　全球化和中国的开放

本节简略地回顾第二次世界大战以来全球化发展的历史,重点关注中国自20世纪70年代末以来的开放史以及中华人民共和国成立以来中国汇率制度的变革。我们讨论中国在未来继续深化改革开放的过程中亟待解决的国际金融方面的重要问题。

1.3.1　全球化的近代简史

全球化(globalization)指世界各国在经济、政治以及社会活动之间日渐增长的联系

与交融。虽然全球化常常被认为是近期才发生的一件大事，但在历史上的不同时期，世界各地区间的交流都出现了大幅增长。比如一些历史学家认为，早在15世纪后期，第一波全球化已经开始。第一波全球化出现在欧洲的"大发现时代"，背后的推手是欧洲各主权国家，其目的除了探索世界，还与在海外寻找资源、财富以及建立殖民地等活动紧密相联。虽然对于欧洲国家而言，这是一个激动人心的新时代；但是对于被殖民和掠夺的国家和地区而言，这一波全球化是伴随灾难而降临的。

第二波全球化通常被认为从19世纪初一直延续到第一次世界大战。工业革命促使技术快速发展和普及，欧洲的商品经济空前繁荣。同时，蒸汽船只的使用大大降低了贸易的成本。因此，第二波全球化背后的主要推手是希望在海外获取原料、拓展市场、寻找机会的大公司。经济逻辑开始推动全球各地更加紧密地联系在一起，全球化市场呼之欲出。但是，各国发展差距极大，欧洲诸国常常以坚船利炮来推行自己的利益主张。鸦片战争与中国的半殖民地化都发生在这个时期。

在当今的语境中，全球化通常指从第二次世界大战后开始的第三波也是最近一次全球互联的增长。虽然局部地区的冲突依然不断，但第二次世界大战后，全球大多数国家都获得了一段珍贵的和平发展时期。世界贸易组织（World Trade Organization，WTO）、世界银行（World Bank，WB）和国际货币基金组织（International Monetary Fund，IMF）等国际经济组织为各国经济的交流提供了重要的平台与框架。在两次世界大战和大萧条的打击下急转直下的全球贸易再次经历了长期的繁荣与增长。不仅如此，随着通信与信息技术的发展，资本、信息与知识开始真正地流转于全球。国家之间的竞争变得更激烈，但合作也同样经历了长足的发展。

经济的全球化包含了经济生产的三个层面。其一，历史上，国家之间通过贸易联结在一起，这是产出的交换。其二，除了产出，生产要素本身，包括资本和劳动力，也可以在国际上流动。两者之中，劳动力的流动依然受到许多限制，但资本的流动可以从一定程度上代替劳动力的流动，这是本书将会讨论的问题之一。其三，信息和知识的流动还能够促成生产力的全球溢出，这些无形的交流在数字化和全球互联网的推动下变得愈发重要。

我们可以从全球货物贸易发展的数据中一窥全球化在近两个世纪的变化。图1-1绘制了全球货物贸易总值（进口与出口之和）与GDP的比值。在19世纪，全球货物贸易经历了漫长而有序的增长[1]，然而这个趋势被第一次世界大战打破，又随着接踵而至的大萧条跌到谷底。在第二次世界大战结束之前，全球货物贸易已经倒退到比19世纪初还低的水平。

---

[1] 图1-1的数据仅涵盖了货物贸易。如果计入近年来兴盛的服务贸易，那么贸易的增长速度将更惊人。

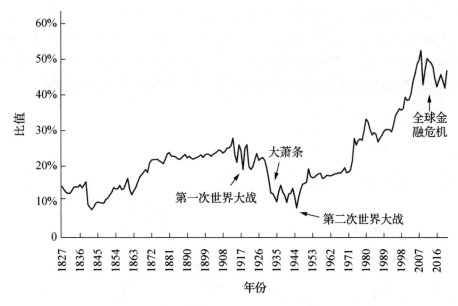

图 1-1　全球货物贸易总值与 GDP 的比值

资料来源：世界银行。

战争和大萧条重创了世界经济，第二次世界大战的结束让各国得到了喘息的机会。重启货物贸易无疑是复兴经济的重要一环。为此，各国紧锣密鼓地重新搭建世界贸易体系。重启货物贸易的第一步实际上是建立统一协调的世界货币体系，这是 1944 年布雷顿森林会议的主要议程。正是这次重要会议建立了布雷顿森林体系，我们将在后文重点介绍。3 年后，23 个国家在瑞士日内瓦签订了《关税和贸易总协定》（General Agreement on Tariffs and Trade，GATT），同意降低或消除关税和进口限额等贸易障碍。GATT 是世界贸易组织的前身。

全球货物贸易在接下来的几十年呈现爆炸式增长态势，从第二次世界大战结束时占全球 GDP 的 8.3%一路猛进，在 2008 年全球金融危机之前达到全球 GDP 的 52%。第二次世界大战结束以来，据估计全球 GDP 增长了近 11 倍，而全球货物贸易的增长速度更超过了 GDP 的增长速度，从中可见全球化的繁荣兴盛。

相比全球货物贸易而言，金融全球化起步较晚。在布雷顿森林体系建立之初，各国同意开放贸易，但都对金融资产的流动保持着控制。在 20 世纪 70 年代与 80 年代，呼吁金融开放的声音逐渐壮大。例如，日本在 1984 年开始实施金融开放，而 80 年代后期的欧洲一体化进程也大大促进了欧洲各国金融市场的融合。然而，金融开放也伴随着金融风险。20 世纪 70—90 年代，全球金融体系始终受到汇率危机的困扰，直到 21 世纪初才进入一段相对平稳的时期。对于发展中国家而言，这些危机造成的损失尤为严重。我们将在第八章回顾发展中国家的汇率危机。

各国对外借贷是金融全球化的一个衡量指标。图 1-2 展示了 20 世纪 70 年代以来全球各国对外总负债与 GDP 的比值。虽然金融全球化起步较晚，但得益于资本流动的便利性，各国对外总负债的膨胀速度也十分惊人。在 1997 年亚洲金融危机的时候，对外总负债与 GDP 的比值已经达到 72%；而到 2019 年，这个比值更是飞跃到 254%。

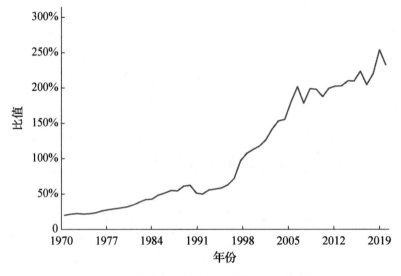

图 1-2　全球各国对外总负债与 GDP 的比值

资料来源：The External Wealth of Nations Datasets。

1.3.2　中国的开放简史

中国参与最近一波全球化的历程始于改革开放。在国内，"改革"与"开放"常常被相提并论，又以"改革"为先。但就实际政策的制定和实施而言，"开放"其实更早实现。①从 1978 年起，中国掀起了一波官员出国考察的热潮，其目的地既包括西方发达国家，也包括发展中国家。在近二十年的相对封闭后，这些考察团带回来的信息让人大开眼界。一方面，欧美发达国家取得了生产力的空前进步，其工业生产效率是当时中国的几十倍。另一方面，日本、韩国等国家和地区的急速发展，又提供了通过引资和出口等方式实现追赶与超越的样本。

从 20 世纪 70 年代后期起，引进国外的高科技设备、提升国内工业生产力成为经济发展日程上的重要事项。进口设备需要外汇储备，外汇储备又需要通过出口才能积累。因此，沿海"出口特区"②的建立就成了顺理成章的事。特区都建立在远离政治中心北京

---

① 历史学家萧冬连在《筚路维艰：中国社会主义路径的五次选择》中总结了这段历史并断言，如果说国内经济改革并没有一个清晰的路线图，那么有一点从一开始就很明确，这就是对外开放。

② 1979 年，在深圳、珠海、汕头和厦门建立了首批"出口特区"，1980 年更名为"经济特区"。

和经济腹地上海的南方地区，作为小规模的"试验田"，在政府内遭遇的阻力较小。党的二十大报告指出，要"推进高水平对外开放"。随着引进外资、利用富余劳动力进行生产和出口形成规模，市场力量逐渐兴起，其成功提供了为自身正名的依据。以开放促进改革成为一种独特的政策智慧。

图 1-3 绘制了中国、日本、美国和世界的总贸易额与 GDP 的比值。从中我们可以看到改革开放以来，贸易对中国经济的重要性。虽然中国的起点最低，但是总贸易额与 GDP 的比值在 20 世纪 80 年代中期即超越了美国和日本，随后一路上升，尤其在 2001 年加入世界贸易组织后，更是一度飙升到 64.5%，大大超过了美国和日本，也超过了世界均值。对于一个经济体量庞大的国家来讲，这是罕见的。由于小国在专业分工与国际交换中受益更多，对国际贸易的需求通常也更强烈，大国则可以在国内形成专业化并跨区域交换，因此其国际贸易额与 GDP 的比值一般更小。

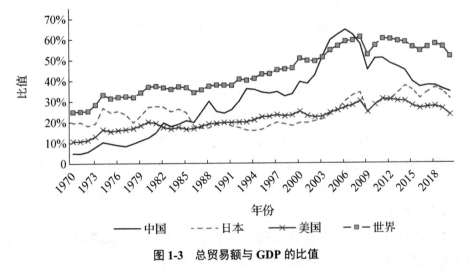

图 1-3 总贸易额与 GDP 的比值

资料来源：世界银行。

中国外贸的特征是存在长期的贸易顺差。由图 1-4 可知，这个特征是从 20 世纪 90 年代中期开始显现的。在中国对外开放的历程中，1994 年是一个重要的里程碑。1994 年实行的汇率改革建立了全国统一的银行间市场、统一了汇率，并且开放了贸易项目下的外汇自由兑换。随着更多的企业进入外贸产业，中国外贸进入长期的顺差时代。虽然进出口皆经历过起伏，但是出口额始终大于进口额。这个局面意味着外贸企业售汇始终大于购汇，曾经困扰中国多年的外汇不足问题不复存在。经过多年的积累，中国的官方外汇储备增长到世界第一，当前的烦恼反而变成了如何管理数量如此庞大的外汇储备。

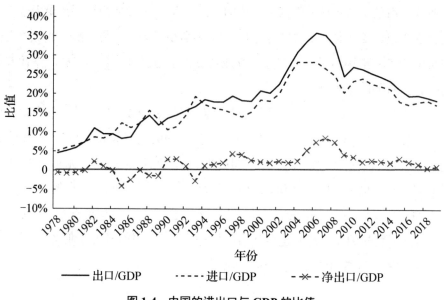

图 1-4　中国的进出口与 GDP 的比值

资料来源：国家统计局。

全球化并不总走在坦途上。包括西方国家在内的各国内部反对全球化的声音从未停歇。英国脱欧、中美贸易争端，以及新冠疫情等冲击一次又一次让人们怀疑，这一波全球化是否已经走到了尽头。中国对全球化的态度是坚定的支持。在 2013 年，中国提出了"一带一路"倡议，邀请亚欧非国家携手继续推进彼此的经济交流。在 2017 年的达沃斯论坛上，习近平呼吁各方建立一个更加开放的世界，进一步发展自由贸易和投资，并且在之后又多次重申这个观点。

数十年的跋涉，中国的开放面对过风险，经历过困难，也走过弯路，但最终走出了一条属于自己的路。在未来，中国还有许多亟待解决的问题：

中国人民银行应该继续管理人民币汇率吗？如果要的话，该如何管理？

如何管理中国的对外投资与对外负债？

中国应该完全开放资本市场、允许跨境资本自由流动吗？

人民币国际化的关键在哪里？

……

虽然我们会在不同的案例中分析这些问题，但本书的主旨并非直接回答这些问题，而是提供理论工具、训练研究思路，让读者自己去寻找这些问题的答案。授人以鱼不如授人以渔，我们希望读者在系统地学习国际金融后，不但能够回答当前这些问题，而且能够提出和分析自己感兴趣的问题，以及未来可能出现的问题。

1.4 国际货币体系简史

本小节将简略回顾国际货币体系的历史。我们的目的并不是要事无巨细地了解国际货币体系的每一步发展历程,而是要梳理它在变迁之中的一些关键逻辑,为本书后面章节将要讨论的重要课题提供必要的背景知识。

1.4.1 复本位制与金本位制

自古以来,黄金就是人们青睐的交易媒介和储值资产。许多相对独立的文明皆不约而同地发展出对黄金的偏爱,因此以所有国家都接受的黄金作为国际交易的度量衡单位,似乎是一件自然而然的事。

但黄金的天然存量稀少,在历史上的大多数时期,各国往往以银和铜等金属作为货币的补充,并规定不同金属货币之间的官方交换比例。这个货币制度被称为"复本位制"(Bimetallism)。

英国是最早采用金本位制(Gold Standard)的西方国家。18 世纪初,英国采用金银同时流通的复本位制。1717 年,艾萨克·牛顿(Inaac Newton)任英国皇家铸币局主管,其制定的官方金对银交换比例相对市场价过高,这导致的直接后果是市场抛售黄金、储存白银,黄金遂成为唯一流通的货币。英国由此进入事实上的金本位时代。图 1-5 展示了英国为纪念金本位制开端 300 周年,于 2017 年发行的硬币。

图 1-5 英国发行纪念金本位制实施 300 年的硬币

在复本位制的时期,这种贵金属之间价格错配所导致的套利现象屡见不鲜。由于法定比价不能经常调整,而贵金属的相对供给却随时能改变,因此其市场价常常变化。"劣币"(市场价低于法定价的货币)驱逐"良币"(市场价高于法定价的货币)的现象被称为"格雷欣法则"(Gresham's Law)。格雷欣法则是复本位制不够稳定的主要原因。

在19世纪70年代以前,各国的货币制度各自为政,并且受战争和政治事件的影响,常常出现货币不可自由兑换的情况。1871年,德国采用金本位制,标志着金本位制在欧洲大陆的核心国家得以确立。

国际金本位制有三个标志性特征:一是金本位体系中的国家仅认可黄金为铸币原料;二是黄金与法币之间可以按固定的比例进行双向兑换;三是黄金可以在国际间自由流动。

金本位体系国家的货币与黄金的比价固定,而黄金的国际自由流动又意味着金价在全世界一致。这两个特征固定了金本位体系中的汇率。假如英国保持每单位黄金兑换15英镑的比价,美国保持每单位黄金兑换30美元的比价,那么1英镑必然可以兑换2美元。只要两国都忠实地捍卫黄金与其法币之间的固定比价,英镑和美元之间的汇率也就自动保持恒定。在金本位制存续期间,主要西方国家的汇率相互保持了稳定,为这个时期国际贸易和国际投资的扩张创造了有利条件。

金本位体系下,国际收支的不平衡会自动得到遏制。大卫·休谟(David Hume)创建的物价-现金模型清楚地展现了其中的原理:假如一个国家的进口大于出口,那么将会产生贸易赤字,黄金将从该国流出,造成货币供给收缩、商品市场价格下降,促使该国和外国的消费者都更倾向于购买该国的商品,从而使该国的进口减少、出口增加,贸易赤字得到改善。

对于一个采用金本位制的国家而言,货币的发行需要货币发行机构持有对应数量的黄金储备。因此,货币政策的主要目标就是维持足够的黄金储备、保证能够兑现法币以固定比价兑换黄金的承诺。在黄金储备有限的情况下,滥发货币是不可行的。现代人们习以为常的持续性小幅通货膨胀在金本位时代不是常态;相反,由于工业革命后生产力飞速发展,黄金开采的增速跟不上经济体量的增速,其直接后果就是通货紧缩。19世纪末,美国经历了长达二十多年的通货紧缩,物价下降了40%,这就是一个例证。

金本位制的另一个问题是它会导致不同政策目标之间发生冲突。在金本位制下,货币当局的首要任务是保证法币与黄金的可兑换。为了保证黄金储备不流失,维持对外收支平衡至关重要,这意味着失业率等国内经济目标只能退居其次。如果一个国家经济衰退,失业率升高,那么当今的货币政策制定者可能会增发货币、降息以提升就业率。但在金本位下,这是不可能的。同时,在金融市场信心不足、银行产生挤兑的时候,中央银行本可以担任最后借款人的角色,为市场注入流动性,避免恐慌情绪的传播和蔓延。但这又与控制货币供给、保证货币可兑换的目标相矛盾。因此,金本位制下的货币当局职能相对单一,以维持法币的含金量为第一目标,无法兼顾货币政策的其他功能。

1914年,随着第一次世界大战爆发,参战国纷纷扩大军事开支,并通过超发货币来支持战争,致使经典金本位制崩溃。在第一次世界大战和第二次世界大战的间隙,以英国为首的国家曾试图复兴金本位制。然而,在战争期间,各国的物价都已大幅上涨,恢复战前的金本位制意味着会带来痛苦的通货紧缩和失业。最终，大萧条和第二次世界大战使国际贸易与国际货币秩序支离破碎，为金本位制画上了句号。

虽然金本位制续存的时间不超过四十年，并且已经消失很久，但它的影响是深远的。在金本位制的主导下，形成了第一个系统性的世界货币制度。其许多核心特征和机制一直留存到今日。在接下来的讨论中，我们将会看到，在金本位制之后重塑世界货币体系的努力都是为了在避免金本位制缺陷的同时重建稳定的秩序。

1.4.2 布雷顿森林体系

欧洲各国经济在大萧条和第二次世界大战中遭受重创。随着金本位制一去不返，货币超发频繁。各国将邻国货币的贬值视为对方赚取贸易盈余的手段，于是筑起关税的高墙来保护自己的利益，保护主义与孤立主义蔓延。在第二次世界大战结束时，国际贸易体量已经退回到一个世纪之前的水平（见图1-1），重建国际贸易体系成为战后恢复经济的重要一步。

在此背景下，44个国家的代表于1944年7月在美国新罕布什尔州布雷顿森林镇会晤，其主要议题是创建新的国际货币体系，让各国的货币在贸易项下自由兑换，以推动国际贸易的复兴。会议起草并签署了《国际货币基金协定》（Agreement of the International Monetary Fund），由此而诞生的新的国际货币体系称为布雷顿森林体系（Bretton Woods System）。

布雷顿森林体系创建了一个国际固定汇率体系。每个成员的货币以固定汇率与美元挂钩，仅允许在1%的范围内变动。同时，美国承诺以每盎司黄金兑换35美元的固定比价将美元与黄金挂钩，各成员国的中央银行可以随时按承诺价格将美元换为黄金，因此各国可以放心以美元作为储备货币。图1-6用直观的形式比较了金本位体系与布雷顿森林体系的区别。相比，金本位体系，布雷顿森林体系在各国货币与黄金之间增加了一个环节，即各国货币先兑换成美元的环节。

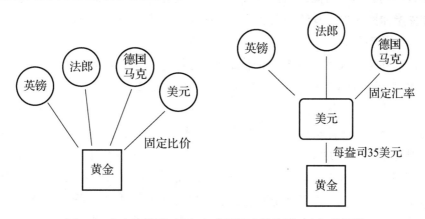

图1-6 金本位体系（左）与布雷顿森林体系（右）的区别

乍看之下，布雷顿森林体系下的汇率制度几乎就是金本位制的复辟。各国货币锚定美元，美元锚定黄金，这表明事实上所有货币仍然是以固定比价锚定黄金的。也就是说，如果布雷顿森林体系运转良好，那么其汇率制度就是对金本位制的复刻。这个印象没有错，这也正是参会成员同意接受美元作为体系关键货币和中央银行储备货币的原因——美元"跟黄金一样硬"。

但是，与经典金本位体系相比，布雷顿森林体系有若干重要的不同。

第一，布雷顿森林体系试图引入一定的汇率灵活性，允许在"基本面失衡"的情形下调整官方汇率。《国际货币基金协定》中并没有具体说明何谓"基本面失衡"，在具体操作中，一般认为当一个国家出现长期持续的贸易不平衡时，就意味着汇率可能需要调整。比如，英国出现了长期的贸易赤字，进口始终大于出口，进口商的购汇需求就连续超过了出口商的换汇需求，英格兰银行会不断地失去外汇储备。布雷顿森林体系的设计者看到了这个可能，于是建立了通过官方升值或者贬值来调整外部平衡的路径。但在布雷顿森林体系建立后，各国对调整汇率都慎之又慎，仅在极少的情形下，官方会主动调整汇率。其中的主要原因是政府担心调整汇率会带给市场负面的信号，一次汇率调整会使市场开始猜测将来还有更多次的汇率调整，这反而会引起更多的资本流动与市场动荡。

第二，相比于金本位体系，布雷顿森林体系的成员更重视内部经济目标。在金本位体系下，各国货币当局的目标相对单纯，就是维护法币与黄金的比价。但是时移世易，经历两次世界大战以及大萧条时代，货币政策制定者意识到维护国内经济增长和充分就业的重要性。在金本位体系下，贸易赤字能够通过国内的紧缩性政策来纠正；但是在第二次世界大战之后，劳动者阶层的政治力量增强，紧缩性政策损害就业，在政治上变得愈发不可行。相反，政客往往在选举年用扩张性政策和进一步促进经济增长的许诺来换取选民的支持。这也意味着国际协作与货币互换变得更加困难。在金本位体系下，当英国陷入外汇储备耗尽的危机时，诸国都会充当英格兰银行的贷款人，因为维护稳定的国际货币秩序对所有人都有益，而且它们相信英国会以紧缩性政策来提升英镑的信用等级，危机只是暂时的。但在布雷顿森林体系下，他国政府有理由怀疑即使借款给英国，危机后英国依然会重蹈覆辙，继续采取货币扩张性政策并持续造成英镑贬值的压力。借贷只是治标不治本的手段。

第三，在布雷顿森林体系下，资本管制非常普遍。这是伴随前面两个特点而生的。既然各国要维持固定的汇率，又不愿意为了维持固定汇率而采取必要的紧缩性或扩张性政策、牺牲国内经济目标，那么如何应对来自外汇市场的本币升值或者贬值压力呢？答案就是对跨国私人资本流动进行严格的管制。还是以英镑贬值压力为例。为了维持汇率，理想的应对之策是提高国内的利率（贴现率），以提高英镑的吸引力、阻止资本外流。但是，提高利率会影响国内经济增长，招致选民的反对。那么，如何能够在不提高利率的情况下阻止资本外流呢？答案就是通过资本管制来筑起大坝，禁止投资者抛售英镑资产。因此，在整个布雷顿森林体系下，各国均维持着资本管制，尽管在实际操作中，资本管制的作用日渐消退。直到20世纪70年代初，布雷顿森林体系崩溃后，金融自由化才被提上日程。全球化的近期历史在 1.3.1 节已经有所回顾，此处不再赘述。

第四，布雷顿森林体系导致国际货币体系的不对称。在金本位制下，所有国家的货币都与黄金挂钩，各自维护本币与黄金的比价。但在布雷顿森林体系下，美元成为联系各种货币与黄金的纽带，美联储虽然形式上成为世界的中央银行，但本质上美联储仍是美国的中央银行，它制定政策时以最大化美国经济利益为目标。美国之外国家的中央银行负责维持本币对美元的比价，而美国负责维持美元与黄金的比价。当美联储增发货币、美国利率降低的时候，市场会抛售美元，其他国家为了维持固定汇率，其中央银行需要发行本币、吸收过量的美元，也由此被动地增加本币供给，不得不承受通货膨胀上升的风险。当然，美联储同样受到美元与黄金挂钩承诺的制约。他国中央银行吸收增发的美元后，可以根据协议向美联储兑换黄金，因此美联储能够增发的货币理论上受到其黄金储备的限制。但各国的权利与义务毕竟是不对等的，美国之外国家就算发生货币危机也只能扰动国际货币系统的一隅，而美元是布雷顿森林体系得以维持的中枢，中枢的松动将导致整个系统的溃败。

第五，布雷顿森林体系建立了世界性的制度和组织来协调各国的货币制度与收支平衡。成员同意拿出本币与黄金在 IMF 构建一个资金池，用来帮助陷入国际收支危机的国家，避免短期失衡导致的金融恐慌，维护国际固定汇率体系的稳定。IMF 充当国际收支危机的消防员，其维护国际金融秩序的职责一直持续到今日。但是在布雷顿森林时代，IMF 的资金池一直饱受配额不足的困扰，无法真正起到作用。在后布雷顿森林时代，IMF 又因为对陷入危机的发展中国家提出严苛的贷款条件而遭到批评。第八章将更多地讨论 IMF 的功过与得失。

综上所述，布雷顿森林体系的目标是在鼓励国际贸易的同时维护稳定的固定汇率制度，还要兼顾各国的国内就业与经济增长。国际贸易如果产生持久性失衡，市场就会对货币重新估值，而贸易以外的金融往来受到广泛的限制。这种安排以限制资本流动为代价保证了汇率的稳定和货币政策的独立性。

布雷顿森林体系建立的初期与第二次世界大战后全球经济的复兴重合，在它主导的固定汇率体系下，各国放下芥蒂，恢复了本币在贸易项下的可兑换，促进了国际贸易的再度繁荣。但是，"成也萧何，败也萧何"，事实证明在贸易收支可兑换的情境下实施资本管制是极其困难的。通过虚开发票，投资者可以便捷地转移资本，跨国公司的壮大与欧洲货币市场的发展都为跨境资本流动提供了便利。20 世纪 60 年代变本加厉的资本管制，只是各国政府对日益增长的资本流动做出的截流补漏措施。实际上，国际资本流动已经变得无法阻挡。

同时，布雷顿森林体系本身的枢纽——美元的价值——也开始遭到侵蚀。美国承诺以固定比价兑换美元与黄金，但只有在美联储拥有足量黄金储备时，市场才会认可美元的价值。在第二次世界大战结束时，美国拥有全世界 3/4 的黄金储备；但是其偏向于扩张性的货币与财政政策带来美元流动性的泛滥，到 1960 年，美国的外币债务首度超过其黄金储备的价值，市场开始担忧美联储会遭遇黄金挤兑危机，私人市场的黄金价格攀升到每盎司黄金兑换 40 美元。美国对此的反应是用严苛的资本管制和金融干预筑起堤坝，阻止金融洪流冲击美元价值。然而，这是治标不治本的举措，在资本管制的背后，美国的货币增长、通货膨胀与预算赤字依然没有消除。1971 年，德国马克再次遭遇大量兑换。德国担忧过度吸收美元、释放马克将带来通货膨胀，终止货币干预并允许马克对美元汇率上浮。市场看到美元贬值的可能，更加积极地抛售美元。美国总统尼克松在同年 8 月单方面宣布不再允许外国中央银行以 35 美元/盎司的价格兑换黄金，布雷顿森林体系的美元-黄金枢纽正式破裂。

虽然美元与黄金的固定比价已是过去式，但各国依旧希望维持稳定的多边汇率体系。为此，工业国家进行了磋商，决定进行货币重估，让美元适度贬值。但是，如果美国的政策依然偏向于相对扩张，维持各国货币对美元固定汇率的努力就只有短暂的效果。最终，在屡次抛售美元的浪潮后，1973 年，欧共体成员国决定放弃与美元挂钩，联合上浮货币汇率，布雷顿森林体系的第二支柱——固定汇率制度——也正式宣告破产，布雷顿森林体系成为历史。

1.4.3　后布雷顿森林时代

布雷顿森林体系坍塌之后的时期经常被称作"浮动汇率制度时代"。但是，从多个角度来看，这个称谓并不准确。

首先，这个说法忽略了发展中国家。虽然发展中国家的贸易在其经济中占比较大，但是常常依赖于初级产品出口，其金融市场体量往往较小，容易受到国际冲击的影响。为了避免国际冲击的影响，发展中国家倾向于用贸易限制、资本管制和固定汇率来实现国内经济的平稳发展。即使布雷顿森林体系解体了，大多数发展中国家还是选择钉住美元或者钉住其他发达国家货币的汇率制度。

其次，即使只看西方发达国家，"浮动汇率时代"的说法也依然不严谨。在 1973 年抛售美元浪潮之后，各发达国家将浮动汇率看作投机攻击下不得已为之的临时安排。直到 1976 年，IMF 才通过《牙买加协议》在事后确认浮动汇率可以接受。在那之后，美国和欧洲国家选择了截然不同的道路。美国逐渐倾向于浮动汇率制。但欧洲国家为了维系和进一步推动欧洲内部的贸易，希望维持彼此间汇率稳定。为此，在 1971 年美元危机后，欧共体国家达成了协议，将彼此的汇率波动控制在一个狭窄区间内，称为欧洲蛇形体系，用来形容各国货币互相联结但又有一定的灵活性。1979 年，欧洲蛇形体系被欧洲货币体系（European Monetary System）正式取代。欧洲货币体系明确了建立一个货币稳定的欧共体的目标，在共同体内保持成员国之间的汇率稳定。虽然欧洲货币体系时常遭到投机性攻击的困扰，但欧共体建立欧洲货币联盟的决心未曾动摇。1999 年，欧洲货币联盟的 11 个国家①正式开启了用欧元取代本国货币的过程。这些国家使用共同货币将彼

---

① 包括法国、德国、卢森堡、比利时、荷兰、意大利、西班牙、葡萄牙、芬兰、奥地利、爱尔兰，即欧盟 15 国中除希腊、瑞典、丹麦和英国外的所有成员。

此之间的汇率固定在了 1 : 1，杜绝了成员国之间的货币投机行为。

最后，即使采取浮动汇率制度的国家，在特定情况下也常常干涉汇率，纯粹由市场决定的汇率是稀有的。因此，后布雷顿森林时代的汇率制度不是非黑即白的浮动或者固定汇率制，而是存在从严格管制到较少干涉的光谱，不能简单地以一端命名。比如在布雷顿森林体系解体后，美元经历了大起大落。1985 年，为扭转美国的贸易赤字，美国与日本、英国、法国、德国在纽约广场酒店达成《广场协议》，让其他货币对美元升值。在各国政府承诺共同干预的情况下，美元价值大幅下跌，超过了原先的预期，于是在 1987 年又通过《卢浮宫协议》共同干涉，阻止美元继续贬值。

因此，在布雷顿森林体系崩溃之后，应该说迄今为止并未产生一个稳定的全球货币体系。目前的制度既不是浮动汇率制，也不是固定汇率制，而是各国根据自己的需要和国情对本国的货币制度做出安排，因此各国汇率和货币制度呈现出各种不同组合。在第六章，我们将详细介绍布雷顿森林体系解体后，各国汇率制度的选择，并在统一框架下讨论固定汇率制度与浮动汇率制度的得失。

从布雷顿森林体系后期到其解体之后，主流经济学思潮的变化主要呈现出自由化的趋势。在 20 世纪 60 年代后期，货币危机频发，越来越多的经济学家开始提倡更加灵活的货币制度。他们认为，灵活的货币制度有若干重要的益处：一是可以将货币政策从钉住汇率的沉重责任中解放出来，于是货币政策可以更多地关注国内的经济目标，比如经济增长和充分就业；二是当所有货币都可以自由浮动时，布雷顿森林体系下国家之间的不对称性就会消失了，美国将不再能够以一己之力影响到全世界的利率和信贷；三是灵活的汇率可以自动稳定经济，当一个国家出现国际收支赤字时，其汇率会自然贬值，从而提高出口、压制进口并稳定国际收支；四是灵活的汇率制度不仅能够纠正收支赤字，在灵活的汇率制度作用下，一开始就不会出现贸易和收支大幅失衡的情况。在这样的信念下，布雷顿森林体系的解体虽然是由投机性国际资本流动所导致的，但浮动汇率制度的转型往往被视作一件值得称道的事。在布雷顿森林体系成为历史的半个世纪后再来回顾，这些浮动汇率制度理论上的益处是否都得到事实的证明呢？这是本书将要讨论的重要问题之一。

本章回顾国际货币体系的历史是为了给后续章节的讨论提供必要的背景知识。我们看到金本位制下国际货币体系的主要特征是固定汇率且资本自由流动；相应地，各国货币政策的主要目标是维护本币与黄金的固定比价，无暇兼顾其他目标。布雷顿森林体系的设计者们希望各国能够在维持固定汇率制度的情况下兼顾国内经济目标，为此试图通过资本管制政策来截断资本的国际流动。但最终，事实证明跨境资本流动太难阻挡，随之而来的货币危机摧毁了布雷顿森林体系。固定汇率、独立货币政策与资本自由流动不可兼得，最多只能三选二，这个理论被称为"不可能三角"。在接下来的章节中，我们将先通过理论分析，明晰"不可能三角"理论之所以成立的基本假设和原理，接着分别分析在"不可能三角"主导下的政策选择的得失。经济学是一门社会科学，它力求解释真实经济中的突出现象，回答现实生活中的重要问题。本章回顾的历史事件是国际金融学科中的重要问题来源，在系统性地学习了国际金融的基础理论框架后，读者再来看本章的背景知识，应该能够获得更加深刻的体会和启发。

关键词

国际金融　开放经济体　宏观经济学　经济事实　经济模型　悖论　汇率　全球化　国际收支　汇率制度选择　发展中国家　金本位　复本位　布雷顿森林体系　不可能三角

参考文献

姜波克. 国际金融新编[M]. 6版. 上海：复旦大学出版社，2018.

Feenstra R C, Taylor A M. *International Macroeconomics*[M]. 4th ed. New York: Worth Publishers, 2017.

Krugman P R, Obstfeld M, Melitz M J. *International Economics: Theory and Policy*[M]. 9th ed. London: Pearson Education, 2012.

第二章

汇率基础理论

本章的主题是汇率的决定机制。汇率是国际金融中的基本变量之一，也是金融市场和实体经济中非常重要的价格。同时，汇率还经常受到政府的管控。因此，完整的汇率决定理论必须考虑到金融市场、产品市场以及政策因素。在本书中，这几个因素将根据经济学理论的逻辑，被拆分到不同的章节进行讨论。本章专注于汇率在金融市场上的决定机制。

从金融市场开始对汇率进行研究，是因为汇率是一类资产的价格：它是两种特殊的资产——两种货币的相对价格。外汇市场是广义金融市场的一部分，因此汇率的定价取决于外汇市场的供需关系。外汇市场的供需关系，来自外汇市场参与者的经济考量。外汇市场参与者受到政策的制约。历史上在布雷顿森林体系以及现今的许多国家中，对资本跨境流动普遍存在限制。但是只要存在外汇市场，汇率作为市场的均衡价格，就会受到市场力量的驱动，政府对汇率的管理是通过参与汇率管控来影响市场均衡。因此，我们通过研究外汇市场的均衡条件为汇率定价。

在本章，我们假定国际金融市场是完全自由的，投资者可以不受限制地买卖国外资产。这个设定对于有资本管控的国家而言是一个简化模型。但本章讲述的理论有助于理解汇率决定机制和资本流动，也是制定经济政策的依据。后面章节会讨论汇率制度和资本管控政策，这些制度和政策也都建立在本章的基本理论的基础上。

本章的内容分为两大部分。第一部分介绍汇率理论的背景知识，包括汇率定义、汇率制度和外汇市场。第二部分以外汇市场的均衡条件为切入点，讨论汇率的决定机制。

2.1 汇率与外汇市场

本节概览关于汇率的重要背景知识。我们首先给出汇率的定义；其次讨论为何无论一个国家选择何种汇率制度，基于市场的汇率决定理论都具有普遍的重要价值；最后讲述外汇市场的基本特征及外汇市场中交易的外汇衍生品。

2.1.1 汇率定义

汇率（exchange rate）指本国货币与外国货币之间的相对价格。由于汇率是两国币值的比值，因此有 2 种方法表示汇率。以人民币和美元为例，汇率可以表示为 1 单位外币的本币价格，如 6.80 元/美元（6.8￥/$），这种方法被称为直接报价法（direct quote）。汇率同样可以表示为 1 单位本币的外币价格，如 0.15 美元/元（0.15$/￥），这种方法被称为间接报价法（indirect quote）。

直接报价法与间接报价法表达的信息显然是相同的。为了统一汇率表示方法、避免混淆,我们首先在两国框架中定义本国(或地区)和外国(或地区),然后将汇率表示为单位外币的本币价格。凡涉及中国与其他国家的汇率,以中国为本国。涉及除中国外的其他国家之间的汇率,我们首先将其中一个国家设定为本国,另一个即为外国。例如美国和欧元区之间的汇率,若将美国设定为本国,则其汇率为1.10美元/欧元(1.10$/€);若将欧元区设定为本国,则汇率为0.91欧元/美元(0.91€/$)。

汇率可以发生变动,导致货币升值(appreciation)或货币贬值(depreciation)。请注意:本书汇率标示法采用直接报价法,汇率的数值增加代表本币贬值。以美元对人民币汇率为例,假设汇率为$E=6.40$元/美元。当汇率E上升时,例如$E=6.50$元/美元,那么美元对人民币价格上升,需要用更多的人民币购买1单位美元,即美元升值、人民币贬值。当汇率E下降时,例如$E=6.30$元/美元,那么美元对人民币价格下降,可以用较少的人民币购买1单位美元,即美元贬值、人民币升值。

专栏 2-1 有效汇率

在通常情境下,汇率约定俗成地指两种货币的相对价格,比如人民币对美元汇率、美元对欧元汇率等。更精确地讲,这些汇率又称双边汇率(bilateral exchange rate)。

双边汇率是一种可以实时观察到的资产价格,也吸引了许多人的关注。政界与商界人士常常谈论汇率,汇率波动的新闻经常占据财经媒体的头版。这些讨论关注的对象大多是本币对美元的双边汇率。但在考量汇率变动对实体经济的影响时,我们需要认识到,一个国家通常有多个贸易伙伴,美国只是其中之一。因此,本币对美元(或任何一种单一货币)的双边汇率往往无法概括本国商品相对于第三方国家的竞争力。比如中国的外贸伙伴中,以贸易额判断,东盟诸国与欧元区的重要性都超过了美国。因此,人民币对美元贬值,并不表示中国的商品相对所有贸易伙伴都变得更加便宜了。比如人民币在对美元贬值的同时,可能对欧元升值。

有效汇率(effective exchange rate)是本币对一篮子货币的相对价格。在计算本币相对于一篮子货币的汇率时,篮子中各种货币的权重通常不同。比如当我们希望知道外贸商品的相对价格变化时,可以用一个国家与中国的贸易额占中国外贸总额的比例作为其货币在一篮子货币中的权重。

在估算汇率如何影响本国出口商品的价格时,只关注本币对单一货币的双边汇率有时会导致错误的结论。图2-1中,实线代表人民币对美元的双边汇率,虚线是以贸易份额为权重的人民币对一篮子货币的有效汇率(NEER)。两条线并不总是同向变动。一个值得关注的时期是2015年8月11日汇改之前。从2014年5月到2015年8月间,人民币对美元的汇率总体平稳,但是人民币对一篮子货币的有效汇率却下降约15%。为什么会出现这种现象呢?当时美元对大多数货币强势升值,而人民币对美元汇率却保持相对的稳定。举例来说,假如欧元相对美元贬值,而人民币对美元汇率不变，那么人民币对欧元的汇率会怎样变化呢？答案是人民币相对欧元升值。[①]当时的情况便是如此，人民币跟随美元对其他货币升值，由此造成有效汇率与双边汇率分道扬镳。有效汇率下降也使中国对美国之外的贸易伙伴的出口承受了一定压力。

图 2-1　人民币对美元双边汇率与人民币有效汇率

资料来源：中国人民银行、国际清算银行。

需要注意的是，当一个国家采用固定汇率制度时，官方通常仅维持本币对单一锚定货币（anchor currency）的汇率固定，其有效汇率依然可能大幅起落。比如中国香港特别行政区的港元（HKD）是与美元挂钩的。从图 2-2 中可以看到，港元从 1983 年起一直对美元保持着固定汇率，但因为美元与其他货币之间的汇率常有波动，港元的有效汇率依然经历了相当大的波动。

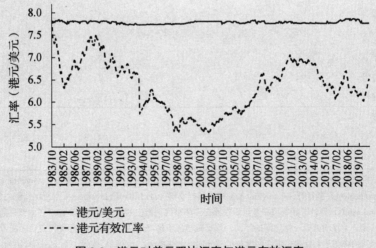

图 2-2　港元对美元双边汇率与港元有效汇率

资料来源：国际货币基金组织、国际清算银行。

---

① 这个答案可以用数学方法推导，在本书 2.2.1 部分将详细介绍。

2.1.2 汇率制度与汇率决定机制

本章的要点是介绍汇率决定理论,即什么样的力量推动了汇率的变动。汇率是两种货币的相对价格,由此一个自然的推测是,同大多数商品的价格一样,汇率是由市场供需决定的。但是,汇率是一个非常特殊的价格,因为它对国际贸易乃至宏观经济有着广泛的影响,许多国家的政府常常希望对汇率加以控制。政府在管理汇率的过程中,必然会与市场力量形成角逐与互动。相对于市场力量而言,政府在汇率决定中扮演的角色可大可小,取决于一个国家所采用的具体汇率制度。因此在开始讨论汇率决定机制之前,我们有必要对汇率制度有所了解。

笼统地讲,汇率制度包括固定汇率制度和浮动汇率制度两大类。**固定汇率**(fixed exchange rate)指一个国家的汇率在一段时间内(一年或更长)、在较窄的范围内钉住基准货币,其中基准货币主要指美元、欧元或者主要货币的加权平均。固定汇率不需要完全钉住基准货币,而是可以在较窄的范围内浮动。固定汇率也不是永久的,只需在一段时间内钉住基准货币即可。国际货币基金组织根据汇率浮动范围的大小,又将固定汇率细分为若干子项,总结在表 2-1 中。

表 2-1 固定汇率和浮动汇率制度

汇率制度	国家或地区数量
固定汇率制度	
无独立法定货币	13
货币局	10
传统钉住安排	40
稳定化安排	25
爬行钉住	3
类爬行安排	18
水平区间钉住	1
其他管理安排	13
浮动汇率制度	
浮动	35
自由浮动	31

注:无独立法定货币(no separate legal tender)、货币局(currency board)、传统钉住安排(conventional pegs)、稳定化安排(stabilized arrangement)、爬行钉住(crawling pegs)、类爬行安排(crawl-like arrangement)、水平区间钉住(pegged exchange rate within horizontal bands)等是国际货币基金组织在固定汇率制度下做出的进一步细分。读者在本章只需要知道以上固定汇率的细分种类从完全无浮动到有一定空间的浮动,浮动范围逐步递增。其详细分类的标准以及国际货币基金组织对标准的修订演变过程,我们将在第六章关于汇率制度分类部分加以详细描述。

资料来源:2019 年国际货币基金组织汇率年度报告。

浮动汇率（floating exchange rate）指一个国家的汇率不钉住任何基准货币，可以在较大的范围内浮动。浮动汇率制度细分为浮动和自由浮动（free floating）。自由浮动下汇率的波动范围更大。关于固定汇率制度和浮动汇率制度的详细划分标准，我们将在第六章进行阐述。

每个国家根据自身经济发展状况选择汇率制度。表 2-1 是 2015—2019 年国际货币基金组织统计的采用固定汇率制度和浮动汇率制度的国家或地区的数量。

表 2-1 表明，各国管理汇率的制度差异很大。而在固定汇率制度的国家中，其具体制度设计也大相径庭。举几个采取不同固定汇率制度国家或地区的例子：在国际货币基金组织关于汇率制度的分类中，厄瓜多尔属于本国无独立法定货币，以美元为官方货币；沙特阿拉伯属于钉住美元的汇率制度。采用浮动汇率的国家有阿根廷、巴西、韩国、印度等；发达国家在国际货币基金组织的最新分类中基本属于自由浮动汇率制度，如美国、加拿大、日本、德国、法国等。

鉴于如此多的国家都对汇率进行一定的官方干涉，还有些国家甚至希望全盘控制汇率，我们对汇率决定机制的分析将如何进行呢？在本章中，我们将基于市场建立汇率决定理论。本章的汇率模型建立在政府完全不干涉汇率、任其随着市场供需而自由浮动的假设上。第六章再详细讨论固定汇率和汇率管制。

研究市场力量主导的汇率决定理论有几个重要的原因。首先，最为明显的原因是许多发达国家采用浮动汇率制度，虽然这些国家的数目并不多，但是它们的经济体量庞大，在全球经济和外汇市场中具有举足轻重的作用。

其次，即使采用完全固定汇率制度的国家，也需要了解汇率的市场决定机制。这一方面是因为它们选择的基准货币的币值往往是在浮动汇率制度下决定的。正如专栏 2-1 中港元的例子所示，基准货币相对其他货币的波动会带动本币有效汇率的变动，从而对贸易等宏观经济变量产生影响。另一方面是因为主流货币的波动往往伴随着国际金融环境的变化，也会影响到采用固定汇率制度的经济体。

再次，对于希望管理汇率的政府而言，了解市场是干涉市场的前提。一方面，只要存在国际资本流动，市场交换的逻辑就是有效的。为了在与市场共存的情况下管理汇率和维持其选定的汇率范围，政府更需要懂得市场，需要连续地关注市场状况、参与市场交换。另一方面，许多国家政府的目标是减小汇率的波动，但是汇率波动的大趋势依旧是由市场决定的，专栏 2-2 分析的人民币汇率形成机制就是其中一例。

最后，一个更深层次的理由是，为了理解各种汇率制度的得失、选择适合自己的汇率制度，一国政府应该对各种汇率制度都有深入的了解。除了在少数失控的情况下，一个国家的汇率制度通常是基于对外部环境和本国特征的详尽了解而做出的政策抉择，其必须仔细考量各种选择下的取舍得失。因此，充分了解浮动汇率制度和固定汇率制度，是做出最优选择的前提。

专栏 2-2 聚焦中国——人民币汇率由谁决定？

人民币汇率是人民币和其他货币的相对价格。如今，世界上的主要货币都是法定货币——它们是主权国家发行的官方交换媒介，其背后并没有黄金或白银等贵金属作为价值支撑。那么，是什么决定了这些本质上毫无价值的货币之间的相对价值呢？

就中国而言，我们很容易得出这样一个结论：在中国，中国人民银行代表政府"选定"人民币汇率。毕竟，在历史上，中国政府就曾负责"选定"特定的汇率。时至今日，尽管中国人民银行已经多次表达让市场决定人民币汇率的意愿，但仍有不少人认为，人民币汇率主要还是由政府决定的。

那么，人民币汇率到底是由谁决定的呢？如果汇率是由央行"选定"的，那么我们需要了解央行的目标和策略，进而理解人民币汇率的变动；相反，如果汇率是由市场决定的，我们就需要分析和了解市场参与者的动机和行为。因此这个问题的答案，关系着适用于人民币汇率理论的研究对象究竟是政府还是市场。

我们可以从外汇储备和汇率的变动关系中找到一些线索。外汇储备是一种汇率干预工具。简单地说，为了调节汇率，央行需要在外汇市场上进行交易。当央行希望降低人民币的价值时，其应该在市场上卖出人民币、买入外汇，从而积累外汇储备。同样，当央行尝试提高人民币的价值时，其会在外汇市场上卖出外汇、买入人民币，由此减少外汇储备。

图 2-3 绘制了 1994 年之后的人民币对美元汇率走势。1994 年我国实现了人民币官方汇率与外汇调剂价格并轨，形成了银行结售汇市场与银行间外汇市场的双层结构。2005 年我国启动了新一轮人民币汇率形成机制改革，汇率参考一篮子货币而非单一钉住美元，形成了有管理的浮动汇率。

图 2-3 人民币对美元汇率与中国的外汇储备存量

从图 2-3 中我们看到，在 2005 年实行汇率改革后，人民币对美元汇率开始波动。截至 2014 年，除了全球金融危机期间，人民币一直持续升值。[①]与此同时，央行的外汇储备也在增加。但在 2015 年，这一势头逆转，人民币开始贬值，而央行的外汇储备也随之下降。

这种联动关系反映了怎样的人民币汇率决定机制呢？假设汇率是由央行"选定"的：为了让人民币在 2005—2014 年升值，央行应该消耗外汇储备来购买人民币；同样，为了让人民币在 2015 年贬值，央行应该卖出人民币、积累外汇储备。然而在现实中，外汇储备的变化方向却是相反的。

一个合理的推论是：央行在"逆风而行"，也就是央行通过外汇储备来稳定汇率。当市场参与者买入人民币时，央行进入外汇市场卖出人民币、买入外币，从而减缓人民币升值速度；相反，当市场参与者卖出人民币时，央行会用外汇储备买入人民币，从而降低人民币贬值的速度。尽管央行确实试图调控人民币汇率的短期波动，但事实正如央行所说，中长期人民币汇率是由市场决定的。

值得注意的是，自 2015 年起，人民币中间价机制提高了汇率机制的规则性、透明度和市场化水平。从那时起，外汇储备基本稳定，而汇率的波动性开始加大。

虽然中国仍致力于维持汇率的稳定，但随着时间的推移，央行对汇率波动的容忍度也越来越高。图 2-4 绘制了 2000—2022 年人民币、欧元、日元和英镑四种主要货币对美元汇率的波动率。因为 2005 年之前中国实行钉住美元的汇率制度，所以样本前 5 年内，人民币对美元汇率的波动率为 0；随着时间的推移，该波动率有所增大。在 2015 年改革汇率制度后，人民币对美元汇率的波动率已达到同期其他三种采用浮动汇率货币的波动水平。

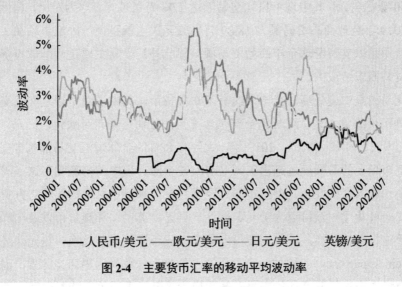

图 2-4 主要货币汇率的移动平均波动率

[①] 在此期间，人民币汇率制度几经改革。2008 年，为应对全球金融危机，人民币汇率浮动适当收窄，保持了基本稳定，由此图 2-3 中出现了一小段横线。2010—2014 年，人民币汇率弹性进一步增强，在短暂的平稳后又经历了第二轮升值。

> 综上，这些数据传达给我们两个重要信息：一是 2005 年之后的十几年里，人民币汇率都是由市场力量驱动的；二是尽管央行曾经致力于稳定汇率，但随着时间的推移，它对汇率波动性的容忍度也越来越高。当我们试图了解并预测人民币汇率时，必须观察和分析能够推动汇率变化的市场力量。因此，要理解有关中国的国际金融现象，我们必须了解外汇市场。

2.1.3 外汇市场与外汇衍生品

货币是一种资产，因此作为货币相对价格的汇率是一种资产价格。汇率是外汇市场交易产生的均衡价格。要了解汇率，需要先了解外汇市场。

在本书中，外汇市场指代交易者进行各种货币交换从而决定汇率的全球性交易场所。在现实中，外汇市场存在于若干国家和地区，地理上并不存在一个全球统一的中央市场。比如美元与欧元的交换，可以在纽约或法兰克福进行，也可以在伦敦、东京、香港等第三方市场进行。外汇市场的交易从东京往西，随着白昼跨越亚欧转往美洲，不分昼夜，仅在太阳照在宽广的太平洋之上时较不活跃。在全球各大金融中心，伦敦在外汇交易中独占鳌头。2019 年国际清算银行的报告显示，在全球外汇交易中，伦敦占据 43%的份额。伦敦坐落于亚洲与美洲之间，其交易日的早上与亚洲的下午重合，下午又逢纽约开市，可谓得天独厚。

外汇市场的规模庞大。根据国际清算银行的数据，2019 年 4 月全球每日外汇平均交易额为 6.60 万亿美元，其中现汇日均交易额达 1.98 万亿美元。作为对比，据世界贸易组织统计，2019 年全球商品贸易额为 18.89 万亿美元。也就是说，外汇市场在 3 个交易日所交易的货币足以支付全球全年商品贸易额。因此外汇交易主要是由全球投资需求造成的，而非贸易需求造成的。

外汇交易的集中度极高。全球大约有 170 种货币，其中 7 对货币之间的交易占据了近 70%的外汇交易量。这 7 对货币全部包含美元，分别是美元对欧元、日元、英镑、澳元、加元、人民币和瑞士法郎。2019 年，大约有 88%的全球现汇交易都包含美元。为何美元在外汇市场上的份额远远超出美国 GDP 在全球产出中的份额呢？这是因为美元充当了许多小币种的交换媒介。外汇市场上经常存在两种货币兑换需要第三方货币作为中介的情况。一种货币一般可以与美元、欧元、日元、英镑、邻国货币以及国际贸易频繁国家的货币进行直接兑换，否则需要借助第三方货币进行周转兑换，美元即经常作为周转货币（vehicle currency）。比如一个投资者希望将泰铢兑换为墨西哥比索，因为两者直接兑换的市场很小，投资者往往先将泰铢兑换为美元，再用美元购入比索。

外汇市场上的交易者包括各国中央银行、商业银行、投资银行、对冲基金、从事国际贸易的企业、投资者等。外汇交易不但包括现汇，而且包括许多种类的外汇衍生品。

1. 外汇市场的参与者

在外汇市场上进行交易的经济主体主要是商业银行、从事国际贸易的企业、银行以外的金融机构以及各国中央银行。这些经济主体根据各国外汇市场的政策，直接或者间接参与外汇市场交易，但是一般来说个人参与外汇交易的份额较小。因此，我们重点分析商业银行、从事国际贸易的企业、银行以外的金融机构以及各国中央银行在外汇市场上的行为。

商业银行是外汇市场交易的核心主体，因为外汇市场的绝大多数交易需要通过银行账户的形式进行，其中可能涉及多个银行的不同货币账户。例如，一个美国企业需要向它的欧洲原材料供应商支付 10 万欧元。这笔外汇交易应如何完成呢？首先，美国企业在它的美国开户行获得即时汇率，我们假设是 1.2 美元兑换 1 欧元，并无额外交易费用。美国开户行会从该企业的美元账户扣除 12 万美元，然后给欧洲原材料供应商在欧洲开户行的银行账户转账 10 万欧元。

从这个例子可以看出，商业银行为了满足客户需求，需要经常在外汇市场上交易，而且交易往往涉及在其他国家的商业银行，我们称之为银行间交易（interbank trading）。银行间交易在外汇市场交易中占主要份额，因此银行间交易的汇率被称为"批发汇率"（wholesale exchange rate）。而企业直接在外汇市场上交易的规模较小，能获得的汇率被称为"零售汇率"（retail exchange rate），一般来说没有银行间交易的汇率优惠。

商业银行，特别是跨国商业银行在外汇市场上的交易规模大、交易范围广，可以帮助企业顺利完成买卖外汇的交易。我们仍然以例子说明。如果一个跨国企业希望将收到的 100 万丹麦克朗货款卖出并买入美元，靠企业自身在外汇市场上找到对应买家比较困难。而商业银行可以帮助企业进行外汇交易，通过商业银行买卖外汇可以大大降低企业外汇交易的搜寻成本。

企业同样是外汇市场的重要参与者。特别是跨国企业，企业母公司及其各子公司分布在不同国家和地区，而子公司在当地的成本支出往往需要以当地货币支付。因此，母公司与子公司之间以及各子公司之间的资本流动会涉及外汇交易。例如，当母公司通过内部金融市场将资金汇到子公司，而子公司要用这笔资金支付当地工人的工资时，子公司需要将美元兑换为当地货币。

银行以外的金融机构也会参与外汇交易。由于各国对外汇交易的监管规定不同，银行以外的金融机构能否直接进行外汇交易也不尽相同。以美国为例，共同基金、保险公司等可以在外汇市场上进行交易、投资。但在资本管制较为严格的国家，这类金融机构则不被允许在外汇市场上直接交易和投资。

各个国家的中央银行也是外汇市场的重要参与者。中央银行持有外汇储备，在必要时干预外汇市场：在本币有贬值压力时买入本币、卖出外汇，在本币有升值压力时卖出本币、买入外汇，以达到稳定汇率的目的。中央银行进行外汇交易的规模相对整个外汇市场而言并不大,但是外汇市场的其他交易者都会密切关注中央银行的外汇交易,推断中央银行进行外汇交易所释放的信号,并预判中央银行未来可能施行的影响汇率的政策方向,因此中央银行的外汇交易对外汇市场的相对价格具有重要影响。

2. 外汇衍生品

除现汇外,外汇衍生品也是外汇市场交易的重要组成部分。外汇衍生品包括远期(forward)、外汇掉期(foreign exchange swap)、期货(future)和期权(option)。

远期是一种规定了交割日(settlement date)和远期汇率(forward rate)的外汇交易契约。外汇交易双方签订远期合约后,在交割日按照远期汇率买卖外汇。远期的期限可以为 30 天、90 天、6 个月、一年或更长时间。远期合约有什么作用呢?国际贸易中的签约、生产与支付之间,往往有较长的时间间隔。比如一个中国企业收到来自美国的订单,向其购买价值 100 万美元的电脑部件,6 个月后交货并支付全部货款。人民币对美元汇率是浮动的。如果该企业的管理者预计 6 个月后的汇率是 6.4 元/美元,但届时的实际汇率却是 6.3 元/美元,那么收入比预期少了 10 万元人民币。远期合约可以用来消除汇率波动带来的风险。该企业可以通过远期合约,以确定的远期汇率确保在 6 个月后卖出 100 万美元。注意:远期汇率与即期汇率通常是不同的。

外汇掉期包含对两种货币等量且同时进行的现汇交易和远期交易。例如一家公司从事出口交易,当前收到美元货款。公司目前需要本币现金以支付工人工资等在国内发生的以本币计价的生产成本,预计 3 个月后才需要用美元购买原材料。该公司可以利用外汇掉期解决这一问题:当前进行美元现汇交易,将美元货款换成本币支付生产成本;同时购买等量的美元远期,提前锁定美元汇率,3 个月后按远期汇率交割美元。

期货和远期相同的是:合约中的外汇交易双方在未来指定日期按指定价格交割外汇。期货和远期不同的是:期货合约是标准化的,在公共市场上交易,受到较强的监管;而远期合约一般是买卖双方单独签订的,不是标准化的,受到较弱的监管。

期权给予期权买方在给定日期按给定汇率购买或卖出外汇的权利,期权买方可以在给定日期根据当时的汇率,决定是否行使期权。例如一家欧洲公司预计在 3 个月后收到一笔美元货款,并需要兑换成欧元。考虑到未来外汇市场的波动,这家公司可以购买 3 个月后的欧元买入期权。假设期权汇率为 1.2 美元/欧元,如果 3 个月后的美元对欧元汇率为 1.3 美元/欧元,那么该公司将行使欧元买入期权,按 1.2 美元/欧元的较低价格买入欧元;如果 3 个月后的美元对欧元汇率为 1.1 美元/欧元,那么该公司可以不行使欧元买入期权,而是按 1.1 美元/欧元买入欧元。这一利用期权的例子说明外汇衍生品具有套期保值(hedging)功能。

外汇投资者也能利用外汇衍生品进行投机交易(speculation)。如果目前国际市场上的离岸人民币一年期远期汇率为 6.4 元/美元,而外汇投资者预计一年后离岸人民币汇率为 6.5 元/美元,投资者就会购买离岸人民币一年期远期。如果一年后离岸人民币汇率高于 6.4 元/美元，即离岸人民币的相对价格较低，投资者就会获得利润。如果一年后离岸人民币汇率低于 6.4 元/美元，投资者就会亏损。

在国际清算银行统计的 6.60 万亿美元的外汇日均交易额中，远期为 1.00 万亿美元，外汇掉期为 4.28 万亿美元，期权为 0.30 万亿美元。和现汇日均交易额 1.98 万亿美元相比，外汇日均交易额为现汇的 3.33 倍。

专栏 2-3 亚洲的非交割远期贸易

假设一家美国公司与中国买家签订合同，在 6 个月后以 700 万元人民币出售货物。美国公司想锁定人民币贷款兑换为美元的汇率。通常情况下，可以签署一份远期合约，出售 700 万元人民币以换取一定数量的美元。但由于受外汇管制，中国公司只能在 6 个月后，在中国的银行将 700 万元人民币兑换为美元，然后再向美国公司支付美元款项。因此，美国公司将以不确定的汇率收到等值于 700 万元人民币的美元。

美国公司要如何对冲与此交易相关的汇率风险？非交割远期（non-deliverable forward，NDF）合约能解决该问题。NDF 合约与远期合约一样，双方同意在未来某一特定日期，按设定 NDF 汇率兑换两种货币，不需要实际交付基础货币；在合约结束时，NDF 汇率和即期汇率的差额在双方之间结算。

假设我们示例中的美国公司与一家国际银行签订了一份为期 6 个月的 NDF 合约，以 100 万美元的价格出售 700 万元人民币（即 NDF 汇率为 7 元人民币兑换 1 美元）。6 个月后，如果即期汇率与 NDF 汇率不同，公司将向银行支付或收取差额。如果即期汇率高于 7 元/美元，那么 700 万元人民币将不足以购买 100 万美元，银行将向该公司支付差额。如果即期汇率低于 NDF 汇率，那么 700 万元人民币的价值将超过 100 万美元，在这种情况下，公司将多出的部分交付给银行。

表 2-2 计算了美国公司将从银行和中国买家分别获得的现金流数额。请注意：NDF 合约已经消除了汇率风险，无论哪种情形，美国公司都将在 6 个月内收到 100 万美元。

表 2-2　NDF 合约结算样本，以及收到的美元总额

	即期汇率 （元/美元）	从银行收到的总额 （美元）	从买方收到的总额 （美元）	总额 （美元）
情形 1	7.2	1 000 000 − 7 000 000/7.2 = 27 777.78	7 000 000/7.2 = 972 222.22	1 000 000
情形 2	6.8	1 000 000 − 7 000 000/6.8 = −29 411.76	7 000 000/6.8 = 1 029 411.76	1 000 000

上面的示例阐述了 NDF 合约如何对冲汇率风险，而无须实际交换标的货币。这一属性使 NDF 成为一种便捷的工具，可以对冲汇率风险。希望押注未来汇率的投资者，同样可以通过 NDF 合约进行交易，而无须购买货币。

在世界各地，NDF 市场的发展是为了应对进入在岸市场的限制。NDF 市场的活跃参与者包括跨国公司、组合投资者、对冲基金以及商业银行和投资银行。全球 NDF 交易量从 2013 年的 1 270 亿美元，增加到 2022 年的 2 660 亿美元，大约翻了一番。这 10 年中，NDF 合约在亚洲地区的重要性尤其凸显。2022 年，亚洲货币占全球 NDF 总量的 57.3%。由于亚洲国家大多数是发展中国家，其货币不能完全兑换，也不能离岸交割，因此亚洲对 NDF 合约的需求仍然很高。2022 年，韩元（KRW）、印度卢比（INR）和新台币（TWD）是交易量最大的亚洲货币（见图 2-5）。人民币（CNY）的交易量在离岸 NDF 市场上仍然活跃，但与其他主要货币相比，其相对权重在下降，因为中国逐渐放开了在岸市场。

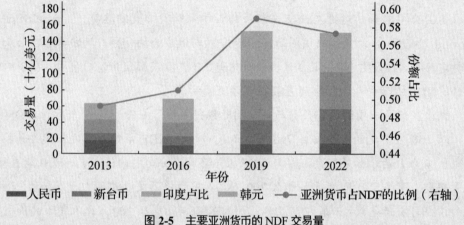

图 2-5　主要亚洲货币的 NDF 交易量

资料来源：国际清算银行（BIS）三年一次的中央银行调查。

一系列研究探索了 NDF 汇率能否预测在岸汇率的实际变动。虽然 NDF 市场通常位于离岸市场交易且受到的监管较弱，但 NDF 汇率能够准确反映市场对未来汇率的预测。对于某些货币，NDF 交易量超过了在岸市场的规模，因此可能对后者产生溢出效应。

图 2-6 显示了人民币和美元之间的 NDF 汇率，以及中国的银行间市场的即期汇率。这两个汇率通常是同步变化的。请注意：NDF 市场是如何从 2000 年开始，即在央行允许货币升值之前，以溢价交易人民币的。同样的现象在全球金融危机后的几年中再次发生。2010—2011 年，NDF 汇率正确地预测了未来人民币将会升值。随着中国汇率形成机制的改革，人民币汇率变得更加灵活，NDF 汇率与即期汇率之间的关系也更加随机。

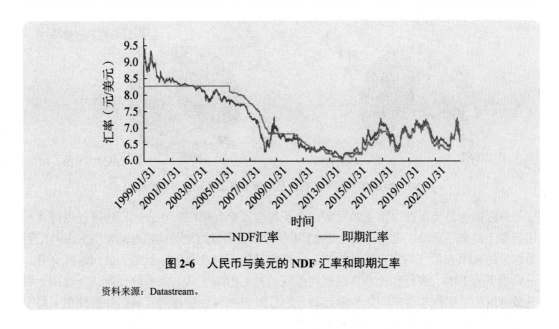

图 2-6　人民币与美元的 NDF 汇率和即期汇率

资料来源：Datastream。

3. 中国的外汇衍生品市场

2022 年 4 月 21 日，人民币对美元汇率为 6.41 元/美元；到 11 月 29 日，人民币贬值 12.3%，人民币对美元汇率为 7.20 元/美元。然而，对出口中国商品的企业来说，人民币贬值其实是一个利好消息。但对进口中国商品的企业来说，这就不是一个利好的消息了：当人民币贬值时，以外币（人民币）计价进口的本币（美元）费用会增加。

由于人民币汇率的波动性逐渐接近典型的浮动货币，在中国由意外汇率波动造成的收益和损失变得更加普遍和不可预测。[①] 几十年来，许多中国企业积极参与国际贸易，但对大多数企业来说，外汇衍生品市场仍是一个全新的概念。因为人民币汇率在过去是固定的，之后中国采取有管理的浮动汇率制度，所以对冲汇率风险的工具并不那么必要。事实上，外汇衍生品只是近年来才在中国出现。2005 年，随着中国人民银行取消汇率挂钩，银行间开始进行远期交易。2006 年，市场上开始出现掉期交易，而外汇期权交易直到 2011 年才开始出现。

尽管中国外汇衍生品市场的历史相对较短，但市场规模增长迅速。例如，远期交易推出后的头 5 年，年交易量为 10 亿—300 亿美元；远期交易总量在 2022 年超过 1 万亿美元；增长最快的是互换合约的交易量。图 2-7 显示了中国外汇衍生品市场交易工具的构成。现货交易曾经是外汇衍生品市场交易的全部，现在占总交易量的 36%；外汇掉期在外汇衍生品市场交易中占主导地位，占总交易量的 57%；远期合约和期权的市场份额相对较小。

---

① 参见图 2-6。

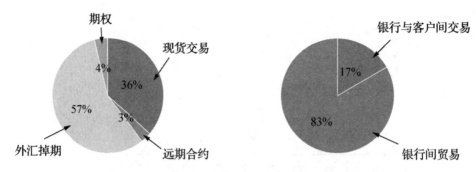

图 2-7 2022 年中国外汇衍生品市场交易工具和参与者的构成

外汇衍生品市场在中国蓬勃发展，主要参与者都有哪些呢？金融机构可以更好地利用衍生工具来管理外汇敞口。纵观 2022 年的数据，银行间贸易（银行间汇兑）占外汇贸易总额的 83%；银行与客户之间的交易，通常是银行与从事国际贸易的公司进行交易，占据剩下的 17%。银行和企业喜欢利用不同的外汇衍生工具。大多数企业认为远期合约是最有用的。银行与客户间交易占远期合约总额的 88%。银行间贸易在外汇掉期交易中占主导地位，占总外汇掉期量的 99% 以上。

在有国际敞口的非金融公司中，大企业从使用衍生品中获益更多。但在从事国际贸易的小企业中，使用衍生品来管理汇率风险尚未普及。与金融机构和拥有专业化的金融管理团队的大企业不同，小企业往往缺乏有效运用外汇衍生工具的金融知识，也往往发现对冲风险的成本太高而难以承受，因为小企业的利润水平通常很低。许多小企业不具备流动能力来满足使用衍生品的保证金要求。

2021 年，中国人民银行敦促银行识别客户中存在的潜在高汇率风险企业，并向高汇率风险企业介绍对冲风险的工具。2022 年，中国人民银行发布了《企业汇率风险管理指引》，希望为企业应对汇率波动带来的不确定性提供指南。这些努力得到了回报。如图 2-8 所示，在经历多年停滞之后，银行与客户远期合约的交易量在 2021 年和 2022 年出现了大幅增长。中国的汇率改革正如离弦之箭而持续发展，而汇率波动可能是企业面临的持久挑战，必须找到长期的应对方法。

图 2-8 中国外汇衍生品市场交易：银行与客户

资料来源：国家外汇管理局。

2.2 汇率套利与利率平价

在简要了解外汇市场的基本特征后，本节介绍汇率交易的基础理论模型，以及在模型基础上的汇率平价公式。2.2.1 节讨论外汇的即期交易；2.2.2 节和 2.2.3 节讨论购买外汇并持有一段时间的远期交易。

2.2.1 汇率套利

套利（arbitrage）是指在市场上以低价买入再以高价卖出并获得利润的行为，存在于所有市场（包括外汇市场）。交易者会寻找并捕捉任何套利机会，直到满足**无套利条件**（no-arbitrage condition），市场达到均衡。因此分析套利行为，有助于我们在外汇市场上找到汇率定价公式。

我们首先分析两种货币之间的套利行为。以离岸人民币（CNY）为例，假设在中国香港离岸人民币对美元的汇率为 $E_{¥/\$}^{\text{HK}} = 6.40$，而在新加坡，离岸人民币对美元的汇率为 $E_{¥/\$}^{\text{Singapore}} = 6.50$，同时假设将外汇转移到其他市场的成本为 0，那么这两个市场间存在套利机会：交易者可以按 6.40 元/美元的价格在中国香港购买美元，然后无成本地将美元汇到新加坡并在当地市场上按 6.50 元/美元的价格卖出，从中获得利润。只有当中国香港和新加坡的离岸人民币对美元汇率相等，即 $E_{¥/\$}^{\text{HK}} = E_{¥/\$}^{\text{Singapore}}$ 时，无套利条件才成立。

如果套利行为涉及三种或三种以上货币，只要无套利条件不满足，交易者仍然可以通过套利获利。继续以离岸人民币为例，假设离岸人民币对欧元的汇率为 $E_{¥/€} = 8.50$，而欧元对美元的汇率为 $E_{€/\$} = 1.25$，那么可以先用 8.50 元人民币兑换 1 欧元，再用 1 欧元兑换 1.25 美元。与此同时，假设离岸人民币对美元的汇率为 $E_{¥/\$} = 7.00$，在此汇率下，1.25 美元可以兑换 8.75 元人民币（1.25×7.00），在不考虑交易成本的情况下，利润为 0.25 元人民币（8.75-8.50）。套利交易会继续下去，直到无套利条件成立：

$$E_{¥/\$} = E_{¥/€}\, E_{€/\$} = \frac{E_{¥/€}}{E_{€/\$}}$$

假如离岸人民币对美元的汇率为 $E_{¥/\$} = E_{¥/€}/E_{€/\$} = 8.50/1.25 = 6.80$，套利的利润为 0，此时投资者不再将离岸人民币先兑换为欧元后再兑换为美元，最后利用美元和离岸人民币的高比价（$E_{¥/\$} = 7.00$）套利。

请注意，正是套利行为保证了无套利条件的成立。以上两种套利都可以即时进行，因此近乎是无风险的。不同外汇市场间的交叉套利保证了均衡汇率在每个可以同时交易的外汇市场都相等,三角套利则保证了交叉汇率(比如人民币对欧元汇率)不会偏离两种货币对美元汇率之比。在外汇市场上,由于自动套利始终在寻找低买高卖的机会,定价错误通常会在几分之一秒内消失,因此以上两种均衡条件可以被视为持续地成立。在本书接下来的章节中,除非在需要说明的特殊情况下,一般而言,我们假定在同一时间仅有一个均衡汇率,且一切交叉汇率都满足无套利条件。

2.2.2 抛补利率平价

上一节我们讨论的是即期外汇交易。实际上,外汇交易者可以选择买入外汇并持有一段时间,然后再卖出以获得利润。这样利润来源可分为两部分:一部分为买入和卖出的汇率差;另一部分为不同货币的利率差。在持有外汇期间,交易者可以选择规避汇率风险(如购买远期等),也可以选择承担汇率风险,即不使用任何金融衍生品工具规避汇率风险。本节考虑规避汇率风险的情况。

我们以美元和离岸人民币为例。考虑两种投资方式:第一种投资方式将 1 元离岸人民币定期储蓄一年,利率为 $i_¥$,到期后可以获得的人民币收入为 $1+i_¥$ 元。第二种投资方式先将 1 元离岸人民币按目前汇率 $E_{¥/\$}$ 兑换为 $1/E_{¥/\$}$ 美元,同时购买离岸人民币远期,远期汇率为 $F_{¥/\$}$;美元定期储蓄一年,利率为 $i_\$$,美元到期后利用远期兑换回人民币,总共可以获得的收入为 $(1+i_\$)F_{¥/\$}/E_{¥/\$}$ 元。若这两种投资均不存在套利机会,即两种投资的收益相等,则抛补利率平价(covered interest parity)公式成立:

$$1+i_¥ = (1+i_\$)\frac{F_{¥/\$}}{E_{¥/\$}} \qquad (2\text{-}1)$$

抛补的含义为汇率风险已经通过远期等金融衍生品工具加以控制。如果将式(2-1)两边取对数,利用当 x 趋向于 0 时 $\ln(1+x) \approx x$,并用小写字母表示变量的对数,可得:

$$s_{¥/\$} = f_{¥/\$} + i_\$ - i_¥$$

其中,$s_{¥/\$} = \ln(E_{¥/\$})$、$f_{¥/\$} = \ln(F_{¥/\$})$,分别是即期汇率和远期汇率的对数。上述公式的经济含义为即期汇率应该等于远期汇率与两国利率差之和。

套利行为也决定了作为均衡条件的式(2-1)是稳定的。即如果市场价格在冲击下暂时偏离了均衡,套利行为就会促使市场重新定价,直到式(2-1)再次成立。假设美国的利率 $i_\$$ 上升,式(2-1)的右侧——买入并持有美元的收益率将会超过左侧。由于美元资产收益率较高,投资者会卖出人民币、买入美元,促使人民币相对美元贬值。假设远期汇率 $F_{¥/\$}$ 不变,即期汇率 $E_{¥/\$}$ 会上升到刚好足以抵消美元利率上升的程度。此时持有美元的收益率再次与人民币相等，外汇市场重新达到均衡。式（2-1）的线性表达式告诉我们，为达到新的均衡，人民币贬值的幅度等于美元利率上涨的幅度。

需要注意的是，我们假定例子中的定期储蓄利率是一种无风险利率。抛补利率平价公式的根本逻辑是：在资本可以自由流动的情况下，两种无风险投资方式的预期收益应该相等。因此，抛补利率平价公式中的利率 i 可以用来代表若干种资产的收益率。比如政府信用良好的国家的公共债券利率可以被看作近似无风险。之所以考虑无风险利率，是因为它允许我们直接比较预期收益率，而不必考虑更为复杂的投资风险因素。在下一节的无抛补利率平价公式中，风险因素的影响会更加突出。

2.2.3 无抛补利率平价

本节我们考虑买入外汇并持有一段时间，但是交易者选择不规避汇率风险或没有利用任何金融衍生品工具规避汇率风险的情况，由此引入无抛补利率平价公式，并运用公式给出汇率的决定公式。

我们仍然以美元和离岸人民币为例。考虑两种投资方式：第一种投资方式将 1 元离岸人民币定期储蓄一年，利率为 $i_¥$，到期后可以获得的人民币收入为 $1+i_¥$ 元。第二种投资先将 1 元离岸人民币按目前汇率 $E_{¥/\$}$ 兑换为 $1/E_{¥/\$}$ 美元，将美元定期储蓄一年，利率为 $i_\$$，美元到期后按对一年后的期望汇率 $E^e_{¥/\$}$ 兑换回人民币，可以获得的收入为 $(1+i_\$)E^e_{¥/\$}/E_{¥/\$}$ 元。若这两种投资方式均不存在套利机会，即两种投资的收益相等，则无抛补利率平价（uncovered interest parity）公式成立：

$$1+i_¥ = (1+i_\$)\frac{E^e_{¥/\$}}{E_{¥/\$}} \qquad (2\text{-}2)$$

无抛补的含义为汇率风险没有得到控制。在给定市场投资者的期望汇率 $E^e_{¥/\$}$ 及两国利率 $i_¥$、$i_\$$ 的情况下，从无抛补利率平价公式，我们可以推出现汇汇率的决定公式为：

$$E_{¥/\$} = \frac{1+i_\$}{1+i_¥} E^e_{¥/\$}$$

将式（2-2）两边取对数，并用小写字母表示变量的对数，可得：

$$s_{¥/\$} = s^e_{¥/\$} + i_\$ - i_¥ \qquad (2\text{-}3)$$

其中，$s_{¥/\$} = \ln(E_{¥/\$})$、$s^e_{¥/\$} = \ln(E^e_{¥/\$})$ 分别是即期汇率和期望汇率的对数。上述公式说明在不规避汇率风险的情况下，即期汇率应该等于期望汇率和两国利率差之和。式（2-3）是一种经典的均衡汇率决定理论。当其他条件相同时，美元利率上升，则人民币将贬值（$s_{¥/\$}$ 的数值增加）。这是因为投资者追求更高的收益率，将抛售人民币换取美元；同理，若人民币利率上升，则人民币将升值。当人民币期望汇率上升时，人民币即期汇率也会同幅度上升。

无抛补利率平价公式为：

$$1 + i_¥ = (1 + i_\$) \frac{E^e_{¥/\$}}{E_{¥/\$}}$$

对上式取对数，利用当 x 趋向于 0 时 $\ln(1+x) \approx x$，可简化为：

$$i_¥ = i_\$ + \frac{E^e_{¥/\$} - E_{¥/\$}}{E_{¥/\$}}$$

公式左侧是投资离岸人民币的收益率；公式右侧是投资美元的收益率，等于利率加上美元汇率的预期变化率。

专栏 2-4 利率与汇率

无抛补利率平价公式表明，当预期汇率 $E^e_{¥/\$}$ 不变时，本国利率上升会导致本币升值，而外币利率上升则会使本币贬值。对利率与汇率之间关系的这个预测合乎直觉，也经常体现在现实数据中。

2022 年，中国经济受到新冠疫情的影响，越来越低迷。8 月 15 日，中国人民银行调降利率。据《财新周刊》的报道，降息对人民币汇率的影响立竿见影。此前，人民币对美元汇率在 6.65 和 6.75 区间横盘近 3 个月。但在 8 月 15 日 MLF[①]利率调降当日，人民币对美元即贬值 0.45%，当周跌幅超过 1%。在 8 月 22 日 LPR[②]降息当日，人民币对美元贬值幅度又达 0.47%，盘中突破 6.8 整数关口。

图 2-9 中垂直的虚线标出央行降息的日期和当日的汇率，曲线是人民币对美元汇率。在降息之前，汇率呈现平稳的态势；但在降息之后，人民币经历了明显的贬值。

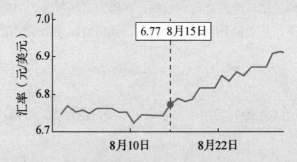

图 2-9 央行降息前后人民币对美元的汇率

资料来源：中国人民银行。

---

① MLF（medium-term lending facility）指中期借贷便利，是中央银行提供基础货币的政策工具之一。
② LPR（loan prime rate）指贷款市场报价利率。

这个例子无疑与无抛补利率平价的预测相符。但是，利率与汇率的关系并不总是如此简单明了。现实中，利率下行而汇率升值，或货币紧缩而汇率贬值的案例屡见不鲜。但后面这些看似矛盾的情况并不表示无抛补利率平价不正确。无抛补利率平价公式用当前的基本面（fundamentals）——外币与本币的利率差——和未来的预期汇率来定价当前的汇率。这在资产定价公式中是一种常见现象，比如当前的股价可能取决于当期的分红和预期的股价。这样的资产定价公式预示着汇率与利率的关系不仅取决于当前，还取决于未来和预期。当未来预期和当前利率变化对汇率影响的方向不一致时，最终观测到的汇率是升还是降取决于哪个因素占主导地位。在本章附录中，我们将通过数学推导，将汇率表达为当前利率和未来的期望汇率之和，从而更加深入地探究汇率与利率之间的关系。

2.2.4 风险与流动性

对于无抛补利率平价公式，以上讨论我们假设其他条件相同。这样的假设在建模的过程中非常必要且有用，可以帮助我们聚焦于分析模型的关键问题。但是分析完模型的主要结论后，我们需要检查这些假设，并考虑放松这些假设对模型的影响。因此，我们应进一步考虑不同货币具有的风险和流动性。

在投资金融资产时，收益通常为投资者的首要考量。但除了收益，风险和流动性也是重要的因素。风险（risk）指资产收益率的不确定性。假如一年期国库券的利率是3%，同时还有一只股票，其收益率取决于一年后的经济行情。50%的概率为经济繁荣，股票收益率将是8%；另外50%的概率为经济萧条，股票收益率将是-2%。虽然国库券和股票的预期收益率相同，但后者风险更大。我们假定经济人是风险厌恶（risk averse）型的：当预期收益率相同时，他会选择风险更小的资产。在均衡条件下，高风险的资产需提供更高的收益率。这个逻辑经常被用来解释为何股票的平均收益率高于债券。

流动性（liquidity）指卖出资产的方便与简易程度，比如股票与房产。由于股票在交易所集中交易且同质，很容易出手；房产则由于其特殊性、法定交易程序、房产税等，不易在短时间内卖出。因此，我们说股票比房产具有更高的流动性。在同样的条件下，投资者倾向于投资流动性更高的资产。

我们先来考虑投资风险在汇率定价中的作用。大家可能早已意识到抛补利率平价与无抛补利率平价之间的一个主要区别：在抛补利率平价中，投资者利用了远期合约来锁定未来的汇率，从而消除了汇率风险。式（2-1）的右侧——投资美元的收益——与左侧一样，是无风险的。然而，在无抛补利率平价中，虽然利率无风险，但持有美元依然有汇率风险。式（2-2）的右侧只是期望收益，事后的实际收益有可能随着汇率的变动而增减。将投资美元的期望收益与投资人民币的无风险收益等同起来，现实中，在投资者风险中立（risk neutral）或未来汇率没有不确定性（比如可信的固定汇率制度下）的情况下都能成立。

在无抛补利率平价公式中,交易者对汇率的期望是无偏的,但是不同货币的汇率波动不同,汇率风险也不一样。例如美元和墨西哥比索可以自由兑换,应该满足无抛补利率平价。但是墨西哥比索的汇率波动比美元剧烈,风险更大,除外汇市场中正常交易的波动外,墨西哥比索和美元相比在国际外汇市场更可能遭遇做空,一旦墨西哥中央银行无法稳定汇率,就可能造成墨西哥比索急剧贬值。这些不确定性都要求有更高的风险溢价,而且超出无抛补利率平价中仅考虑正常情况下本币的预期贬值这一风险溢价。

此外,不同货币在外汇市场上的流动性不同,仍然以美元和墨西哥比索为例。美元在国际金融与贸易中具有绝对优势,因此以美元计价的资产除了带来金钱上的回报,还为其持有者提供了额外的便利度。在其他条件相同的情况下,美元资产的均衡预期收益率低于墨西哥比索资产,从而使数据偏离无抛补利率平价公式。

专栏 2-5 国际金融前沿研究中的抛补利率平价公式和无抛补利率平价公式

在国际金融研究中,无抛补利率平价公式可以用来预测汇率。但是根据 Rossi (2013) 的综述,目前文献的共识是实证研究没有发现支持无抛补利率平价公式成立的一致性证据;而且用无抛补利率平价公式进行汇率预测,仅在短期和某些国家中有较好的效果。

Engel (2014) 总结了实证研究中无抛补利率平价公式不成立的情况。无抛补利率平价公式在实证中的计量模型为:

$$s_{t+1} - s_t = a + b(i_t - i_t^*) + u_{t+1}$$

其中,$s_{t+1} = \ln(E_{t+1})$、$s_t = \ln(E_t)$,即第 $t+1$ 期和第 t 期汇率的对数,注意 $s_{t+1} - s_t = \ln\left(\dfrac{E_{t+1}}{E_t}\right) \approx \dfrac{E_{t+1}}{E_t} - 1$。在实证研究中,期望汇率的数据往往难以得到,因此使用第 $t+1$ 期汇率的现实数据代替。i_t、i_t^* 分别为本国和外国的利率,u_{t+1} 为误差项,a、b 为待估计系数。若无抛补利率平价公式成立,则应该有 $b=1$,但是大量实证研究得出的估计值为 $b<1$。

首先,实证表明 $b<1$,那么我们可以得出外汇市场中有外汇套利交易(carry trade)的机会,即买入高利率货币(假设为外币)并持有可以获得收益:$i_t^* + \mathrm{E}s_{t+1} - s_t - i_t = (1-b)(i_t^* - i_t) > 0$,这里我们利用了无偏期望下 $\mathrm{E}s_{t+1} = s_{t+1}$ 这一特性。套利交易的存在对无抛补利率平价公式是否成立给出了一个具体实例。根据 Jordà

和Taylor（2012）研究发现，套利交易在2008年全球金融危机前持续存在于各主要交易市场中，但金融危机大大拉低了套利交易的收益水平。

更多的实证研究发现，将不同外汇根据其利率相对于美元利率的高低进行分组，可以得到套利收益。例如将所有货币根据利率分为5组，从第1组到第5组利率由高到低排列，构成资产组合。每月初，根据上月所有货币利率相对于美元利率的变化重新调整，利率提高的货币和利率降低的货币重新分组，使得第1组到第5组的利率仍然由高到低排列，那么第1组（即高利率组）相对于美元的收益率要大于第5组（即低利率组）相对于美元的收益率。每月买入第1组货币而卖出第5组货币可以获得正收益。实证研究进一步发现，高利率货币的资产收益率具有动量效应，即如果一种货币上期的相对收益 $i^*_{t-1}+s_t-s_{t-1}-i_{t-1}>0$，那么此货币本期的收益率大概率为正，投资者应该买入该货币。还有研究发现，按利率分组的各组货币的收益率波动性（如方差）计算，可以发现高利率组的收益率在收益率波动性大的时候较小，而在收益率波动性小的时候较大。这与Jordà和Taylor（2012）关于套利和经济危机的发现一致。

其次，有研究发现，如果将货币抽样限制在发展中国家，重新估计无抛补利率平价公式的计量模型，那么 b 更接近1。

最后，还有研究发现，如果考虑长期利率（如10年期利率）的变化与汇率的关系，那么无抛补利率平价公式的计量模型中 b 更接近1；如果考虑短期利率的变化与汇率的关系，那么无抛补利率平价公式的计量模型中 b 也更接近1。

总而言之，实证中无抛补利率平价公式只在少数情况下成立。

关于抛补利率平价公式，文献一般认为该公式成立。从理论模型上看，Du等（2018）发现，2008年全球金融危机后各国加强了对银行的监管，银行在季度末需要汇报主要指标值时，经常要买入或卖出外汇期权等以满足风险管理的要求，由此产生大量套利机会。

以上国际金融前沿研究发展表明，在经济和金融全球化进程中，经济事实是理论研究要努力的方向。在经济事实被正确度量的前提下，一旦理论研究不能很好地解释经济事实，就需要改进理论。抛补利率平价公式和无抛补利率平价公式是基础的即期汇率决定模型，在此基础上进行改进以更好地分析汇率决定等问题，是国际金融研究的努力方向。

关键词

汇率 固定汇率 浮动汇率 套利 远期 外汇掉期 期权 抛补利率平价公式 无抛补利率平价公式

参考文献

Du W, Tepper A, Verdelhan A. Deviations from Covered Interest Rate Parity[J]. *The Journal of Finance*, 2018, 73: 915-957.

Engel C. Exchange Rates and Interest Parity[J]. *Handbook of International Economics*, 2014, 4: 453-522.

Jordà Ò, Taylor A M. The Carry Trade and Fundamentals: Nothing to Fear But Feer Itself[J]. *Journal of International Economics*, 2012, 88:74–90.

Rossi B. Exchange Rate Predictability[J]. *Journal of Economic Literature*, 2013, 51(4): 1063-1119.

附录

汇率与未来利率

无抛补利率平价公式中，利率对汇率的影响发生在同一时期，随着国内（国外）利率提高（降低），投资者将买入国内资产，使得本币升值。但在现实中，两者的关系更加复杂。汇率经常受到预期中未来利率的驱动。比如，当市场预期美联储将加息时，美元就会立刻上涨。这种结果是发生在起因之前的现象，在资产定价中十分常见。在此，我们通过进一步分析式（2-3）来揭示汇率与利率间的跨时期关系。

为了表达的简便与清晰，我们将式（2-3）表示为：

$$s_t = i_t^* - i_t + \mathrm{E}_t s_{t+1} \tag{2-4}$$

在式（2-4）中，我们将中国视为本国，以星号上标标记国外的变量。下标表示时期，由此 s_t 是第 t 期的汇率，s_{t+1} 则是第 $t+1$ 期的汇率。E_t 是数学条件期望符号，它的下标 t 表示预期形成的时间。由此，$\mathrm{E}_t s_{t+1}$ 表示在第 t 期形成的对第 $t+1$ 期汇率的预期，它的含义等同于式（2-3）中的 s^e，只是用更明确的方式表达出来。

式（2-4）表示在所有时间都成立的关系，即第 $t+1$ 期的汇率可写作：

$$s_{t+1} = i_{t+1}^* - i_{t+1} + \mathrm{E}_{t+1} s_{t+2}$$

将以上 s_{t+1} 的表达式代入式（2-4）可得：

$$s_t = i_t^* - i_t + \mathrm{E}_t i_{t+1}^* - \mathrm{E}_t i_{t+1} + \mathrm{E}_t s_{t+2}$$

对最后一项，我们使用了迭代期望定律：$\mathrm{E}_t s_{t+2} = \mathrm{E}_t \mathrm{E}_{t+1} s_{t+2}$。如此，我们将 s_t 的表达式向后迭代了一期，明确了预期的未来利率对当前汇率的影响：如果市场预计美联储将在下一年加息（$\mathrm{E}_t i_{t+1}^*$ 上升），那么在其他条件不变的情况下，人民币将立刻对美元贬值。这个表达式是由式（2-4）推导出来的，因此预期中未来利率对当前汇率的传导实际上已经隐含在无抛补利率平价的 $\mathrm{E}_t s_{t+1}$ 项中。

我们可能想要以此类推，将式（2-4）不断向未来迭代，将未来更多期的利率引入汇率的决定公式。但是，作为名义汇率 s_t 的分布并不稳定，s_t 也就没有一个确定的极值。

为了解决这个问题，我们引入真实利率 r 和真实汇率 Q，重新表达无抛补利率平价。真实汇率的定义公式为：

$$Q = EP^* / P \tag{2-5}$$

其中，P 与 P^* 分别代表国内和国外的价格指数，可以想象成一篮子产品的价格，E 是名义汇率，则真实汇率 Q 代表国外商品与国内商品的相对价格。$Q = 2$，意味着国外商品的价格是国内商品的 2 倍，或者说需要付出 2 个单位的国内商品，才能够换取 1 个单位的国外商品。对真实汇率定义公式的两边取对数，以小写字母表示对数，可将式（2-5）线性化为：

$$q = s + p^* - p \tag{2-6}$$

从中解出 $s = q + p - p^*$ 后，代入式（2-4）得到：

$$q_t + p_t - p_t^* = i_t^* - i_t + (\mathrm{E}_t q_{t+1} + \mathrm{E}_t p_{t+1} - \mathrm{E}_t p_{t+1}^*)$$

由于等式中出现了跨期的汇率，我们给式（2-6）中的变量添加了时间下标。

$$q_t = i_t^* - i_t + E_t q_{t+1} + E_t p_{t+1} - p_t - (E_t p_{t+1}^* - p_t^*)$$

注意到 $E_t p_{t+1} - p_t = E_t \ln(P_{t+1}/P_t)$ 是通货膨胀率的近似，以上等式可得：

$$q_t = i_t^* - E_t \pi_{t+1}^* - (i_t - E_t \pi_{t+1}) + E_t q_{t+1}$$

其中，用 $\pi_{t+1} = p_{t+1} - p_t$ 表示通货膨胀率。注意，$i_t^* - E_t \pi_{t+1}^*$ 才是真实利率的表达式，以 r 代表真实利率，将上式进一步表示为：

$$q_t = r_t^* - r_t + E_t q_{t+1} \tag{2-7}$$

式（2-7）与式（2-4）非常相似，只是用真实汇率代替了名义汇率，又用真实利率代替了名义利率。不同于代表货币相对价格的名义汇率，真实汇率代表的是商品的相对价格，由此可以假定其真实汇率有稳定分布，其均值确定且有限。真实利率亦然。对式（2-6）两边做无条件期望可得：

$$\bar{q} = \bar{r}^* - \bar{r} + \bar{q} \tag{2-8}$$

其中，$\bar{q}$ 表示真实汇率对数的无条件期望值，$\bar{r}$ 与 $\bar{r}^*$ 同样可作此解读。将式（2-7）与式（2-8）相减，并用^顶标代表一个变量对其无条件期望值的偏离，即 $\hat{q}_t = q_t - \bar{q}$，可得：

$$\hat{q}_t = \hat{r}_t^* - \hat{r}_t + E_t \hat{q}_{t+1} \tag{2-9}$$

对式（2-9）右侧的 $\hat{q}$ 项重复迭代，可得：

$$\hat{q}_t = q_t - \bar{q} = \sum_{j=0}^{\infty} E_t(\hat{r}_{t+j}^* - \hat{r}_{t+j}) + \lim_{j \to \infty} E_t \hat{q}_{t+j} \tag{2-10}$$

由于 $\lim_{j \to \infty} E_t q_{t+j} = \bar{q}$，则最后一项极限值为 0。

最后，将式（2-6）代入式（2-10）可得：

$$s_t = \sum_{j=0}^{\infty} E_t \left(\hat{r}_{t+j}^* - \hat{r}_{t+j} \right) + p_t - p_t^* + \bar{q} \tag{2-11}$$

式（2-11）将名义汇率表达为国外与国内的真实利率差的期望值的加总、当期的价格指数差及实际汇率无条件期望值三项之和。三项中的最后一项是常数，价格指数差在经济秩序正常的国家通常变化较小。

式（2-11）的汇率决定机制包含了几个特别的因素。第一，许多资产价格可以表达为当前和未来的基本面的折现值加总，但是在式（2-11）中，未来的利率未被折现，这意味着当前利率并不比未来利率更重要。如果市场预计美联储在第三年加息2个百分点，汇率上升的幅度与本年加息2个百分点的情况是一样的。

第二，促使汇率变化的其实不是利率本身，而是利率变化中市场未能预见的部分。假设在上期，市场预计美联储将在下期加息 2 个百分点，而本期美联储果然加息 2 个百分点，在其他变量不变的情况下，本期汇率并不会随着加息而下降，因为可以预期的加息已经反映在上期的汇率中。许多资产价格都具有这个特点。它可以解释为什么有时利率和汇率呈现违背直觉的效果。比如，2015 年 12 月初，欧元在欧洲中央银行（European Central Bank，ECB）降息后跳升。[①] 当日的一则财经新闻说："……市场一直预测 ECB 会将存款利率调降更多，还可能降低贷款利率。最关键的是，ECB 也未增加其量化宽松的规模……"因此，虽然 ECB 的确降息了，但降息幅度未及市场先前的预期。市场需要向上修正预期，这对汇率的作用效果等同于一次让市场始料未及的加息。

---

① 这个例子的选择是随机的，类似的情况在外汇市场上经常发生。

第三章

汇率的长期定价和短期定价

上一章我们已经学习了汇率的基本知识，接下来的一个重要问题是汇率受什么因素的影响。本章的主题是汇率的定价理论，包括汇率的长期定价理论和短期定价理论。汇率的长期定价理论考虑了汇率作为两种货币的相对价格，能够使得在国际贸易中同一种产品在不同国家的价格换算成同一种货币后价格相同，也就是产品的无套利条件成立。而汇率的短期定价理论强调汇率作为两种货币的相对价格，能够使得两种货币在国际外汇市场上的收益率相同，也就是资产的无套利条件成立。本章我们详细讲述这两种定价理论。

此外，经济模型中对长期和短期没有明确的划分。一般认为短期内一些关键变量不会改变，而长期内所有变量都可以改变。在凯恩斯框架下，短期内由于存在价格黏性，产品价格不能改变，长期情境下企业和市场有足够的时间调整价格。汇率的长期定价模型侧重于产品市场，反映产品价格可以改变产品市场的无套利条件；而汇率的短期定价模型侧重于外汇市场，反映在产品价格存在黏性但汇率可变的情境下，外汇市场的无套利条件。

3.1 汇率的长期定价

产品市场上，同一种产品在不同国家的价格换算成同一种货币后价格相同——无套利条件成立，而汇率应该和产品的无套利条件一致。本节从在产品市场上运用无套利条件出发，推导出汇率的长期定价。

3.1.1 一价定律和购买力平价

在产品市场上，如果没有市场摩擦，那么无套利条件可以成立。这里的市场摩擦包括产品运输成本、交易成本等。不存在市场摩擦的情况是我们在构建理论模型时经常做出的假设，有利于简化模型。

我们首先考虑单一产品的情况。例如在上海和纽约的超市内都可以买到纯净水，在无市场摩擦的情况下，一瓶 500 毫升的纯净水在上海超市的售价为 3.5 元人民币，在纽约超市同样规格的一瓶纯净水售价为 0.5 美元，汇率为 $E_{¥/\$}=7$，那么纯净水的售价在上海和在纽约相等：$3.5=0.5\times 7$。这就是**一价定律**（law of one price）。

在上述例子中，一价定律成立，但在现实生活中，一价定律在很多情况下是不成立的。那么，如何比较同一种产品在不同国家以不同货币表示的价格（即相对价格）？我们继续以中国和美国的产品为例。假设产品 1 在中国的价格为 P^1_{China}，在美国的价格为 P^1_{US}，汇率为 $E_{¥/\$}$，那么这种产品在中美两国的相对价格 $q^1_{China/US}$ 为：

$$q_{\text{China/US}}^1 = \frac{E_{¥/\$} P_{\text{US}}^1}{P_{\text{China}}^1}$$

如果 $q_{\text{China/US}}^1 = 1$，那么一价定律成立，产品市场不存在套利空间；如果 $q_{\text{China/US}}^1 \neq 1$，那么一价定律不成立，产品市场存在套利空间。

用一价定律，也就是单一产品市场无套利模型可以推出汇率决定公式。如果产品 1 的无套利条件成立，那么汇率应该能反映两种货币对同一种产品的定价在换算为同一种货币后的比值：

$$E_{¥/\$} = \frac{P_{\text{China}}^1}{P_{\text{US}}^1}$$

回到纯净水这个例子。在一价定律成立的前提下，通过模型计算出的汇率为 $E_{¥/\$} = 3.5/0.5 = 7$，和给定的汇率一致。

以上我们分析了一种产品的无套利情况，现在推广到一篮子产品的无套利情况。仍然以上海和纽约为例，我们考虑在两个城市生活一个月所需的一篮子产品和服务。在城市生活一个月，需要支付房租、水电、食物、衣物、交通、娱乐等开销。假设在上海生活一个月所需的一篮子产品和服务为 10 500 元人民币，而在纽约生活一个月所需的一篮子产品和服务为 1 500 美元。我们定义在上海和纽约的一篮子产品和服务的相对价格为：

$$q_{\text{China/US}} = \frac{E_{¥/\$} P_{\text{US}}}{P_{\text{China}}} \tag{3-1}$$

将 $P_{\text{US}} = 1500$、$P_{\text{China}} = 10\,500$、$E_{¥/\$} = 7$ 代入式（3-1），会得到 $q_{\text{China/US}} = 1$，一篮子产品和服务的无套利条件成立，即**购买力平价**（purchasing power parity，PPP）成立。显然，购买力平价成立的一个充分条件是每个产品在两个国家的一价定律成立，而且该产品在两个国家一篮子产品中的消费比重相等。

类似于一价定律可以用于汇率定价，我们对购买力平价在汇率定价上的应用做一总结：如果购买力平价成立，即 $q_{\text{China/US}} = 1$，那么用购买力平价模型求得的汇率应该是 $E_{¥/\$} = P_{\text{China}} / P_{\text{US}} = 10\,500/1\,500 = 7$，和例子中我们观测到的人民币对美元汇率一致。

3.1.2 绝对购买力平价和相对购买力平价

购买力平价是从产品市场角度讨论汇率定价的基础模型。本节继续讨论购买力平价的各种形式，以及购买力平价在现实经济中是否成立。

购买力平价成立，意味着美国的一篮子产品价格和中国的一篮子产品价格相等，这就是**绝对购买力平价**（absolute PPP），即

$$E_{¥/\$} = P_{\text{China}} / P_{\text{US}} \tag{3-2}$$

式（3-2）说明在绝对购买力平价成立的情况下，汇率和两国产品的相对价格一致。

但是一篮子产品在美国和中国的价格并不总是一致的。我们定义一篮子产品在中美两国的相对价格——式（3-1）中的 $q_{\text{China/US}}$ 为这两个国家的**实际汇率**（real exchange rate），其经济含义是购买一篮子的美国产品需要几篮子的中国产品。如果实际汇率 $q_{\text{China/US}}$ 小于1，那么美国的一篮子产品价格相对便宜，即购买一篮子的美国产品只要不到一篮子的中国产品。在这种情况下，美元较弱，人民币较强。如果实际汇率 $q_{\text{China/US}}$ 大于1，那么美国的一篮子产品价格相对昂贵，即购买一篮子的美国产品需要多于一篮子的中国产品。在这种情况下，美元较强，人民币较弱。

如果实际汇率 $q_{\text{China/US}}$ 上升，那么购买一篮子的美国产品需要的中国产品数量增加，即人民币实际贬值（real depreciation）；如果实际汇率 $q_{\text{China/US}}$ 下降，那么购买一篮子的美国产品需要的中国产品数量减少，即人民币实际升值（real appreciation）。

在现实中，绝对购买力平价在很多情况下不成立，实际汇率也会不断变化。那么，汇率的变化率和两国相对价格的变化率是否一致？为了检验这个假设，我们要计算汇率从第 t 期到第 $t+1$ 期的变化率：

$$\frac{\mathrm{d}E_{\yen/\$,t}}{E_{\yen/\$,t}} = \frac{E_{\yen/\$,t+1} - E_{\yen/\$,t}}{E_{\yen/\$,t}}$$

并计算出相对价格从第 t 期到第 $t+1$ 期的变化率：

$$\frac{\mathrm{d}\left(\dfrac{P_{\text{China},t}}{P_{\text{US},t}}\right)}{\dfrac{P_{\text{China},t}}{P_{\text{US},t}}} = \mathrm{d}\left(\frac{P_{\text{China},t}}{P_{\text{US},t}}\right)\frac{P_{\text{US},t}}{P_{\text{China},t}}$$

$$= \frac{\mathrm{d}P_{\text{China},t}}{P_{\text{US},t}}\frac{P_{\text{US},t}}{P_{\text{China},t}} - \frac{P_{\text{China},t}}{P_{\text{US},t}^2}\mathrm{d}P_{\text{US},t}\frac{P_{\text{US},t}}{P_{\text{China},t}} = \frac{\mathrm{d}P_{\text{China},t}}{P_{\text{China},t}} - \frac{\mathrm{d}P_{\text{US},t}}{P_{\text{US},t}}$$

$$= \pi_{\text{China},t} - \pi_{\text{US},t}$$

其中，$\pi_{\text{China},t}$ 和 $\pi_{\text{US},t}$ 分别为中国和美国的通货膨胀率。**相对购买力平价**（relative PPP）指名义汇率的变化率和两国通货膨胀率的差值一致：

$$\frac{\mathrm{d}E_{\yen/\$,t}}{E_{\yen/\$,t}} = \pi_{\text{China},t} - \pi_{\text{US},t} \tag{3-3}$$

我们已经在无套利模型中定义了绝对购买力平价和相对购买力平价，而无套利模型假设在世界范围内买卖产品不存在交易成本。这个假设在理论建模时能够帮助我们将重点放在无套利条件上，推导出购买力平价这一主要结果。下面我们可以放松假设条件，看看购买力平价有什么变化。

我们将交易成本引入产品市场：假设购买产品需要支付产品价格的一部分作为交易成本，而成本占价格的比例为 c。例如本国产品单价为 100 元，销售到外国的交易成本

占比为 $c=20\%$，那么外国产品的到岸价（以本币计价）为 $100\times(1+c)=120$（元）。由于存在交易成本，在外国市场上只有当地价格高于 120 元时，该产品才存在套利空间。在这种情况下，本国的产品价格具有优势，会继续销售到海外增加当地供给，直到价格等于 120 元时才达到均衡。

用公式来表示，产品在本国的价格为 P，在外国的到岸价（以本币计价）为 EP^*，实际汇率为 $q=EP^*/P$。如果 $EP^*/P\leqslant 1+c$，那么本国产品销售到外国的无套利条件依然成立。

如果将外国产品销售到本国，那么无套利条件应该怎样构造？我们仍然假设外国的产品本币价格为 EP^*，本国的产品价格为 P。考虑交易成本的因素，只有本国的产品价格仍然高于外国的产品价格，套利条件才存在：$P/EP^*>1+c$。在这种情况下，外国产品会不断进入本国市场，直到无套利条件成立：$P/EP^*\leqslant 1+c$。

综合考虑两个市场的无套利条件，我们可以得到：

$$\frac{1}{1+c}\leqslant \frac{EP^*}{P}\leqslant 1+c$$

在实际经济中，国际贸易成本分为运输成本和跨境成本，而跨境成本又包括关税和非关税壁垒、语言障碍、使用不同货币带来的成本及保险等，平均可以达到产品价格的 70% 以上。由于贸易成本 c 的存在，实际汇率在 $[1/(1+c), 1+c]$ 区间内波动，贸易成本 c 越大，实际汇率的波动范围就越大。

专栏 3-1 长期购买力平价假说成立吗?

根据购买力平价假说，国家间的价格水平应该相等（绝对购买力平价）或者同步移动（相对购买力平价）。然而，许多经验证据表明，短期内购买力平价假说并不成立。各国之间存在价格差距，并且经过汇率调整的价格也不存在短期联动。

短期内购买力平价假说之所以不成立，或许是因为有太多干扰和摩擦阻碍实际汇率的必要调整。相较于金融市场，产品市场的调整相对缓慢。因此，在足够长的时间跨度内观察，购买力平价假说才可能成立。如果是这种情况，那么我们应该能看到，累计通货膨胀率较高国家的货币相对另一个通货膨胀率较低国家的货币会发生贬值。

检验长期购买力平价假说的方法是比较名义汇率和购买力平价（PPP）汇率。购买力平价汇率指能让购买力平价假说成立的相对货币价格。例如，一个巨无霸汉堡在美国卖 4 美元，在中国卖 20 元。为了让购买力平价假说成立，名义汇率应该是 5 元/美元（20/4）。购买力平价的数学表达式为：

$$1=Q=\frac{EP^*}{P}$$

假设总体价格水平给定,国内为P,国外为P^*,那么PPP汇率可表示为$S=P/P^*$,这里S指使得PPP公式成立的汇率,和实际观察到的汇率E有所区别。然而在现实生活中,我们无法得到各国连续的价格水平数据。因此,我们通常使用价格指数,例如CPI(consumer price index,消费者物价指数)或PPI(producer price index,生产者物价指数)代替价格水平。这意味着根据CPI计算的购买力平价汇率不包含任何信息。由于我们感兴趣的是购买力平价汇率随时间的变化趋势,因此我们通常把购买力平价汇率调整到与名义汇率相同的水平。图3-1绘制了四个主要发达经济体货币对美元的购买力平价汇率和名义汇率。购买力平价汇率由CPI计算得到,名义汇率由PPP计算得到。

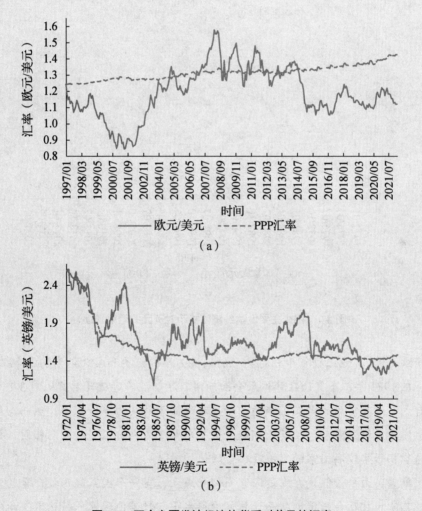

图3-1 四个主要发达经济体货币对美元的汇率

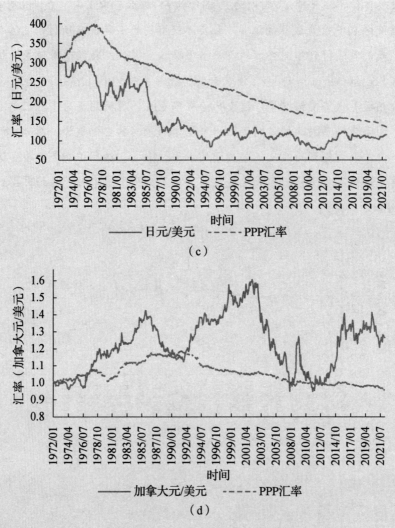

图 3-1 四个主要发达经济体货币对美元的汇率（续）

除欧元外，其他三种货币相对美元的购买力平价汇率和名义汇率均以 1972 年为起点。在 1973 年，布雷顿森林体系全面崩溃，浮动汇率时代开启。从图 3-1 中我们可以看到，所有货币的名义汇率的波动性都远高于购买力平价汇率。然而，尽管名义汇率发生了剧烈变动，但其长期趋势似乎与购买力平价汇率的方向相同，也就是说，通货膨胀率较高国家的货币往往会贬值。

长期购买力平价假说在发达国家间似乎成立。当一个国家经历较严重的通货膨胀时，其货币往往会贬值，从而让总体价格水平相对其他国家保持稳定。此外，在实行浮动汇率制度的国家，名义汇率似乎比价格水平更"灵活"。因为名义汇率本质上是一种可以在短期内大幅变动的资产价格，所以一天之内，名义汇率在任一方向变动几个百分点并不稀奇。然而，经济状态相对稳定国家的总体价格水平的变化要慢得多。也就是说，这些国家的通货膨胀率相对较低，并且更稳定。这也是米尔顿·弗里德曼（Milton Friedman）主张采用浮动汇率制度的重要原因。他认为，当需要调整国际相对价格时，因为名义工资和名义价格往往具有黏性，所以灵活的汇率将会促进国家间的相对价格变化。

专栏 3-2 日元的奇特现象

日本为我们研究名义汇率和相对价格的联动提供了一个有趣的例子，因为 20 世纪 80 年代中期日元的升值是几个国家协商、合作改变汇率的结果。之后，日元的实际贬值幅度超过所有人的预期。因此，我们可以将该现象视为由政策干涉而导致的对名义汇率的冲击。

正如图 3-2 所示，签订广场协议后，日元从 1985 年年初的 1 美元兑换 260 日元，升值到 1995 年的最高点，即 1 美元兑换 80 日元。在国内名义价格相对稳定的情况下，名义汇率如此大幅度的变动必然会带来日本商品价格和工资的大幅上涨。实际上，同名义汇率下降一样，实际汇率也经历了大幅下降。与 1985 年相比，日本的相对价格到 1995 年翻了一番。

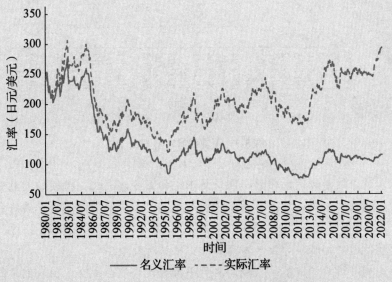

图 3-2 日元对美元的名义汇率和实际汇率

从 1995 年开始，日本的实际汇率经历了漫长而曲折的上升。到 2022 年，特别是在 2016 年"安倍经济学"带来的日元贬值帮助下，日本的实际汇率已大致恢复到 1985 年的水平。

鉴于名义汇率比名义价格的变动更灵活，我们通常期望通过名义汇率的变化来重新平衡市场。然而，日本的情况并非如此。1985—1995年，名义汇率的下降占日元实际升值的124%，也就是在这期间，日本的物价水平相对美国而言是下降的。这部分价格变动抵消了名义汇率下降带来的日元升值效应。然而，在1995—2016年长达20年的"回归"期间，名义汇率的上升仅占日元实际贬值的42%。由于实际汇率的变化可分为名义汇率的变化和相对价格水平的变化，这意味着在20年间，日元的实际贬值大多是通过名义价格的相对下降来实现的。

图3-3验证了这一猜想。我们将美国CPI和日本CPI调整到在1980年有相同的起始值，以便比较它们随时间变化的差距。过去40年里，两国的通货膨胀率都相对稳定。美国的通货膨胀率在大多数年份为正数，导致其总体价格水平稳步上升。然而，日本的累计通货膨胀率在20世纪80年代后期趋于平缓，其累计价格水平几乎没有变化，甚至多年来还略有下降。

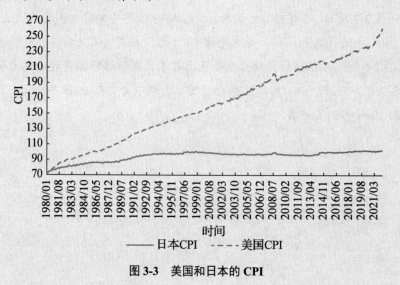

图3-3　美国和日本的CPI

我们知道，随着时间的推移，即便是很小的百分比变化，持续的复利也会导致较大的价格差距。例如，美国每年比日本超出2个百分点的通货膨胀率将会使美国物价水平在10年内上涨22%，在20年内上涨49%，在40年内上涨221%。最终，日本持续的低通货膨胀率导致日本商品的价格相对贬值。

这个案例告诉我们，尽管长期购买力平价假说可能会成立，但我们不能指望用名义汇率来"重新平衡"相对价格水平，即便从长期来看也是如此。

3.1.3　汇率的长期定价：巴拉萨-萨缪尔森模型

上一小节我们学习了购买力平价理论，并且初步分析了存在交易成本时购买力平价的形式。但是现实经济中购买力平价假说不成立,可能存在其他原因。贝拉·巴拉萨(Bela Balassa)和保罗·萨缪尔森(Paul Samuelson)从可贸易产品和不可贸易产品的角度,结合各个国家的生产力水平,建立了两个国家、两种产品的一般均衡模型,给出了购买力平价假说不成立的另一种合理解释:两国的实际汇率和不可贸易产品的相对价格一致,最终由两国可贸易产品的相对生产力决定。

巴拉萨-萨缪尔森模型的假设包括:①两个国家,即本国(home)和外国(foreign);生产两种产品,一种可贸易(tradable),一种不可贸易(non-tradable)。②可贸易产品不存在贸易摩擦,可以在两国间自由交换;不可贸易产品只能在本国消费;两种产品市场都是完全竞争市场。③劳动力是生产这两种产品的唯一生产要素;工人可以在两个生产部门自由流动,但不能跨国流动。④两个国家的技术能力不同;在可贸易产品部门,两个国家的生产力分别为 A 和 A^*;在不可贸易产品部门,为简化起见,两国的生产力都是1。

我们进一步将模型具体化。考虑一种可贸易产品和一种不可贸易产品有助于我们联系现实处理经济问题,我们假设可贸易产品是吹风机,不可贸易产品是理发(服务可以被视为不可贸易产品)。假设吹风机在本国的本币价格为 P_T,汇率为 E,在外国的外币价格为 P_T^*,换算成本币则为 EP_T^*。由于吹风机在两国间可以自由交换,一价定律成立,即 $P_T = EP_T^*$。为了简化模型,我们将吹风机的价格标准化为1:$P_T = EP_T^* = 1$。现实生活中如果一个吹风机的价格为100元人民币,那么这个例子里的单位价格为100元人民币。

本国的生产力为 A 的含义为一个工人在1单位时间里可以生产 A 单位的产品。在本国可贸易产品部门,产品只需要由劳动力生产,不需要其他生产要素;由于1单位产品的价格为1,而市场是完全竞争市场——产品价格等于劳动成本,那么本国工人的工资为 $w = A \times 1 = A$。在外国可贸易产品部门,由于1单位产品的本币价格也为1,那么外国工人的工资为 $Ew^* = A^* \times 1 = A^*$。

在每个国家,由于工人可以自由流动,因此工人在每个国家的不可贸易产品部门的工资(都以本币计价)分别为 w 和 Ew^*。在不可贸易产品部门,两国的生产力都为1,即在1单位时间内生产1单位产品,那么在完全竞争市场中,产品的价格应该和劳动力成本相等,即本国不可贸易产品的本币价格为 $P_N = w = A$,外国不可贸易产品的本币价格为 $EP_N^* = Ew^* = A^*$。

分析到这里已经可以看出,可贸易产品部门符合一价定律,但是不可贸易产品部门由于两国生产力不同且产品不可以跨国贸易,不符合一价定律,由此推导出在一篮子产品中存在不可贸易产品是购买力平价假说不成立的原因。我们将这个想法模型化:假设本国的本币总价格为 $P = \left(P_T\right)^{1-\alpha}\left(P_N\right)^{\alpha}$，其中 $1-\alpha$ 和 α 分别为两部门在本国经济中的占比，那么通货膨胀率为：

$$\frac{\mathrm{d}P}{P} = (1-\alpha)\frac{\mathrm{d}P_T}{P_T} + \alpha\frac{\mathrm{d}P_N}{P_N}$$

假设外国的外币总价格为 $P^* = \left(P_T^*\right)^{1-\alpha}\left(P_N^*\right)^{\alpha}$，换算成本币价格为 $EP^* = \left(EP_T^*\right)^{1-\alpha}\left(EP_N^*\right)^{\alpha}$。我们将外国的本币价格视为一个整体，那么通货膨胀率为：

$$\frac{\mathrm{d}EP^*}{EP^*} = (1-\alpha)\frac{\mathrm{d}EP_T^*}{EP_T^*} + \alpha\frac{\mathrm{d}EP_N^*}{EP_N^*}$$

由于可贸易产品的一价定律总是成立，即 $\frac{\mathrm{d}P_T}{P_T} = \frac{\mathrm{d}EP_T^*}{EP_T^*}$，那么两国的实际汇率——相对价格 $q = \frac{EP^*}{P}$——由不可贸易产品的相对价格决定，最终由两国可贸易产品生产力的变化率决定：

$$\frac{\mathrm{d}q}{q} = \frac{\mathrm{d}EP^*}{EP^*} - \frac{\mathrm{d}P}{P} = \alpha\frac{\mathrm{d}EP_N^*}{EP_N^*} - \alpha\frac{\mathrm{d}P_N}{P_N} = \alpha\left(\frac{\mathrm{d}A^*}{A^*} - \frac{\mathrm{d}A}{A}\right) \quad (3\text{-}4)$$

式（3-4）被称为巴拉萨-萨缪尔森效应（Balassa-Samuelson effect）。

巴拉萨-萨缪尔森效应直观上似乎较难理解：可贸易产品的相对价格符合一价定律，而不可贸易产品的相对价格不符合一价定律，为什么实际汇率最终由可贸易产品的相对生产力决定？简言之，这是由一般均衡所决定的。由于在两个国家内部劳动力可以自由流动，以本国为例，劳动者在不可贸易产品部门的工资 w 也要和其在本国可贸易产品部门的工资相等，最终不可贸易产品的价格 P_N 通过工资 w 这一中间变量和可贸易产品生产力 A 保持一致，即 $P_N = w = A$。

巴拉萨-萨缪尔森模型是一个关于购买力平价偏离的经典模型，但不是唯一的合理解释。在经济全球化进程中，购买力平价偏离仍然是比较普遍的现象，是国际金融研究中的前沿问题。

专栏 3-3 中国的实际汇率之谜

尽管发达国家的购买力平价汇率和名义汇率似乎具有相似的长期趋势，但我们在将其应用到发展中国家时需要格外谨慎。图 3-4 绘制了人民币对美元的名义汇率和购买力平价汇率。这两个汇率是否呈现相似的趋势？显然没有。2005 年之前，人民币钉住美元，因此名义汇率固定。但是在放开名义汇率后，人民币在很长一段时间内持续升值，而中国的通货膨胀率却超过了美国。

图 3-4 人民币对美元的名义汇率和购买力平价汇率

如何解释 2005 年以后人民币对美元名义汇率和购买力平价汇率呈分离状态？购买力平价理论预测，当中国的通货膨胀率较高时，人民币对美元的名义汇率应该上升，人民币贬值。但是，购买力平价理论假设两国间的相对价格水平是恒定的。这一假设对经济增长相对稳定的发达国家来说可能成立，但并不适用于发展中国家。发展中国家正处于追赶阶段，经济增长的速度更快，因此其相对价格水平不一定保持恒定。

相反，巴拉萨-萨缪尔森模型考虑了国家间的收入差异，并预测经济增长较快国家的物价增长得也更快。注意，这里要区分"水平"和"增长"：巴拉萨-萨缪尔森模型预测，经济更发达国家的物价水平应该更高。也就是说，美国的物价水平应该高于中国。然而在现实中，中国的物价可能会增长得更快。

对仍处于追赶阶段的中国而言，其生产力进步得更快，因此人民币的升值速度也更快。这种升值可能以两种方式发生：中国的物价水平可能上涨得更快，或者人民币相对美元升值。2005—2015 年，这两种方式都促进了中国总体价格水平的增长。

值得注意的是，即使名义汇率通过某种变化确保长期内国家间的相对价格有效，但在短期内，它可能会偏离这一有效价格很远，并且十分不稳定。图 3-1 中的发达国家便是这样。鉴于中国人民银行在逐渐放松对汇率的管控，未来中国的名义汇率也可能偏离均衡水平。因此，在任何情况下，试图用相对通货膨胀率来预测名义汇率可能都是徒劳的，至少在短期内也如此。

3.1.4 汇率的长期定价：货币路径

本节我们从货币市场出发，先讨论货币市场如何决定价格水平，然后讨论两国相对价格水平如何决定汇率，将货币、价格、汇率等宏观经济因素放在一个统一的模型中。

首先，我们考察一个相对简单的模型。这个模型由货币、价格以及购买力平价构成。在货币市场上，货币数量理论认为货币在产品市场上用于交易，货币需求 M^d 和国民收入成正比：

$$M^d = \bar{L} \times PY$$

其中，P 为总价格指数，Y 为总产量，PY 即产品价值，而常数 $\bar{L}$ 衡量 1 单位产品的价值（PY）需要多少单位的货币来完成交换。一方面，如果货币流通速度较快，那么 1 单位产品的价值在单位时间内需要的货币量较少，即 $\bar{L}$ 较小；如果货币流动速度较慢，那么 $\bar{L}$ 较大。另一方面，货币供给 M 由中央银行外生给定，不由市场内生决定。在货币市场均衡状态中，货币供给等于货币需求，即

$$M = M^d = \bar{L} \times PY$$

从货币市场均衡中，我们可以推导出一个国家的总价格应该与该国的货币供给成正比，和总产量成反比：

$$P_{\text{China}} = \frac{M_{\text{China}}}{\bar{L}_{\text{China}} Y_{\text{China}}}$$

$$P_{\text{US}} = \frac{M_{\text{US}}}{\bar{L}_{\text{US}} Y_{\text{US}}}$$

上式表明在货币流动速度一定的情况下，如果该国货币发行量大而产出较小，那么该国的价格指数较高。类似于绝对和相对购买力平价，我们也可以考虑当货币市场均衡时，通货膨胀率和货币供给变化率的关系为：

$$\pi_{\text{China},t} = \mu_{\text{China},t} - g_{\text{China},t}$$

$$\pi_{\text{US},t} = \mu_{\text{US},t} - g_{\text{US},t}$$

其中，μ_t 为货币供给变化率，$\mu_t = \dfrac{dM_t}{M_t}$；$g_t$ 为总产量变化率，$g_t = \dfrac{dY_t}{Y_t}$。由于 $\bar{L}_{\text{China}}$、$\bar{L}_{\text{US}}$ 为常数，其变化率为 0。

然后，我们以价格作为中间变量，综合购买力平价理论和货币数量理论，将外汇市场和货币市场联系起来：

$$E_{\yen/\$} = \frac{P_{\text{China}}}{P_{\text{US}}} = \frac{M_{\text{China}}/(\bar{L}_{\text{China}} Y_{\text{China}})}{M_{\text{US}}/(\bar{L}_{\text{US}} Y_{\text{US}})}$$

以上模型中，$\bar{L}$ 为常数。我们也可以考虑相对购买力平价和货币市场均衡时通货膨胀率与经济增长的关系，以通货膨胀率作为中间变量，考虑汇率的变化率和两国货币供给增长率差值的关系：

$$\frac{dE_{\yen/\$,t}}{E_{\yen/\$,t}} = \pi_{\text{China},t} - \pi_{\text{US},t} = (\mu_{\text{China},t} - g_{\text{China},t}) - (\mu_{\text{US},t} - g_{\text{US},t})$$
$$= (\mu_{\text{China},t} - \mu_{\text{US},t}) - (g_{\text{China},t} - g_{\text{US},t})$$

上式表明汇率的变化率与两国货币供给的变化率差值减总产量的变化率差值一致。如果中国的货币供给增长率低于美国，而总产量增长率高于美国，那么汇率增长率下降，即人民币升值。

接下来，我们考虑扩展模型，此时 L 可变。一般模型需要用到无抛补利率平价和货币市场的关系，我们选取资本可以自由流动的两个国家或地区，以保证外汇市场无套利条件成立。在扩展模型中，我们考虑美国和欧元区。

在扩展货币数量理论中，货币需求仍然和国民生产总值成正比，但是货币流通速度受到利率 i 的影响：

$$M^d = L(i) \times PY$$

利率越高，持有货币的机会成本（即货币存在银行可以得到的利息收益）越高，在给定国民生产总值 PY 的情况下，货币需求 M^d 较小，由此 $L(i)$ 较小。

在相对购买力平价模型中，我们考虑模型的预期形式，即汇率的预期变化率以及美国和欧元区的预期通货膨胀率：

$$\frac{dE^e_{\$/\euro}}{E^e_{\$/\euro}} = \pi^e_{\text{US},t} - \pi^e_{\text{EUR},t}$$

通过无抛补利率平价公式，我们可以得出汇率的相对变化率和两个经济体之间的利率差一致：

$$\frac{dE^e_{\$/\euro}}{E^e_{\$/\euro}} = i_{\text{US},t} - i_{\text{EUR},t}$$

由此，我们可以得到两个经济体之间的汇率差值和预期通货膨胀率的差值一致：

$$\pi^e_{\text{US},t} - \pi^e_{\text{EUR},t} = i_{\text{US},t} - i_{\text{EUR},t}$$

这就是**费雪效应**（Fisher effect）。从费雪效应，我们还可以推导出**实际利率平价**（real

interest rate parity），即各个经济体的预期实际利率（名义利率与预期通货膨胀率的差值）一致：

$$r^e_{US,t} = r^e_{EUR,t}$$

如果资本在各个经济体间可以自由流动，或者外汇市场的无套利条件在长期趋于一致，那么各个经济体的实际汇率都会收敛到一样的数值，我们将其定义为世界实际利率 r_{world}。

3.2 汇率的短期定价

上一节讨论了如何从产品市场的无套利条件出发，分析汇率的长期定价问题。由于购买力平价在短期内更容易偏离，我们需要考虑其他模型来分析汇率的短期定价问题。我们选定无抛补利率平价这一针对外汇市场交易的简单模型：外汇市场交易频繁，短期内无抛补利率平价更容易成立。无抛补利率平价要求外汇自由交易，没有外汇管制，因此我们考虑美国和欧元区两大经济体。

3.2.1 汇率的短期定价：资产路径

我们从无抛补利率平价出发：

$$i_\$ = i_\epsilon + \frac{E^e_{\$/\epsilon} - E_{\$/\epsilon}}{E_{\$/\epsilon}}$$

等式左侧是投资无风险美元资产可以获得的收益率，即美元无风险利率 $i_\$$；等式右侧是先将美元兑换为欧元，投资欧元资产，然后将欧元换回美元获得的收益率，即欧元无风险利率 i_ϵ 以及汇率的变化率 $\frac{E^e_{\$/\epsilon} - E_{\$/\epsilon}}{E_{\$/\epsilon}}$。

图 3-5 描绘了无抛补利率平价均衡，其中横轴为汇率，纵轴为收益率。由于本币收益率 $i_\$$ 不随汇率变化而变化，因此为一条水平线；而外币收益率 $i_\epsilon + \frac{E^e_{\$/\epsilon} - E_{\$/\epsilon}}{E_{\$/\epsilon}}$ 和汇率负相关，因此斜率为负。两条线的交点为外汇市场均衡点：本币收益率和外币收益率相等。

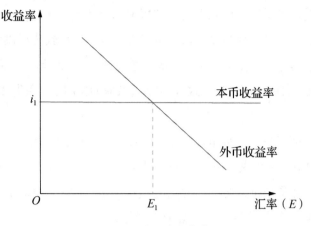

图 3-5　外汇市场均衡

在上一节中，我们看到在长期情境下每个经济体的货币市场如何影响宏观物价，并通过购买力平价影响汇率。在本节中，我们考虑在短期情境下，每个经济体的货币市场如何影响均衡汇率，并通过无抛补利率平价影响均衡汇率。

我们正式引入短期情境下货币市场的供给与需求。在短期情境下货币市场的供给仍由中央银行外生给定；而在货币市场的短期需求函数中，按照凯恩斯的假设，价格存在黏性，即短期内价格不能调整。短期情境下，货币供给和货币需求相等。以美国为例：

$$\frac{M_{US}}{\bar{P}_{US}} = L(i_{US})Y_{US} \tag{3-5}$$

其中，$\bar{P}_{US}$ 为短期内无法调整的总价格指数。

图 3-6 刻画了货币市场均衡状态，其中横轴为实际货币供给，纵轴为利率。实际货币供给（MS）不受利率的影响，是一条垂直线；而货币需求（MD）与利率负相关，是斜率为负的曲线。两条线的交点决定了货币市场均衡状态。

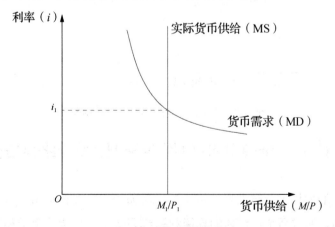

图 3-6　货币市场均衡

需要注意的是，货币市场的长期均衡和短期均衡的重要区别是产品价格是否可以改变。以美国市场为例，在长期情境下，如果货币政策宽松导致货币供给 M_{US} 增加，在产出 Y_{US} 不变的情况下，价格 P_{US} 就会上升，从而通货膨胀率 π_{US} 上升。而实际利率不变（资本自由流动，和世界实际利率保持一致），在费雪效应的作用下，通货膨胀率带动名义利率 i_{US} 上升。

但是在短期均衡状态时，货币政策宽松导致货币供给 M_{US} 增加，由于价格不变，通货膨胀率不发生变化，从而费雪效应这条传导路径被关闭。由式（3-5）可知，在产出 Y_{US} 不变的情况下，实际货币供给与产出的比例 $L(i_{US})$ 增大。由于 $L(i_{US})$ 是 i_{US} 的减函数，因此名义利率 i_{US} 下降，即持有现金的机会成本降低。

下面我们总结两个市场均衡：在给定短期总价格 $\bar{P}$ 的情况下，当货币供给 M 等于货币需求 M^d 时，利率 i 达到均衡；在给定国外利率和汇率预期 E^e 的情况下，即时汇率 E 达到均衡。当货币政策扩张时，新的均衡利率 i_1 低于原来的均衡利率；在外汇市场上，由于利率下降，投资本币的收益下降，从而本币的需求相对减少，本币贬值，汇率上升，即 1 单位外币可以兑换更多的本币。

图 3-7 综合了货币市场均衡和外汇市场均衡。当本国货币供给和货币需求相等时，可以求得均衡利率。而本国均衡利率就是外汇市场上的本币收益率，给定外国利率和汇率预期，可以求得均衡汇率。

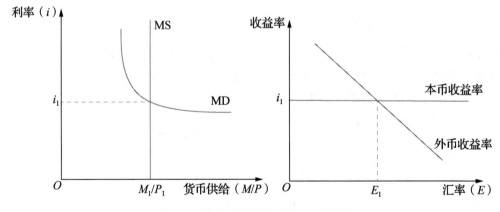

图 3-7　货币市场均衡和外汇市场均衡

3.2.2　汇率的长期定价模型和短期定价模型：货币路径与资产路径

上一小节我们分析了在短期总价格不变的情况下，美国和欧元区两个经济体分别达到货币市场均衡，通过两个经济体的均衡利率 i_{US} 和 i_{EUR} 连接货币市场和外汇市场，使得外汇市场也达到均衡：

$$\frac{M_{\text{US}}}{\bar{P}_{\text{US}}} = L(i_{\text{US}})Y_{\text{US}}$$

$$\frac{M_{\text{EUR}}}{\bar{P}_{\text{EUR}}} = L(i_{\text{EUR}})Y_{\text{EUR}}$$

$$i_\$ = i_\epsilon + \frac{E^e_{\$/\epsilon} - E_{\$/\epsilon}}{E_{\$/\epsilon}}$$

在短期均衡状态中，货币供给 M_{US}、M_{EUR} 由外生货币政策决定，总价格 $\bar{P}_{\text{US}}$、$\bar{P}_{\text{EUR}}$ 呈现短期价格黏性。假设我们知道国民实际收入 Y_{US}、Y_{EUR} 以及对汇率的预测 $E^e_{\$/\epsilon}$，那么以上三个等式可以解出三个内生变量：利率 i_{US}、i_{EUR} 和即时汇率 $E_{\$/\epsilon}$。

同时，经济人对长期情境下的货币市场均衡和外汇市场均衡有理性预期，他们对变量的预测以上标 e 的形式表明。在长期模型中，所有内生决定的变量都是由经济人根据以下模型做出的预测值：

$$\frac{M^e_{\text{US}}}{P^e_{\text{US}}} = L(i^e_{\text{US}})Y^e_{\text{US}}$$

$$\frac{M^e_{\text{EUR}}}{P^e_{\text{EUR}}} = L(i^e_{\text{EUR}})Y^e_{\text{EUR}}$$

$$E^e_{\$/\epsilon} = \frac{P^e_{\text{US}}}{P^e_{\text{EUR}}}$$

在长期均衡中，价格可以变动，而且汇率反映两国的相对价格。

汇率超调指受到外生冲击后，汇率短期内调整幅度大于达到长期均衡时的调整幅度。造成汇率超调的原因是短期内价格存在黏性，而长期价格可调并且经济人预测长期汇率会上升。

汇率的短期表现如图 3-8 所示。在货币市场上，增加美国货币供给会降低美国均衡利率，利率由 i_1 下降到 i_2。在外汇市场上，较低的美元利率导致本币收益率曲线（DR）下降，从 DR_1 下降到 DR_2。由于投资者预期美元长期汇率 $E^e_{\$/\epsilon}$ 上升，美元贬值，给定欧元利率不变，欧元的收益率会因美元贬值而上升，在图 3-8 中，表现为从 FR_1 上升到 FR_2。因此在外汇市场的短期均衡中，即时汇率 $E_{\$/\epsilon}$ 变大，美元贬值，表现为从 E_1 上升到 E_2。这里美元的贬值是由美元收益率下降（从 E_1 到 E_3）和欧元收益率上升（从 E_3 到 E_2）两种因素共同决定的，而短期均衡汇率 E_2 相对于初始汇率 E_1 增长较多，美元贬值较大。

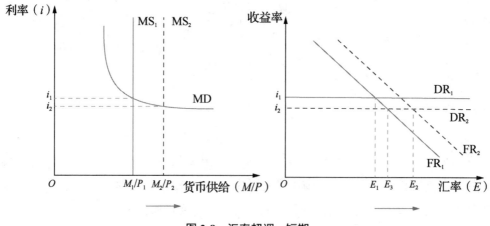

图 3-8 汇率超调：短期

在长期情境下，如图 3-9 所示，货币市场上总价格升高，美元实际货币供给回归，利率也回归到最初位置，即利率由 i_2 返回到 i_1。在外汇市场上，美元收益率回归到最初位置，从 DR_2 返回到 DR_1；但是欧元收益率仍然较高，因为长期均衡下预期汇率就是新的均衡汇率，所以 FR_2 不变。这样长期均衡汇率为 E_4。从短期均衡 E_2 到长期均衡 E_4，但是没有回到初始汇率 E_1。

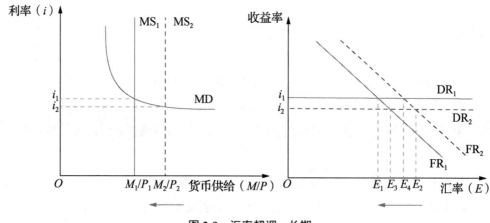

图 3-9 汇率超调：长期

3.2.3 固定汇率和"不可能三角"

上一节在讨论汇率均衡时，我们选取了资本可以自由跨境流动，并且汇率可以浮动的两个经济体：美国和欧元区。如果其中一个经济体的汇率是固定的，而且资本可以跨境流动，那么在短期均衡和长期均衡下货币市场和外汇市场中的宏观变量是如何决定的？

我们以中国香港和美国为例。香港使用港元，资本可以自由流动。在货币局制度下，港元钉住美元，1 美元兑换 7.75—7.85 港元。香港的货币政策目标是保持港元汇率稳定。香港特别行政区财政司司长负责制定香港的货币政策目标，而香港金融管理局负责达成货币政策目标，包括决定相关策略、工具及执行方式。当港元需求大于供给时，香港金融管理局可以买入美元、卖出港元，使得更多的港元进入流通领域，港元供给增加，其升值压力得到缓解；而当港元需求小于供给时，香港金融管理局将反向操作，买入港元、卖出美元，港元退出流动领域，供给减少，其贬值压力得到缓解。因此，香港的货币供给并不独立，会受到美国货币政策的影响。

我们假设固定汇率为 $\bar{E}_{HK\$/\$}=7.8$。在中国香港和美国这一对经济体中，我们假定以港元为本币。短期情境下，外汇市场无抛补利率平价仍然成立。在固定汇率可信的情况下，经济人对汇率的预期仍然是目前的固定汇率：$E^e_{HK\$/\$}=\bar{E}_{HK\$/\$}$，那么港币利率 $i_{HK\$}$ 应与美元利率 $i_\$$ 保持一致，因此香港的货币供给完全受到美国货币政策的影响：

$$i_{HK\$}=i_\$+\frac{E^e_{HK\$/\$}-\bar{E}_{HK\$/\$}}{\bar{E}_{HK\$/\$}}=i_\$$$

$$\frac{M_{HK}}{\bar{P}_{HK}}=L(i_{HK\$})Y_{HK}=L(i_\$)Y_{HK}$$

$$\frac{M_{US}}{\bar{P}_{US}}=L(i_{US})Y_{US}$$

这里，我们可以在浮动汇率和固定汇率两种体系下比较汇率的短期决定模型。我们假设在这两种汇率体系下，资本都可以自由流动，而外国采用浮动汇率。在本国浮动汇率体系下，本国货币供给是输入量，汇率是输出量，即本国货币政策会影响浮动汇率。在本国固定汇率体系下，本国固定汇率是输入量，因为需要确保汇率不变，在资本自由流动的前提下，本国利率和本国货币供给都受到外国影响，所以模型的输出量是本国货币供给和本国利率。由此可见在运用经济模型时，外生给定的经济制度框架对模型具有重要作用。

接下来，我们在长期情境下讨论中国香港和美国的汇率、价格、货币供给。长期情境下，价格可以调整，给定香港的固定汇率为 $\bar{E}_{HK\$/\$}$，购买力平价决定了香港的价格指数与美国的价格指数一致：

$$P_{HK}=\bar{E}_{HK\$/\$}P_{US}$$

长期情境下，港元利率 $i_{HK\$}$ 仍然需要和美元利率 $i_\$$ 保持一致，那么香港的货币供给仍然受到美国的影响：

$$M_{HK}=P_{HK}L(i_{HK\$})Y_{HK}=\bar{E}_{HK\$/\$}P_{US}L(i_\$)Y_{HK}$$

注意，香港的价格指数也受到美国价格指数的影响。因此在长期情境下，香港的名义货币供给受到美元利率和美国价格指数的双重影响。

总之，如果资本可以自由流动，长期情境下本国的固定汇率是输入量，固定汇率会通过购买力平价影响价格，通过利率平价影响利率，而名义货币供给经由价格途径和利率途径受到双重影响。这里货币供给是输出量，和短期情境一致，但由于长期价格可变，多了价格影响货币供给这一路径。

以上通过中国香港和美国的例子，我们分析了固定汇率下汇率的短期和长期的定价模型。我们发现如果政策目标是固定汇率，那么模型中固定汇率是输入量，而名义货币供给是输出量，可见政策目标对模型应用具有决定性影响。现在我们列出不同的政策目标，将模型应用推广到更一般的情境。

表 3-1 以中国香港和美国两个经济体为例，列出用无抛补利率平价公式表示的货币与外汇政策目标：①如果政策制定者希望汇率固定，并有能力对市场做出未来汇率稳定的可信承诺，那么未来预期汇率和当前固定汇率一致，即汇率的预期变化率为 0；②如果政策制定者希望资本可以自由流动，那么无抛补利率平价成立；③如果政策制定者希望货币政策独立，那么港元利率不等于美元利率。

表 3-1　货币与外汇政策目标

政策目标	公式
①汇率固定	$\dfrac{E^e_{\text{HK\$/\$}} - \bar{E}_{\text{HK\$/\$}}}{\bar{E}_{\text{HK\$/\$}}} = 0$
②资本自由流动	$i_{\text{HK\$}} = i_{\$} + \dfrac{E^e_{\text{HK\$/\$}} - E_{\text{HK\$/\$}}}{E_{\text{HK\$/\$}}}$
③货币政策独立	$i_{\text{HK\$}} \neq i_{\$}$ 存在

从表 3-1 中，我们还可以推导出至多有 2 个政策目标成立：如果希望①汇率固定且②资本自由流动，那么满足无抛补利率平价为 $i_{\text{HK\$}} = i_{\$}$，即③中的货币政策独立目标无法达成；如果希望②资本自由流动且③货币政策独立，那么汇率的预期变化率不为 0，即预期汇率和汇率不一致，即固定汇率不成立；如果希望①汇率固定且③货币政策独立，那么港元的收益率 $i_{\text{HK\$}}$ 和美元的预期收益率（以港元计价）$i_{\$} + \dfrac{E^e_{\text{HK\$/\$}} - E_{\text{HK\$/\$}}}{E_{\text{HK\$/\$}}}$ 不一致，存在套利机会，以至于资本无法完全自由流动，政策目标不成立。

以上分析正是著名的**三难困境**（trilemma），可以用"不可能三角"表示，见图 3-10。三角的三条边对应以上三个政策目标，每个顶点对应一种政策选择，该顶点只包括与其相连的两种政策，但无法包含第三种政策。

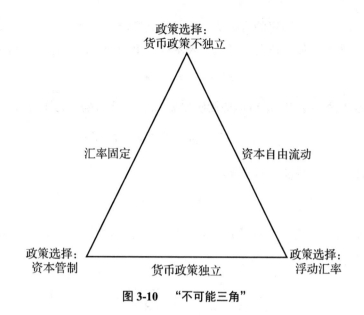

图 3-10 "不可能三角"

我们用"不可能三角"来简述第四章至第八章的逻辑结构。第四章作为预备章节，讲述一个国家开放后和其他国家的经济账户关系，以及金融全球化的成本收益分析。第五章至第七章分别对应"不可能三角"的三个选择：第五章讲述开放经济中的凯恩斯模型，重点分析开放经济中采取浮动汇率这一政策选择下的货币政策和财政政策；第六章讲述开放经济中采取固定汇率制度，以及相应的政策变化；第七章讲述资本管制下的经济。第八章针对发展中国家进行分析，特别是和发达国家相比，发展中国家在全球化过程中面临的独特问题。

3.2.4 汇率预测

我们在 3.2.1 节和 3.2.2 节分别讨论了汇率的长期定价模型和短期定价模型。除用于解释汇率在长期和短期的波动及其他特征外，汇率长短期定价模型的一个重要应用是汇率预测。本小节我们将简要讲述目前汇率预测的三个主要模型：基于**货币基本面**（monetary fundamentals）、基于**利率基本面**（interest rate fundamentals）以及基于**泰勒法则**（Taylor rule）的模型。我们会基于汇率定价模型来简要推导汇率预测模型。

我们首先推导第一个汇率预测模型，即基于货币基本面的汇率预测模型。这个预测模型需要用到购买力平价，而购买力平价反映了产品市场的长期均衡状态，因此这个模型对汇率的预测反映了汇率的长期趋势。

根据购买力平价理论，汇率的对数（用 s_t 表示）应该是两国价格指数对数之差：

$$s_t = p_t - p_t^*$$

根据货币理论，一个国家的实际货币需求受到产出和利率的影响，而均衡状态下货币需求等于货币供给。如果在对数形式下表示货币市场均衡，那么表达式为：

$$m_t - p_t = \phi y_t - \lambda i_t$$

其中，ϕ、λ 为常数。通过货币市场均衡解出 p_t 和 p_t^*，代入购买力平价公式，可以得到：

$$s_t = (m_t - m_t^*) - \phi(y_t - y_t^*) + \lambda(i_t - i_t^*)$$

再转换为无抛补利率平价的对数形式：

$$i_t - i_t^* = E_t s_{t+1} - s_t$$

这里 $E_t s_{t+1}$ 表示投资者在第 t 期对第 $t+1$ 期汇率的预测。用购买力平价实现两国货币均衡，可以得到：

$$s_t = \left(\frac{1}{1+\lambda}\right) f_t + \left(\frac{\lambda}{1+\lambda}\right) E_t s_{t+1}$$

其中，$f_t = (m_t - m_t^*) - \phi(y_t - y_t^*)$ 为货币基本面。这样，我们就得到长期均衡下对汇率的预测：汇率应该反映货币基本面信息。

在现实中如何应用这一预测模型呢？Mark（1995）给出了预测模型：

$$s_{t+k} - s_t = \beta_{0k} + \beta_{1k}(f_t - s_t) + u_{k,t+k}$$

其中，k 为整数；等式左侧 $s_{t+k} - s_t$ 表示 k 期之后的汇率和当前汇率的差值；等式右侧说明这一差值可以用基本面与汇率的差值 $f_t - s_t$ 来解释，系数 β_{1k} 为正值。此外，等式右侧的 β_{0k} 为常数；$u_{k,t+k}$ 为误差项。Mark（1995）发现，这个模型在较长时期内表现较好。

谈到汇率模型预测的好与坏，一个公认的标准是汇率预测模型是否比随机游走（random walk）模型表现得更好。为了和基于货币基本面模型相比较，我们将随机游走模型写为：

$$s_{t+k} - s_t = \beta_{0k} + u_{k,t+k}$$

也就是说，随机游走模型里没有用来预测基本面的任何因素，汇率变化完全由误差项决定。随机游走模型为各种汇率预测模型提供了可以对比的底线。如果汇率预测模型的表现还不如随机游走模型，那么这个预测模型就没有太大的实际应用价值。

接下来，我们介绍第二个汇率预测模型——基于利率基本面的汇率预测模型。这一预测模型只利用无抛补利率平价公式，可以写为：

$$\Delta s_{t+1} = \alpha + \beta(i_t - i_t^*) + v_t$$

这个模型的含义是汇率的变化可以用两国的利率差所解释。在实证研究中，基于利率基本面的汇率预测模型表现得不够理想，甚至还不如随机游走模型。

第三个汇率预测模型建立在泰勒法则的基础上,考虑各国的货币政策目标。假设本国的货币政策目标包括平滑经济周期、稳定通货膨胀率及明确实际汇率:

$$i_t = \beta_0 + \beta_1 \pi_t + \beta_2 \hat{y}_t + (\beta_3 i_{t-1} + \beta_4 \text{REER}_t) + u_t$$

其中,$\hat{y}_t = y_t - y^p$ 为当前产出 y_t 和目标产出 y^p 的差值;REER_t 为实际汇率。这个目标等式说明,如果本国的通货膨胀率 π_t 较高,或者当前产出大于目标产出因而经济有过热迹象,中央银行就可以通过提高利率为经济降温;中央银行还可以将实际汇率纳入货币政策目标的范围。把通货膨胀率、产出与潜在产出作为政策目标来制定货币政策的方式一般被称为泰勒法则,以发现这一法则的经济学家泰勒命名;进一步把明确实际汇率作为政策目标来制定货币政策的方式一般被称为扩展的泰勒法则。外国货币政策目标也需要考虑平滑经济周期和稳定通货膨胀率,为避免模型冗余,不再加入实际汇率:

$$i_t^* = \beta_0' + \beta_1' \pi_t^* + \beta_2' \hat{y}_t^* + \beta_3' i_{t-1}^* + u_t^*$$

将两国货币政策目标代入基于利率基本面的汇率预测公式,忽略第 $t-1$ 期的利率差,就可以得到泰勒法则公式:

$$\Delta s_{t+1} = \tilde{\alpha} + \tilde{\beta}_1 (\pi_t - \pi_t^*) + \tilde{\beta}_2 (\hat{y}_t - \hat{y}_t^*) + \tilde{\beta}_4 \text{REER}_t + \tilde{u}_t$$

这个汇率预测模型说明,汇率的变化率可以用两国的通货膨胀率之差、产出之差和实际汇率来解释。在实证研究中,经济学家发现建立在泰勒法则上的汇率预测模型的表现好于随机游走模型。

3.3 外汇管理

本节首先介绍国家对汇率的干预政策,包括外汇管制和外汇储备管理,然后介绍中国汇率制度的发展与改革。

3.3.1 外汇管制和外汇储备管理

外汇管制是指国家通过法律法规等形式,对本币和外币的兑换以及外汇收入的汇入、汇出、使用等进行限制。外汇管制意味着在外汇市场上不能自由兑换本币、外币,跨境资本流动也是受限的。

外汇管制可以是长期的政策选择,也可以是短期的政策选择。根据"不可能三角",

如果一个国家选择货币政策独立和固定汇率，就必然需要对跨国资本流动进行限制并进行外汇管制，这种政策选择在一定时期内具有稳定性。此外，许多发展中国家在跨境资本流动异常可能引发危机时，为了稳定经济局面，会在短期内采取外汇管制。例如，巴西在2008年全球金融危机发生之后，为了防止资本外逃，曾经以跨境资本税的形式在2008—2010年实行外汇管制。

外汇管制在对象上，既可以针对个人，也可以针对企业或其他经济主体；在范围方面，既可以针对进出口等国际经济活动获得的外汇，也可以针对跨国资产交易（第四章会详细说明各种宏观经济行为与宏观账户的关系）。

对于跨国资产交易的管制，国际货币基金组织将其分为对股票、债券、货币市场、衍生品、信贷等金融资产交易的管制，以及对直接投资进入与退出的管制。一般来说，金融资产的流动性较高，跨国金融资产大量交易，特别是短期内资本大量流出，可能会引起投资者怀疑该国能否稳定汇率、防范金融风险，因此各国对金融资产跨国交易的管制较为严格。而外国直接投资的稳定性较高，对发展中国家还会产生技术溢出效应，因此各国对直接投资的限制较少，甚至在特定行业、特定时间段内对外国直接投资实行鼓励政策。

外汇储备是指一个国家能够随时用来干预外汇市场、支付国际收支差额的资产，可以发挥稳定汇率、防止恶意做空、稳定投资者信心的作用。储备资产应具有高流动性，能被其他国家或投资者普遍接受。

外汇储备的资产形式有黄金、外汇、在国际货币基金组织的储备头寸，以及特别提款权（special drawing rights，SDR）余额。目前没有任何货币与黄金挂钩，而且黄金不能直接用于国际收支差额清算。但是，由于黄金具有贵金属特性，长期以来人们都认可它的价值存储等货币特性，因此各国可以通过黄金市场交易获得所需外汇，支付国际收支差额。外汇资产的货币构成包括美元、英镑、日元、欧元、人民币等，其中人民币在各国外汇储备的份额较小，但增长迅速。国际货币基金组织公布各成员外汇储备中各币种的总量，但不公布每个成员外汇储备各币种的比重。根据国际货币基金组织的数据汇总，美元在所有成员的外汇储备占比由2000年的71.13%下降到2022年的58.36%；人民币从2016年进入外汇储备占比统计，2022年占各成员外汇储备的2.69%。各成员在国际货币基金组织的储备头寸，指其在组织的特别提款权余额（例如加入国际货币基金组织的入股基金），以及国际货币基金组织提供的贷款余额。特别提款权由国际货币基金组织于1969年创设，每个成员都设有特别提款权账户，国际货币基金组织根据各成员认缴的份额分配特别提款权。特别提款权可以用于各个成员之间以及相关官方机构的账户往来。特别提款权的定价由一篮子货币相对于美元的汇率决定，目前货币构成包括美元、欧元、英镑、日元和人民币。

表 3-2 列出了截至 2022 年 1 月，中国外汇官方储备的资产构成。在总计 33 982 亿美元的官方储备资产中，外汇储备的占比最高，而外汇储备绝大多数以证券等低风险资产的形式存在。官方储备资产还包括 IFM 储备头寸、特别提款权、黄金等。

表 3-2 中国外汇官方储备的资产构成

	计价单位（亿美元）	计价单位（亿 SDR）
官方储备资产	33 982.41	24 416.46
（1）外汇储备（可兑换外币）	32 216.32	23 147.52
（a）证券	32 106.76	23 068.80
（b）货币和存款总额	109.56	78.72
（2）IMF 储备头寸	106.29	76.37
（3）特别提款权	535.09	384.46
（4）黄金（包括黄金存款和适用情况下的黄金掉期）	1 124.61	808.04
（5）其他储备资产	0.10	0.07

资料来源：国家外汇管理局。

外汇储备的管理包括数量管理和币种管理。外汇储备的数量需求与一国的开放程度、国际收支调节机制的效率、汇率制度、金融市场的发达程度、持有储备的机会成本等相关。一国的进出口规模占国民生产总值的比例越大，汇率波动幅度越大，国际收支调节机制的效率越低，该国需要的外汇储备越多。如果该国采用固定汇率制度，那么需要较多的外汇储备以稳定汇率。发达的金融市场对政策调节的反应比较灵敏，较少的外汇储备即可达到稳定经济的目的。外汇储备的收益率一般较低，当本国投资收益率较高时，外汇储备的机会成本较高。

在外汇储备的币种管理方面，目前各国都倾向于从比较单一的美元储备转变为多种货币储备。外汇储备的币种管理应该考虑币值的稳定性，特别是对可能发生的危机预测。此外，各种货币的通货膨胀率也不同。汇率和通货膨胀率的相对变化决定了该储备货币的实际汇率变化。外汇储备的币种管理要求对储备货币的汇率变化和通货膨胀率进行预测，以决定外汇储备中的币种构成及其相对权重。

3.3.2 中国汇率制度的发展与改革

中华人民共和国的法定货币为人民币。第一套人民币发行于 1948 年 12 月，最初的人民币面值相当大，如图 3-11 所示。在民国末年，通货膨胀高企，国民政府发行的法币和金圆券对外一再贬值，对内价同废纸，物价水平极高。

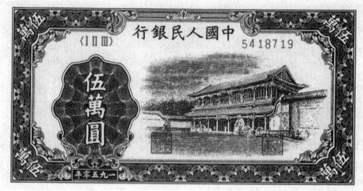

图 3-11 第一套人民币

由于人民币没有规定含金量，无法通过金本位下的金平价作为币值的计算标准，中央政府通过比较外贸价格、兼顾侨汇价值来确定人民币的汇率。1950 年，官方公布的人民币汇率是 42 000 元人民币兑换 1 美元。但这并不是今日意义的"市场价"，因为当时的外汇紧缺，由政府统一管理，一般群众不能自由兑换外币。官方汇率是政府从私人部门收购外币的价格。随着市场环境的变化，到 1955 年货币改革，新版人民币以 1∶10 000 的比例兑换旧币，汇率也重新调整到 2.46 元人民币兑换 1 美元。

在 20 世纪 60—70 年代，汇率对一般市场主体的影响不大。在计划经济体制下，进出口高度集中，实行统一对外经营的方针，由外贸部门负责。国内机构的外汇收入必须在指定银行结汇。企事业和机关单位的外汇收支实行计划管理。中国银行以及其他指定的专业银行和机构受中国人民银行指派从事外汇相关业务，一切未经批准的其他机构不得自行经营。因此，官方汇率仅在侨汇等非贸易项目上发挥作用。

进入 20 世纪 80 年代后，人民币汇率制度开始改革。在改革开放初期，中央政府同意在广东和福建等省份成立经济特区来鼓励出口。这项政策主要是为了积累外汇储备，用于购买国外先进的生产技术和相关设备。尽管出口企业仍然要把获得的外汇卖给央行，但可以保留一定比例的外汇以备自用。然而，人民币币值长期被高估，导致企业在出口中受损。20世纪80年代早期，1美元可以兑换1.5元人民币，意味着如果一家企业出口得到1美元的收入，它在国内仅能兑换得到1.5元人民币。这个收入通常低于生产成本。因此，当时的企业几乎没有动力从事出口业务。

要想激发企业出口创汇的积极性，政府必须对现行的汇率制度进行改革。从1981年起，人民币进入贸易内部结算汇率和官方汇率并存的双重汇率时期。相对官方汇率而言，贸易内部结算汇率考虑了出口商的平均生产成本，因而贸易内部结算汇率大幅贬值。这一举措暂时减少了出口商的损失，调动了企业出口的积极性。但是，双重汇率制存在天然的缺陷：被人为分割的外汇市场以及不同的汇率催生了一系列问题，如出现外汇黑市。

1985年，贸易内部结算价被取消。同年，第一个活跃的外汇调剂中心在深圳成立。随后，这样的市场如雨后春笋般在其他城市成立。外汇调剂市场主要用来交易出口企业的外汇留成，交易价格围绕官方汇率波动。自此，人民币汇率首次由市场供需决定。随着对外开放和市场化程度不断深入，外汇需求逐渐旺盛起来。1985—1993年，官方汇率一直处于相对高估的状态，而外汇调剂市场汇率则持续上升。到1993年年初，外汇调剂市场汇率一度达到12元人民币兑换1美元，而官方汇率是5.8元人民币兑换1美元。

图3-12展示了1994—2022年人民币对美元汇率的时间趋势。1994年的汇率改革是人民币汇率市场化改革进程中的里程碑事件。这次改革建立了全国统一的银行间外汇市场，实现了汇率并轨。中央银行可以通过参与银行间外汇市场来调节汇率。此外，人民币在经常项目下有条件可兑换，官方将这一新的汇率制度称作"有管理的浮动"。但实际上，直到2005年，人民币汇率始终与美元挂钩，名义汇率长期稳定在8.3元人民币兑换1美元左右。

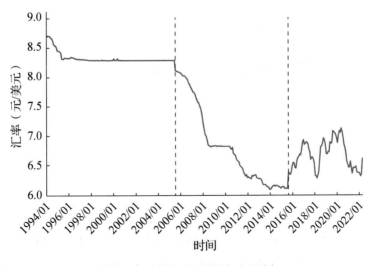

图3-12 人民币对美元名义汇率

在经历了十多年的钉住美元汇率制度后,人民币汇率制度迎来了新的改革。自 2005 年 7 月 21 日起,人民币汇率开始钉住一篮子货币。尽管我们无从得知货币篮子的具体构成,但从现有信息看,货币篮子既包含美元、欧元、日元、英镑等主要货币,也包括韩元、马来西亚林吉特、俄罗斯卢布等与中国贸易往来密切的新兴市场国家货币。这次改革使人民币汇率从 8.27 元/美元一次性升至 8.11 元/美元,人民币从此踏入升值通道。

2015 年 8 月 11 日,中国人民银行宣布优化人民币对美元汇率的中间价报价机制。在此之前,中国外汇交易中心通过向做市商询价来确定人民币对美元的中间价。但因为中国人民银行并不公布做市商的具体报价等信息,所以在汇率中间价形成过程中,中国人民银行有较大的自由裁量空间。"8·11 汇改"后,做市商在报价时需要参考上一交易日的汇率收盘价。这一改革明确了做市商报价来源,从而大大缩减了中国人民银行操作汇率中间价的空间。

与之前人民币的升值走势不同,"8·11 汇改"后,人民币出现了较大的贬值压力。为了对冲市场情绪的顺周期波动,中国人民银行于 2017 年 5 月 26 日引入逆周期因子,形成"上一交易日收盘汇率+一篮子货币汇率变化+逆周期因子"的汇率中间价形成机制。起初,逆周期因子的引入旨在调节市场预期的自我强化,对冲当时人民币的单边贬值压力。2020 年 10 月 27 日,逆周期因子淡出使用,标志着人民币汇率双向波动逐渐成为常态。

关键词

一价定律　购买力平价　升值　贬值　汇率超调　"不可能三角"　汇率预测　外汇管制　外汇储备管理

参考文献

姜波克. 国际金融新编[M]. 6 版. 上海:复旦大学出版社,2018.

Alfaro L, Chari A, Kanczuk F. The Real Effects of Capital Controls: Firm-level Evidence from a Policy Experiment[J]. *Journal of International Economics*, 2017, 108: 191-210.

Anderson J E, Wincoop E V. Trade Costs[J]. *Journal of Economic Literature*, 2004, 42 (3): 691-751.

Mark N C. Exchange Rates and Fundamentals: Evidence on Long-horizon Predictability[J]. *American Economic Review*, 1995, 85(1): 201-218.

Rogoff K. The Purchasing Power Parity Puzzle[J]. *Journal of Economic Literature*, 1996, 34(2): 647-668.

第四章

国际收支与金融全球化

一个国家和世界其他国家既可以进行产品的国际贸易，也可以买卖金融资产。如何准确记录一个国家和世界其他国家的交易情况？金融全球化有什么益处？本章我们先讲述记录一个国家和世界其他国家交易的国家账户，然后在经济模型中分析金融全球化的不同收益渠道。

4.1 国际收支与国际收支平衡表

一个经济主体和其他经济主体的交易行为，需要有合适的体系来记录、衡量。如果我们从自身的微观经验出发考虑经济人的交易行为和记录体系，那么每个经济人需要一个银行账户，以记录收支明细并进行支付、储蓄等。同理，国家作为经济主体，也需要一个国家账户记录与其他国家和地区的交易，这种账户就是国际收支平衡账户（balance of payments accounts）。

4.1.1 宏观经济行为与宏观账户

本小节我们详细讲述一个国家的宏观经济行为和如何利用国际收支平衡账户记录这个国家和世界其他国家的交易。这个国家自身的经济行为和反映其国际交易的国际收支平衡账户的关系可以用图 4-1 来概括。我们通过一系列定义和公式，详细阐述在图 4-1 中国民收入和产品账户（national income and product accounts）与国际收支平衡账户的关系。图 4-1 的上半部分为国民收入账户，包括：一个国家的总开销，即国民总支出（gross national expenditure, GNE），定义为一个国家在一定期间内（通常为一年）所有居民、厂商与政府消耗的最终产品和服务，包括私人消费（consumption，用变量 C 表示）、投资（investment，用变量 I 表示）和政府消费（government spending，用变量 G 表示）。而国内生产总值（gross domestic product, GDP）包括一定期间内在本国境内生产的所有最终产品和服务，注意这里指最终产品和服务，中间产品不能重复计算。以服装为例，棉花是农业的产出品；然后棉花作为原材料进入纺织业，通过纺织加工成布匹，布匹是纺织业的产出品；接着布匹作为原材料进入服装业，在服装业被制成服装。在计算最终产品时，应该计算农业、纺织业和服装业的增值部分之和，不能将棉花、布匹、服装的产出加总。国民收入（gross national income, GNI）是指一个国家的生产要素所有者获得的所有报酬，其中生产要素包括劳动、资本、土地等。这里的国民收入是本国居民在全世界范围内的收入。国民可支配收入（gross national disposable income, GNDI）是指一个国家生产要素中可以用于支出的部分。

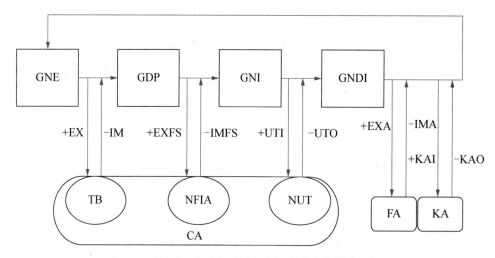

图 4-1 国民收入和产品账户与国际收支平衡账户的关系

图 4-1 的下半部分表明了国际收支平衡账户和国民收入账户的关系。第一步是从国民总支出（GNE）到国内生产总值（GDP）。由于本国消费的一部分产品和服务是从其他国家进口（import，IM）的，而国内生产总值用于出口（export，EX）的部分没有被本国消费，我们应当从国民总支出中减去进口部分，再加上出口部分，从而得到国内生产总值。因此，国内生产总值和国民总支出之差为贸易差额（trade balance，TB），即净出口，用公式表示为：

$$GDP = C + I + G + (EX - IM) = GNE + TB$$

第二步是从国内生产总值（GDP）到国民收入（GNI）。假设市场是完全竞争的，国内生产总值会全部用来支付生产要素的成本，即该国居民在本国的要素收入和国内生产总值相等。此外，由于该国居民可以在海外获得劳动报酬，通过海外实体资产获得租金以及通过持有海外金融资产获得收益，这些收入本质上是出口劳动力、资本等生产要素用于生产的过程，这些生产要素的出口（export of factor services, EXFS）可以增加本国国民收入。而外国居民可以在本国获得劳动报酬，通过本国实体资产获得租金以及通过持有本国金融资产获得收益，这些生产要素的进口（import of factor services, IMFS）会减少本国国民收入。因此，国民收入与国内生产总值的差额为海外生产要素净收入（net factor income abroad，NFIA），也称初次收入（primary income）。用公式表示，即为

$$GNI = GNE + TB + (EXFS - IMFS) = GDP + NFIA$$

第三步是从国民收入（GNI）到国民可支配收入（GNDI）。本国居民可以通过赠与外国居民的形式（unilateral transfers out，UTO），如慈善捐赠等，减少国民可支配收入；如果本国居民收到了来自国外的赠与（unilateral transfers in，UTI），那么国民可支配收入增加。总之，本国居民收到的来自国外的净支付（net unilateral transfers，NUT），可以

在国民收入的基础上改变国民可支配收入,用公式表示为:

$$GNDI = GDP + NFIA + (UTI - UTO) = GNI + NUT$$

这里我们对前三步做个小结:贸易差额、海外生产要素净收入、国外的净支付是经常账户(current account,CA)的三个组成要素。经常账户反映了一个国家在一定时间段内和其他国家交换的产品和服务,用公式表示为:

$$CA = TB + NFIA + NUT$$

第四步是从国民可支配收入(GNDI)返回到国民总支出(GNE),形成闭环。国民可支配收入可以用来购买海外资产,该国居民也可以从海外借债。该国居民购买了海外资产,相当于资产进口(import of asset,IMA);同理,该国居民借债给其他国家,相当于资产出口(export of asset,EXA)。在金融账户(financial account,FA)上,资产出口记为正值,资产进口记为负值:

$$FA = EXA - IMA$$

由于金融账户的资产出口和资产进口的情况比较复杂,我们用更多例子加以说明。资产出口包括本国资产的出口(EXA^H)和外国资产的出口(EXA^F)。例如,在国际市场上销售本国发行的政府债券和公司债券并被外国投资者购买,这是出口本国资产;而本国卖掉外国债券则是出口外国资产。资产的进口包括本国资产的进口(IMA^H)和外国资产的进口(IMA^F)。例如,本国投资者从外国投资者手中买回本国债券,这是进口本国资产;而本国投资者在外国获得房产或工厂的所有权,这是进口外国资产。用公式表示本国和外国的资产进出口关系:

$$FA = EXA^H - IMA^H + EXA^F - IMA^F = (EXA^H - IMA^H) - (IMA^F - EXA^F)$$

其中,$EXA^H - IMA^H$ 是本国资产的净出口,意味着外国投资者获得本国资产的所有权,代表了对外负债的增加;$IMA^F - EXA^F$ 是外国资产的净进口,意味着本国投资者拥有外国资产的所有权,代表了对外资产的增加;两者之差是对外负债的净增加。简要总结一下,金融账户的正值表示一个国家提高了对外负债的净增加,而负值表示这个国家减少了对外负债的净增加。

我们回到第四步从国民可支配收入到国民总支出的闭环过程。资产除市场交易外,还有非市场交易。一个国家可以接受别国的资产赠与,如该国的外债被免除,由于这类资产交易没有在市场上进行,因此记为资本账户(capital account,KA),为资产流入(KAI)。一个国家免除别国的外债,则记为资产流出(KAO)。用公式表示资本账户中非市场交易的资产流入和资产流出的关系:

$$KA = KAI - KAO$$

国民可支配收入加上金融账户以及资本账户上的新增资产,就可以用来支付国民总

支出,这样就形成了闭环:

$$GNE = GNDI + FA + KA$$

4.1.2 国际收支平衡表

本小节我们进一步讨论国际收支平衡表。我们先给出与国际收支平衡表相关的三个恒等式——这三个恒等式揭示了一个国家和世界其他国家的交易关系中的规律;然后我们以中国和美国的国际收支平衡表为例,进一步分析国际收支平衡表在实际经济中的情况。

如何解读国际收支平衡表?经常账户盈余或者赤字代表什么?为了回答这个问题,我们将国民可支配收入(GNDI)用变量 Y 表示,收入 Y 和经常账户的关系可以用国民收入恒等式(national income identity)表示:

$$Y = C + I + G + (TB + NFIA + NUT) = C + I + G + CA \qquad (4\text{-}1)$$

国民收入恒等式的含义是国民可支配收入可以用来支付消费、投资和政府支出,国民可支配收入和国民总支出的差额就是经常账户余额。国民收入恒等式说明如果国民可支配收入大于国民总支出,则经常账户余额为正值(CA>0),否则为负值(CA<0)。

如果我们定义国民储蓄为国民收入与私人和政府消费的差值,那么国民收入恒等式可以变形为经常账户恒等式(current account identity):

$$Y - C - G = I + CA$$
$$S = I + CA \qquad (4\text{-}2)$$

经常账户恒等式说明了经常账户盈余或赤字的含义:如果国民储蓄大于投资,那么经常账户盈余;如果国民储蓄小于投资,那么经常账户出现赤字。

由于国民可支配收入加上金融账户和资本账户的余额等于国民总支出,我们可以推出国民收支恒等式(balance of payments identity):

$$Y + FA + KA = GNE$$
$$GNE + CA + FA + KA = GNE$$
$$CA + FA + KA = 0 \qquad (4\text{-}3)$$

国民收支恒等式说明,经常账户、金融账户和资本账户之和应该为 0。为什么三大账户之和是 0 呢?经常账户盈余说明这个国家从世界其他国家挣得了净收入,净收入即使不购买任何海外资产,只是以外汇现金的形式存在,也是进口了金融资产,因为现金是无利率资产。实际上,这个国家的经济主体会将挣得的净收入用于购买资产以获得收益。对外金融资产的购买,也就是资产进口会记在金融账户,而非市场交易导致的对外资产增加会记在资本账户,也就是所有经常账户盈余和对外金融资产的增加对应。同理,如果经常账户发生亏损，这个国家就要从其他国家借款来支付净进口等经常账户亏损的部分，这些借款如果是市场行为就表现为金融账户中余额增加，如果是非市场行为（如其他国家的赠与）就记到资本账户，从而经常账户亏损和对外负债的增加对应。

表 4-1 列出了 2020 年中国国际收支平衡表。我们先分析国际收支平衡表上的各个项目，然后根据相关恒等式分析我国对外收支情况。可以看出，2020 年中国的经常账户盈余为 2 740 亿美元，其中净出口为 3 697 亿美元，海外生产要素净收入为-1 052 亿美元，来自国外的净支付为 95 亿美元。在经常账户盈余中，净出口贡献最大，而出口和进口分别为 27 324 亿美元和 23 627 亿美元。海外生产要素净收入在表中称为初次收入，含义为从市场上获得的收入；其中我国获得的海外生产要素收入为 2 417 亿美元，而我国支付的海外生产要素成本为 3 469 亿美元，由于海外生产要素收入净值为负，减少了经常账户盈余。经常账户中的第三项来自国外的净支付在表中称为二次收入，含义为在获得初次收入后通过当期转移支付再次获得的收入减去支付的收入；其中我国获得的收入为 376 亿美元，而我国支付的收入为 281 亿美元。

表 4-1　2020 年中国国际收支平衡表

（单位：亿美元）

基本结构	账户余额
1 经常账户（CA）	2 740
1.1 货物和服务（TB）	3 697
贷方（EX）	27 324
借方（IM）	-23 627
1.2 初次收入（NFIA）	-1 052
贷方（EXFS）	2 417
借方（IMFS）	-3 469
1.3 二次收入（NUT）	95
贷方（UTI）	376
借方（UTO）	-281
2 资本和金融账户	-1 058
2.1 资本账户（KA）	-1
贷方（KAI）	2
借方（KAO）	-2
2.2 金融账户（FA）	-1 058
资产（IMA）	-6 263
负债（EXA）	5 206
3 净误差与遗漏	-1 681

注：各项为四舍五入的近似值。
资料来源：国家外汇管理局。

除经常账户外，我国资本和金融账户的总和为-1 058亿美元。其中金融账户为-1 058亿美元，贡献了绝大多数份额。在金融账户中，我国购买海外资产为6 263亿美元，在金融账户中记为资产进口，因此为负值；我国向海外卖出的资产，即增加的对外负债为5 206亿美元，在金融账户中记为资产出口，因此为正值。

根据经常账户恒等式，我国的经常账户盈余，说明国民储蓄大于投资。根据国民收支恒等式，经常账户、金融账户和资本账户之和应为0，但实际相加并不为0，由此产生净误差与遗漏项为1 681亿美元。

表4-2列出了2020年美国国际收支平衡表的各项具体内容。2020年美国经常账户赤字为6 161亿美元，主要是由净出口赤字6 767亿美元造成的。而海外生产要素净收入1 885亿美元被来自国外的净支付-1 279亿美元抵消大部分后，对经常账户的贡献有限。

美国资本和金融账户之和为6 475亿美元，其中金融账户占绝大比重，为6 530亿美元。美国资产出口，即增加对外负债14 623亿美元，而资产进口为8 093亿美元，由此可见美国经常账户赤字主要靠金融账户增加对外负债支持。经常账户、金融账户和资本账户之和不为0，由此产生净误差和遗漏项为314亿美元。

表4-2　2020年美国国际收支平衡表

（单位：亿美元）

基本结构	账户余额
1 经常账户（CA）	-6 161
1.1 货物和服务 （TB）	-6 767
贷方 （EX）	21 344
借方 （IM）	-28 111
1.2 初次收入 （NFIA）	1 885
贷方 （EXFS）	9 579
借方 （IMFS）	-7 694
1.3 二次收入 （NUT）	-1 279
贷方 （UTI）	1 663
借方 （UTO）	-2 942
2 资本和金融账户	6 475
2.1 资本账户 （KA）	-55
贷方 （KAI）	4
借方 （KAO）	-59
2.2 金融账户 （FA）	6 530
资产 （IMA）	-8 093
负债 （EXA）	14 623
3 净误差与遗漏	-314

注：各项为四舍五入的近似值。在计算金融账户时，将金融衍生品净值（58亿美元）合并为负债项。

资料来源：美国商务部经济分析局（Bureau of Economic Analysis）。

专栏 4-1 进一步分析中国国际收支平衡表的各项构成及其随时间的变化趋势。中国国际收支的一个热点问题是经常账户顺差，我们从专栏 4-1 中可以看到关于这一问题的统计分析。从统计数据总结典型事实是经济分析的第一步，然后就是根据经济模型解释典型事实。专栏 4-2 用中国人口结构的变量来解释中国经常账户顺差，就是根据宏观经济模型解释事实的例子。当然，经常账户顺差还有基于其他模型的解释，这不在本书范围内，读者可以查阅相关的研究文献。

专栏 4-1 细看中国国际收支平衡表

表 4-1 呈现了 2020 年中国国际收支平衡表的基本结构和账户余额。现在让我们进一步研究各账户的明细项构成，并且发掘其跨时间的趋势与变化，据此了解中国近期对外贸易和金融交换的一些特点。

中国国际收支平衡表中最引人注目的当属长期的经常账户实现顺差。1994 年实行汇率制度改革后，我国允许人民币在经常账户下有条件地自由兑换。此后，中国一直保持经常账户顺差（见图 4-2）。规模巨大的货物贸易是经常账户实现顺差的主要原因；尤其是在 2019 年新冠疫情爆发以来，出口贸易进一步增长。中国作为一个在疫情初期应对得较好的国家，"中国制造"产品填补了其他国家的供应短缺。

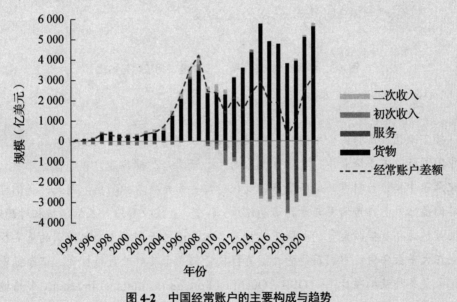

图 4-2 中国经常账户的主要构成与趋势

资料来源：中国国家外汇管理局。

中国的服务贸易却存在持续的逆差。尽管服务贸易逆差一直小于货物贸易顺差，但近年来（2021年除外）服务贸易逆差迅速扩大。从图4-3中我们可以看出，旅游业逆差的快速增长是服务贸易整体逆差的主要驱动力。的确，中国人喜欢出国旅游，但旅游业逆差这一数字有可能被夸大了。我们知道，当中国居民向银行申请换汇时需要填写购汇用途。由于第一个选项就是"因私旅游"，很多人会为了方便而勾选该选项。尤其是全球新冠疫情"大流行"期间，中国的旅游业逆差虽然有所下降，但仍处于高位。因此，我们推测部分旅游业逆差可能确实反映了购汇者的便利性选择。

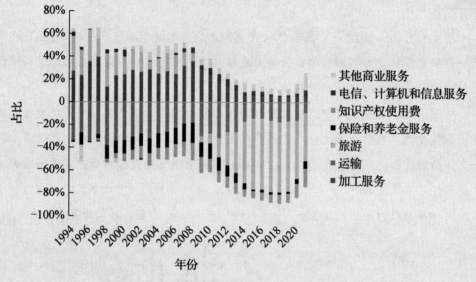

图4-3 中国经常账户中的主要服务贸易项目与占比

资料来源：中国国家外汇管理局。

接下来让我们转向金融账户，图4-4反映了中国金融账户的主要构成与趋势。在中国国际收支平衡表中，金融账户分为两个子账户：储备账户和非储备账户。由于记录了中央银行持有的储备资产的变化，储备账户被单独列出。因此，我们可以将非储备账户看作市场参与者的活动记录。其中，直接投资账户长期保持相对稳定。中国虽然每年都接收大量的外国直接投资，但最近也逐渐成为其他国家的重要投资者。在大多数年份，中国获得的外国直接投资仍高于其对外直接投资。证券投资账户记录了各种获批项目 [如QFII（Qualified Foreign Institutional Investor，合格境外机构投资者）、RQFII（RMB Qualified Foreign Institutional Investor，人民币合格境外机构投资者）、债券通等] 下的资金流向，但规模仍相对较小。此外，其他投资账户的变动幅度较大，反映了金融市场的波动性。

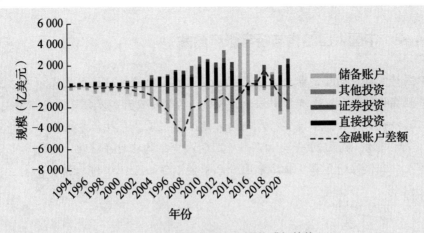

图 4-4 中国金融账户的主要构成与趋势

资料来源：中国国家外汇管理局。

储备账户的记账原则和金融账户一样：当收到外国资产时，记为负值。因此，储备账户为负值的年份，意味着央行积累了外汇储备。我们注意到，在"8·11 汇改"后，人民币面临贬值压力，央行动用了大量外汇储备来捍卫人民币价值。从图 4-4 可以看出，2015 年和 2016 年的储备账户余额为正值，意味着外汇资产为净卖出。

最后，在经常账户和金融/资本账户外还有一个独立的平行账户：净误差与遗漏账户。设置这个账户是为了轧平经常账户和金融/资本账户间的差额。根据构造原理，经常账户和金融/资本账户相加应该等于0，但现实中并非如此（见图 4-5）。实际上，经常账户和金融/资本账户是由不同部门分别记录的，两个账户之间的差额可能相当大，并且在不同国家这一差额也不一样。通常，我们认为经常账户的数字比金融/资本账户的数字更准确。因为资本流动是无形的，所以我们即使花费大力气也很难跟踪资本的流动轨迹。同样，在经常账户中，货物贸易比服务贸易更好衡量：我们可以在码头一件件地数进出口货物，却很难追踪跨国交易的服务。

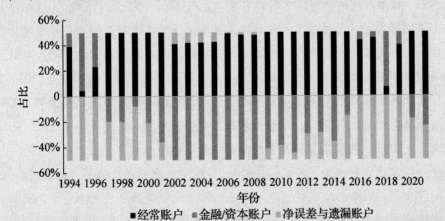

图 4-5 中国国际收支平衡表中三大账户的占比

资料来源：中国国家外汇管理局。

专栏 4-2 中国人口结构与经常账户盈余

中国持续存在的经常账户盈余表明,中国的国内储蓄超过了投资。为什么中国会有如此高的储蓄率?经济学家认为,人口结构的转变可能发挥了重要作用。自20世纪70年代末开始,中国实行严格的计划生育政策,导致儿童抚养比骤降(见图4-6)。与此同时,截至21世纪初期,中国的人口结构相对年轻化。因此,充足的劳动年龄人口和较低的养育负担给中国带来了数十年的人口红利。

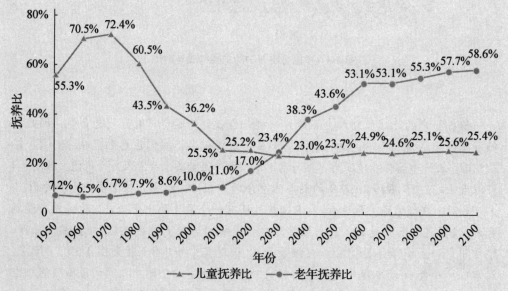

图 4-6 中国的儿童抚养比和老年抚养比(1950—2100 年)

资料来源:联合国经济与社会事务部《2019 年世界人口展望》。

然而,随着时间的推移,中国的人口"资产"正逐渐变为"负债"。曾经年轻的劳动力正慢慢变老,而过去几十年的低生育率使得现在没有足够的年轻劳动力来代替他们。这一趋势已经反映在统计数据中。数据显示,我国的劳动年龄人口数量在2016年达到峰值。随着更多劳动者退休,我国的老年抚养比将快速上升。图4-6显示,假设你现在(2020年)20岁,并且预计在2060年和2070年之间退休,届时中国的老年抚养比将达到53%。这意味着每2个劳动年龄人口赡养1名老人。而现在这个数字是17%,也就是有超过5个劳动年龄人口赡养1名老人。

这和经常账户有什么关系呢?我们知道,经常账户顺差反映了居民的超额储蓄。如果现在大多数劳动年龄人口预期未来退休时只能获得很少的退休金,那么他们的理性选择就是储蓄。此外,儿童抚养比的下降减轻了劳动年龄人口养育子女的负担,这进一步提高了他们的储蓄能力。因此,儿童抚养比的下降和老年抚养比的上升都有助于提高中国劳动年龄人口的储蓄意愿与能力。

图 4-7 显示，世界上最大的借款国——美国，也面临老年抚养比上升的压力。然而，为什么美国的储蓄率却很低呢？学者们尝试从社会经济角度给出答案。例如，有学者指出中国的社会福利制度无法给老年人，特别是那些生病和需要长期护理的老年人提供足够的支持，所以个人养老储蓄的动力更强。还有学者认为，中国的性别比例失衡促使家庭中男性人口多的储蓄更多，以便在"婚姻市场"上获得竞争优势。总之，这是一个不断发展的研究领域，新的数据和假设仍在不断加深我们对这个问题的理解。

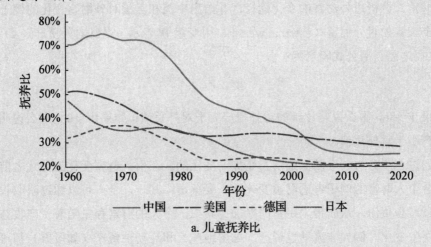

a. 儿童抚养比

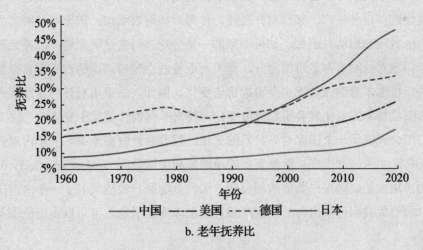

b. 老年抚养比

图 4-7　儿童和老年抚养比的跨国比较

资料来源：世界银行。

4.1.3 对外财富

上一小节我们已经知道，如果经常账户盈余，那么这个国家可以增加购买对外资产或者降低对外负债；如果经常账户亏损，那么这个国家需要卖出对外资产或者增加对外负债来支付经济账户中的净进口、海外生产要素净支出等项目。总之，经常账户反映了一个国家在一定时期内的对外经济行为是获得净收入还是亏损，对外收入的变化会带来对外资产和对外负债的变化，最终带来对外财富的变化。本小节我们首先定义一个国家的对外财富，分析对外财富的变化途径，并给出中国和美国对外财富变化的例子。

一个国家的对外财富（external wealth，用变量 W 表示）是其对外资产（A）和对外负债（L）之差，用公式表示为：

$$W = A - L$$

如果 $W > 0$，那么说明该国的对外资产大于对外负债；如果 $W < 0$，那么说明该国的对外资产小于对外负债。

我们进一步分析一个国家的财富是如何变化的。在引入财富变化的公式之前，我们可以结合个人财富的例子考虑财富变化的主要渠道：其一，个人可以通过获取收入来增加资产、减少负债，从而带来财富的增加；其二，个人的财富存量随着资产收益率的变化也会发生变化，例如非流动性资产（如房地产）和流动性资产（如股票）都可能升值或者贬值。与个人财富的变化类似，国家财富的变化也包括两个渠道：国家可以通过经常账户盈余购买对外资产、减少对外负债，使得对外财富增加；国家对外财富的存量也会受到价值效应的影响。例如，如果国家的一部分对外财富是美元资产，美元升值就会使得这个国家对外财富存量价值上升，而美元贬值就会使得该国的对外财富存量价值下降。此外，资本本身的收益率也会引起价值变化。例如，如果用对外财富购买外国公司股票，股票收益率的变化就会引起股价变化，使对外财富价值发生变化。

我们用公式表示一个国家对外财富的变化。假设对外财富是 W，一年内对外财富的变化是 ΔW，由两部分组成：对外资产的净增加和价值效应（valuation effect，VE）。对外资产的净增加是金融账户数值的相反数，因为金融账户数值代表了一年内该国净负债的增加。而价值效应可以由与外币资产相关的汇率变化引起，也可以由资产本身的价值变化引起：

$$\Delta W = -\text{FA} + \text{VE}$$

将上式代入国民收支恒等式 $\text{CA} + \text{FA} + \text{KA} = 0$，对外财富的变化可以表示为：

$$\Delta W = \text{CA} + \text{KA} + \text{VE}$$

这说明对外财富的增加渠道包括经常账户盈余、资本账户中收到其他国家的捐赠以及对外财富的价值效应。其中，经常账户盈余是对外财富增加的主要渠道，而对外财富的价值效应也是对外财富增加的重要影响因素。

专栏 4-3 以中国的对外财富为例，分析中国对外财富的收益率、对外资产的收益率、对外负债的成本。

专栏 4-3　中国的对外财富

净国际投资头寸（net international investment position，NIIP）是一个国家对外资产和对外负债之间的差额，衡量了这个国家拥有的外部财富，也就是本节讨论的对外财富 W。与衡量某一时期对外经济流量的经常账户不同，净国际投资头寸是一个存量概念。

图 4-8 描绘了中国的对外资产和对外负债以及两者的差额——净国际投资头寸。除 2015 年外，中国的对外资产和对外负债头寸均保持增长态势。其中，长期的经常账户顺差是我国净国际投资头寸为正数的重要原因。

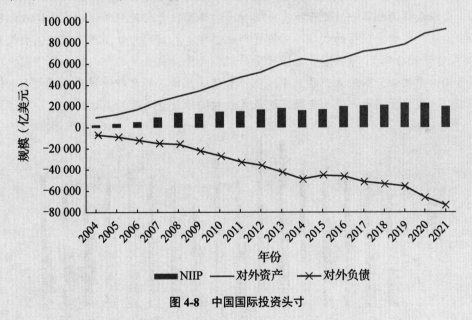

图 4-8　中国国际投资头寸

资料来源：中国国家外汇管理局。

直觉上看，如果一个人拥有大量的净资产，那么他理当获得可观的净收入。而从图 4-9 可知，对中国来说，净国际投资头寸和国际投资收入似乎背道而驰。事实上，在大多数年份，中国的巨额对外资产只获得了负的国际投资收入。

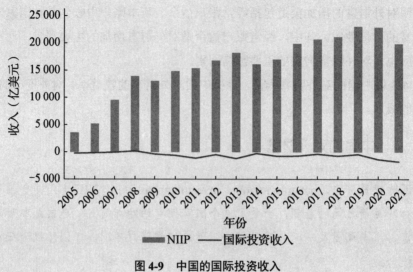

图 4-9 中国的国际投资收入

资料来源：中国国家外汇管理局。

为什么大多数年份我国的国际投资收入都是负数？答案是，中国从其持有的外国资产中获得的收益一直低于持有中国资产的外国投资者获得的收益。图 4-10 比较了中国从外国资产获得的收益（对外资产收益率）和我们为外国投资者提供的收益（对外负债收益率）。净投资收益等于资产规模与资产收益率之积，减去负债规模与负债收益率之积。如果资产收益率远低于负债收益率，那么即使资产规模大于负债规模，净投资收益也可能为负。这正是我国国际投资收入为负数的原因。

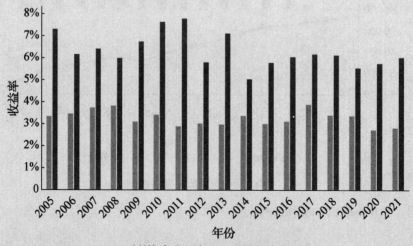

图 4-10 中国国际投资收入的收益率

资料来源：中国国家外汇管理局。

为什么中国持有的对外资产收益率低于我们提供给外国投资者的收益率呢？原因是我国对外金融资产和负债的结构分布较为集中（见图4-11）。在资产端，中国持有了大量美国政府发行的主权债券作为"外汇储备"。尽管这些债券的风险低、流动性高，但它们的收益率却非常低。相反，中国对外负债的主要形式是外国直接投资（foreign direct investment，FDI），其风险远远高于政府债券。我们知道，金融的核心原则之一就是，对承担更高风险的资产应该提供更高的回报（风险溢价）。因此，中国支付的负债收益率高于其从外国资产中获得的收益率，而且两者间的差距很大。如此一来，尽管中国拥有庞大的净国际资产头寸，但其整体净收益往往为负数。

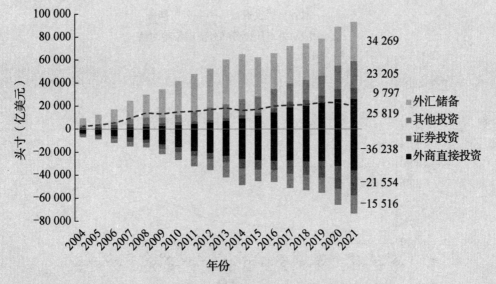

图4-11　中国国际投资头寸的构成

资料来源：中国国家外汇管理局。

为什么中国会将如此高比例的对外财富配置在低回报的资产中呢？部分原因是，大部分国家财富存放在中国人民银行的金库中，作为捍卫人民币价值的储备资产。要想干预外汇市场，央行必须可靠、快速地获得美元，由此低风险、高流动性的资产就是央行的理想选择。不光中国，国外其他持有外汇储备的央行也是如此。近年来，随着中国人民银行对人民币汇率波动的容忍度越来越高，预计外汇干预也会变少；同时，中国政府也鼓励国内企业"走出去"，在境外进行直接投资。因此，最近几年，中国对外资产中的外汇储备占比有所下降，如图4-12所示。也许在不久的将来，中国能从其对外资产中获得可观的回报。

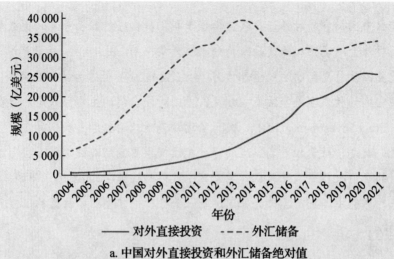

资料来源：中国国家外汇管理局。

a. 中国对外直接投资和外汇储备绝对值

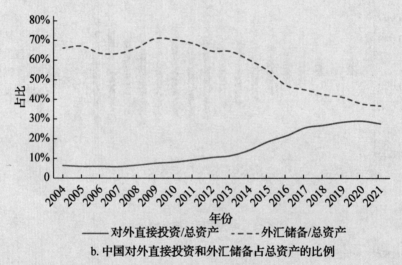

资料来源：中国国家外汇管理局。

b. 中国对外直接投资和外汇储备占总资产的比例

图 4-12 中国的资产构成变化

专栏 4-4 分析美国对外财富的变化，以及价值效应所起的作用。

专栏 4-4 美国的对外财富

图 4-13 绘制了 1995—2019 年美国对外财富的变化。为了控制美国经济发展的因素，使得不同年度的美国对外财富变化更具可比性，我们将表示对外财富变化的变量都除以当年 GDP。首先看实线表示的净国际投资头寸/GDP，净国际投资头寸是当年美国对外资产与对外负债的差值。1995 年，美国对外净负债只占当年 GDP 不到 5%。之后美国对外财富不断下降，到 2001 年对外净负债已经占到当年 GDP 的

20%左右。然后美国对外财富有所增加,到 2007 年对外净负债缩小到当年 GDP 的 10%左右。从 2008 年金融危机开始,由于对外净负债的增加美国对外财富而不断减少,到 2019 年对外净负债已经超过 GDP 的 50%。2019 年美国 GDP 约为 21.4 万亿美元,而对外净负债达到 11.7 万亿美元。

图 4-13　美国的对外财富

资料来源:Bureau of Economic Analysis。

如何进一步分析美国对外财富的变化?我们引入实际经济数据中的测量指标——净借款。在金融账户中,如果资产出口超过资产进口,这个国家当年就形成净借款(net borrowing),因为其他国家的投资者对这个国家有债权。如果资产进口超过资产出口,这个国家当年就形成净贷款(net lending),因为这个国家的投资者对其他国家有债权。如果将每年的净借款或者净贷款加起来,就会得到累计净借款或累计净贷款。图 4-13 中虚线为美国累计净借款与 GDP 的比值。1995 年作为初始年份,我们将初始累计净借款设为当年的净国际投资头寸,之后每年的累计净借款为上年累计净借款加上本年净借款。美国的累计净借款不断增加,到了 2019 年已经快达到 GDP 的 50%。

此外,我们可以看到实线和虚线之间有差值,这个差值反映的是对外财富的价值效应(VE)。这是什么原因呢?我们将对外财富的变形公式除以 GDP:

$$\Delta W / GDP = -FA / GDP + VE / GDP$$

实线的变化趋势是对外财富的变化,而虚线的变化趋势是金融账户相反数的变化,它们之间的差值是对外财富的价值效应。可以看出,从 2003 年起,价值效应一定程度地改善了美国对外财富,但是这一效应逐渐消失了。

为了进一步分析金融账户和价值效应对美国对外财富变化的贡献,我们在图 4-14 中重点分析 2003—2019 年美国净国际投资头寸分别受金融账户和价值效应的影响。为了方便比较,我们用黑线表示净国际投资头寸/GDP。对于每年对外财富的变化,我们用金融账户/GDP(深灰色柱)表示资产交易对对外财富的贡献,而价值效应/GDP(浅灰色柱)表示对外财富存量的价值效应对对外财富造成的影响。可以看出,2003—2019 年,金融账户对美国对外财富的贡献都是负数,说明美国每年都产生净借款。而价值效应比金融账户的作用更大,数值有正有负。例如 2003—2007 年,尽管每年美国的金融账户都表现为净借款,但价值效应均为正数,而且绝对值大于金融账户数值,因此美国的对外财富得到改善。2008 年爆发全球金融危机后,价值效应的负面作用开始显现,美国净国际投资头寸/GDP 恶化到接近 30%。2009 年起价值效应呈现有正有负、以负为主的特征,加上金融账户净借款的作用,由此美国净国际投资头寸/GDP 不断恶化。

图 4-14 美国的对外财富分解

资料来源:Bureau of Economic Analysis。

最后我们对本小节进行总结。我们分析了对外财富的定义和变化原因,并且用中国和美国对外财富的实际数据进一步分析了近二十年来两个国家对外财富变化的趋势和典型特征。那么,对外财富是否越多越好呢?如果从个人角度出发,一个人的对外财富并不是越多越好,而是要满足这个人各个时期的效用加权最大化。同理,一个国家的对外财富也不是越多越好,同样要满足这个国家居民不同时期的效用加权最大化。下一节我们利用小国开放经济模型,分析金融全球化的成本收益,其中对外财富的作用在模型中会进一步得到体现。

4.2 金融全球化的成本收益分析

上一节的国际收支平衡账户反映了一个国家和世界其他国家的产品贸易和资产贸易情况。在全球金融市场进行资产贸易能否改善一个国家的福利？为了回答这一问题，本节我们利用小国开放经济模型，进行金融全球化的成本收益分析。我们首先分析小国开放经济模型，然后具体分析金融全球化对小国有利的三个方面：平滑消费、提升投资效率和分散风险。

4.2.1 小国开放经济模型

如何定义一个国家是否为小国开放经济？为什么要在小国开放经济中分析金融全球化的成本和收益？对于第一个问题，我们没有固定的数据标准（例如国内生产总值应小于一定数额）来定义一个国家的经济规模。我们所说的小国开放经济，是指这个国家经济规模相对于世界经济来说较小，因此其产品的进出口、跨境资本流动等经济行为不会影响产品在国际市场上的价格或国际资本市场上的实际利率。对于第二个问题，如果在小国开放经济中分析金融全球化的成本和收益，我们就可以将国际市场上的价格或利率看作外生变量，这样有利于简化模型。

在这个模型中，我们假设价格可变，即模型描述的是经济时期相对比较长，从而价格可以调整的情况。此外，我们假设国际资本市场上的实际利率为 r^*，该国的对外资产为 A，对外负债为 L，对外财富为 $W = A - L$。为了进一步简化模型，我们假设小国经济经常账户中来自国外的净支付为 0，即 $\text{NUT} = 0$，那么该国的经常账户收入来源为贸易差额（TB）和海外生产要素净收入（NFIA）；同时，假设资本账户为 0，即 $\text{KA} = 0$。

时间从第 0 期开始，然后是第 1 期、第 2 期、第 3 期直至无穷期。考虑无穷期的情况是为了利用模型描述小国开放经济的长期情况。假设在第 0 期开始的时候，该国的初始对外财富为 W_{-1}，那么第 0 期这个时间区间内为财富的积累来源，即第 0 期和初始对外财富之差为贸易差额和海外生产要素净收入。也就是说，这个国家在第 0 期依赖贸易差额和海外生产要素净收入这两条渠道增加对外财富（若这两条渠道的对外财富之和为负值，则这个国家的对外财富会减少）：

$$W_0 - W_{-1} = \text{TB}_0 + r^* W_{-1}$$

同理，第 1 期的财富积累为：

$$W_1 - W_0 = \text{TB}_1 + r^* W_0$$

然后我们将第 0 期的公式代入第 1 期，可以得到第 1 期的对外财富是初始财富、第 0 期贸易差额以及第 1 期贸易差额的折现和：

$$W_1 = \text{TB}_1 + (1+r^*)W_0 = \text{TB}_1 + (1+r^*)\text{TB}_0 + (1+r^*)^2 W_{-1}$$

这个公式可以迭代到无穷期的财富积累公式。在无穷期的财富积累公式中，将该国的初始对外财富置于等式左侧，并把不同时期的变量都折现到第 0 期，可以得到：

$$-(1+r^*)W_{-1} = \text{TB}_0 + \frac{\text{TB}_1}{(1+r^*)} + \frac{\text{TB}_2}{(1+r^*)^2} + \frac{\text{TB}_3}{(1+r^*)^3} + \cdots$$

这个等式是小国开放经济的长期约束。由于贸易差额是国内生产总值（GDP）和国民总支出（GNE）的差，长期约束也可以写作：

$$-(1+r^*)W_{-1} = \text{GDP}_0 - \text{GNE}_0 + \frac{\text{GDP}_1 - \text{GNE}_1}{(1+r^*)} + \frac{\text{GDP}_2 - \text{GNE}_2}{(1+r^*)^2} + \frac{\text{GDP}_3 - \text{GNE}_3}{(1+r^*)^3} + \cdots$$

即

$$\text{GNE}_0 + \frac{\text{GNE}_1}{(1+r^*)} + \frac{\text{GNE}_2}{(1+r^*)^2} + \frac{\text{GNE}_3}{(1+r^*)^3} + \cdots$$

$$= (1+r^*)W_{-1} + \text{GDP}_0 + \frac{\text{GDP}_1}{(1+r^*)} + \frac{\text{GDP}_2}{(1+r^*)^2} + \frac{\text{GDP}_3}{(1+r^*)^3} + \cdots$$

上式左侧是该国所有时期内的总支出，右侧是该国所有时期内的总资源。这说明一个国家在不同时期的总支出之和（折现到第 0 期）等于该国的初始财富与不同时期的总产出之和（折现到第 0 期），即该国在开放经济下可以通过国际收支平衡账户进行调节：若产出大于消费，则可以将剩余产品出口，然后购买资产进行储蓄；若消费大于产出，则可以通过国际借贷来支付净进口以增加消费。小国开放经济的长期约束确保该国不同时期的总支出之和不能超过其初始财富和各个时期总产出之和。

4.2.2 平滑消费

在上节确立的小国开放经济长期约束的基础上，我们进一步分析金融全球化对小国经济的益处。本小节我们介绍的重点是平滑消费，即消费者在不同时期的消费相等。我们可以从自身的例子初步验证平滑消费对社会福利的提升作用：如果每期消费都受到当期收入的限制，那么个人在学生时期和退休时期的消费就会比在工作时期低。如果在不同阶段的消费能够保持基本相等，那么效用会更高。这个例子也说明实现平滑消费的渠道：学生时期可以靠学生贷款等跨期借贷，然后在工作时期偿还；而退休时期的消费依赖于工作时期的养老储蓄。从自身的例子我们可以推广到小国开放经济的情况：有些时期小国开放经济产出大于消费，可以通过净出口积累外汇进行储蓄；而有些时期小国开放经济可能产出小于消费，例如自然灾害的负面冲击会使这个国家的产出减少，国家可以通过国际借贷支付净进口的账单。

接下来我们利用小国开放经济模型分析平滑消费的经济原理。在模型中，平滑消费带来个人效用以及社会福利提升是由代表性消费者的跨期最优化问题决定的。我们先定义小国开放经济中的最优化问题。假设该国的代表性消费者 i 每期需要消费 c，以满足最优化效用：

$$U^i = u(c_0^i) + \beta u(c_1^i) + \beta^2 u(c_2^i) + \cdots$$

其中，β 为消费者的主观折现率，$0<\beta<1$。为了简化问题，令 $\beta=1/(1+r^*)$，并假设效用函数为 $u(x)=\ln(x)$。这里消费品 c 只能用于当期消费，不能储存（可以想象一个小岛上唯一的产出是水果，水果容易腐烂，不能储存到下一个时期）。这个国家所有的消费者都是同质的，效用函数相同，都面临效用最大化问题。假设这个国家的人口为 1 单位（例如 1 单位=1 000 万），每期的总消费为 $C_t = c_t^i \times 1 = c_t^i$，那么这个国家的总效用函数为：

$$U = u(C_0) + \beta u(C_1) + \beta^2 u(C_2) + \cdots$$

为了简化模型，我们假设该国没有初始财富，即 $W_{-1}=0$；我们还假设该国没有投资和政府消费，GNE 可以用 C 表示，GDP 用 Y 表示。由此，长期约束可以简化为：

$$C_0 + \frac{C_1}{(1+r^*)} + \frac{C_2}{(1+r^*)^2} + \cdots = Y_0 + \frac{Y_1}{(1+r^*)} + \frac{Y_2}{(1+r^*)^2} + \cdots$$

从该国有约束的效用最优化问题出发，用一阶条件可以求出所有时期的消费应该相等（参见附录）：

$$C_0 = C_1 = C_2 = \cdots$$

该国消费者必须尽量保持每期消费相同数量的产品，并保证满足该国的长期约束，从而可以实现效用最大化。下面我们将不再求解效用最大化问题，而是直接应用平滑消费这个最优解。

我们用数值例子的形式验证金融全球化对平滑消费的作用。如果该国经济是封闭的，一旦产出受到任何负面冲击（例如自然灾害），当期消费就会下降；而且封闭经济导致该国无法通过国际借贷来平滑消费。如果该国经济是开放的，国家就可以在产出受到负面冲击的当期进行借贷来平滑消费，只要能够满足长期约束条件，就可以在未来偿还贷款和利息。

我们假设 $r^*=0.04$，在封闭经济下，该国每期产出 100、消费 100，如表 4-3 所示。

表 4-3　小国经济：封闭、无产出冲击

	$t=0$	$t=1$	$t=2$	…	折现加总
Y	100	100	100		2 600
C	100	100	100		2 600

产出和消费的折现加总分别为：

$$Y_0+\frac{Y_1}{(1+r^*)}+\frac{Y_2}{(1+r^*)^2}+\cdots=Y+\frac{Y}{(1+r^*)}+\frac{Y}{(1+r^*)^2}+\cdots=Y\left(1+\frac{1}{r^*}\right)$$

$$C_0+\frac{C_1}{(1+r^*)}+\frac{C_2}{(1+r^*)^2}+\cdots=C+\frac{C}{(1+r^*)}+\frac{C}{(1+r^*)^2}+\cdots=C\left(1+\frac{1}{r^*}\right)$$

可以算出产出和消费的折现加总都是 2 600。在小国封闭经济中，每期消费和产出相同，折现加总也相同，满足该国的长期约束条件：各期折现消费之和等于各期折现产出之和。

假设该国在第 0 期受到冲击，产出下降到 74，但是从第 1 期起产出恢复为 100。在封闭经济的情境下，该国第 0 期的消费为 74，降幅巨大，从第 1 期开始（包括第 1 期）恢复为 100。产出和消费的折现加总都是 74+100/0.04=2 574，如表 4-4 所示。由于不能进行国际借贷，该国在第 0 期经历了消费下降，降低了总效用。

表 4-4　小国经济：封闭、有产出冲击

	$t=0$	$t=1$	$t=2$	…	折现加总
Y	74	100	100		2 574
C	74	100	100		2 574

该国如何平滑消费？答案是采用开放经济。假设在第 0 期时，该国可以借永续债来平滑消费。永续债的含义是借债后无穷期内（现实世界中可以定义为 100 年）每期只偿还利息，不偿还本金。那么该国需要借多少永续债才能平滑消费呢？答案是只要永续债的总量能满足该国长期约束条件就可以了。

具体而言，该国产出的折现加总为 2 574，那么只要消费的折现加总不大于 2 574，就能满足长期约束条件。我们可以选取平滑消费来满足长期约束条件：

$$C\left(1+\frac{1}{r^*}\right)=2\,574$$

$$C=\frac{2\,574}{1+\frac{1}{0.04}}=99$$

确定了最优消费后，该国的永续债、经常账户构成和对外财富变化就确定了，如

表 4-5 所示。第 0 期，为达到消费 99 单位产品的目的，该国需要借 25 单位的永续债用来进口以满足产出和消费之间的缺口。贸易差额反映了净进口：TB = −25。第 0 期还没有开始偿还利息，因此海外生产要素净收入 NFIA=0。这样，在第 0 期该国的对外财富因永续债的借入而下降 25 单位，$W = 0 − 25 = −25$。在第 1 期，产出已经恢复为 100，消费为 99，该国可以出口 1 单位的产品，TB = 1。这 1 单位的出口抵消了永续债所付的利息：$NFIA = −25 × 0.04 = −1$，因此该国的经常账户余额为 0：$CA = TB + NFIA = 0$。此外，由于该国只偿还了永续债的利息，因此其对外财富不变。需要说明的是，这里只偿还永续债利息的做法虽然不能改变对外财富，但对应的平衡消费折现加总仍在产出的折现加总范围内，满足长期约束条件。实际上，永续债的利息折现加总与第 0 期的永续债规模一致：$1 × 1 / r^* = 25$。在第 2 期以及之后无穷期的情况都和第 1 期的情况相同，表 4-5 中不再详细列出具体数值。

表 4-5 小国经济：开放、有产出冲击

	$t = 0$	$t = 1$	$t = 2$	...	折现加总
Y	74	100	100		2 574
C	99	99	99		2 574
TB	−25	1	1		--
NFIA	0	−1	−1		--
CA	−25	0	0		--
W	−25	−25	−25		--

对比封闭经济和开放经济的情况，我们发现金融国际化可以帮助该国平滑消费，有利于提升社会福利。我们从平滑消费这一分析还可以学到，对比封闭经济的社会福利和开放经济的社会福利能够说明经济全球化是改善社会福利的基本方法之一。

4.2.3 提升投资效率

国际金融市场的优势是可以帮助国家进行投资。本小节我们仍然用具体的数值例子进行说明。和上一小节的数值例子保持一致，继续假设 $r^* = 0.04$。我们先分析小国封闭经济的情况，该国每期产出 100，即最多只能消费 100，而且为了满足效用最大化，该国会将所有的产出都用来消费，如表 4-6 所示。

表 4-6 小国经济：封闭、无投资

	$t = 0$	$t = 1$	$t = 2$	...	折现加总
Y	100	100	100		2 600
C	100	100	100		2 600

如果该国有一个投资机会：在第 0 期投资 15，之后每期投资 9，就可以使该国产出从第 1 期开始上升至 120。该国不能从国际市场上借贷，每期的投资只能依靠降低消费来满足：$I_0 = Y_0 - C_0$，$I_1 = Y_1 - C_1$，…由于每期都满足产品约束条件，因此长期约束自然满足：

$$\sum_{t=0}^{\infty} Y_t = 100 + \frac{120}{1+r^*} + \frac{120}{(1+r^*)^2} + \cdots = 100 + \frac{120}{r^*} = 3\,100$$

$$\sum_{t=0}^{\infty} I_t = 15 + \frac{9}{1+r^*} + \frac{9}{(1+r^*)^2} + \cdots = 15 + \frac{9}{r^*} = 240$$

$$\sum_{t=0}^{\infty} C_t = 85 + \frac{111}{1+r^*} + \frac{111}{(1+r^*)^2} + \cdots = 85 + \frac{111}{r^*} = 2\,860$$

但是该国并没有做到平滑消费，第 0 期的消费下降到 85，但之后每期都是 111。表 4-7 总结了该国各个时期的产出、投资、消费情况。

表 4-7 小国经济：封闭、有投资

	$t=0$	$t=1$	$t=2$	…	折现加总
Y	100	120	120		3 100
I	15	9	9		240
C	85	111	111		2 860

能否有更好的资源配置方式，使得该国不要经历消费的剧烈下降或上升，从而提高总效用？答案是利用国际市场融资。如果该国在第 0 期可以从国际市场上融资，例如以永续债的形式进行投资并平滑消费，那么该国的最优消费 C 为 110。我们用产出的折现加总 3 100 减去投资的折现加总，可以得到消费的各期折现加总，假设每期消费一致，可以求解。

$$\sum_{t=0}^{\infty} C_t = \sum_{t=0}^{\infty} Y_t - \sum_{t=0}^{\infty} I_t = 3\,100 - 240 = 2\,860$$

$$C\left(1 + \frac{1}{r^*}\right) = 2\,860$$

$$C = 110$$

我们将开放经济下该国在各个时期的变量列在表 4-8 中。在第 0 期，投资为 15，最优消费为 110，而产出只有 100，该国需要借贷 25 进口以满足消费和投资超过产出的部分,因此贸易差额为-25,导致经常账户赤字为25,国家财富也从初始值0降为-25。从第1期开始,该国产出为120,除支付投资9和消费110外,还可以出口1,用来支付永续债务的利息:$-25 \times 0.04 = -1$。出口和利息支出反映在贸易差额1和海外生产要素净收入-1上,两者相互抵消,因此经常账户余额为0。由于跨国债务是永续债的形式,债务本金没有改变,对外财富仍然是-25。

表 4-8 小国经济:开放、有投资

	$t=0$	$t=1$	$t=2$	…	折现加总
Y	100	120	120		3 100
I	15	9	9		240
C	110	110	110		2 860
TB	-25	1	1		--
NFIA	0	-1	-1		--
CA	-25	0	0		--
W	-25	-25	-25		--

以上数值例子说明,如果一个国家有高回报的投资机会,国际资本就应该流向这个国家,使得该国产出提高,资本也得到回报。在例子中,该国的各期产出折现加总增加了500(3100-2600),该国的各期消费增加了260(2860-2600),而投资者一共得到240(500-260)。在实际经济中,许多发展中国家经济增长较快而资本稀缺,资本的边际收益率高,所以我们应该能观察到资本从发达国家流向发展中国家这个过程。但是经济数据与理论推导相反,实际经济中资本从发展中国家流向发达国家,这就是著名的卢卡斯悖论(Lucas Paradox),由诺贝尔经济学奖得主罗伯特·卢卡斯(Robert Lucas)提出。卢卡斯悖论仍然没有得到完全解决,是国际金融领域的重要议题之一。我们将在第八章更进一步讨论卢卡斯悖论。

4.2.4 分散风险

风险的含义是产出具有不确定性,而资本市场具有分散风险的作用。本小节我们研究如何在国际资本市场上分散风险。

下面我们用具体数值例子加以说明。首先我们构建一个两国两状态的模型:世界有且只有两个国家,即本国和外国;世界存在两种状态,并假设这两种状态的发生概率相同,都为0.5。为什么该模型需要两个国家?因为如果只有一个国家,那么该国无法通过持有其他国家产权的方法来分散风险。

两个国家的产出如表4-9所示:第一种状态下,本国产出95而外国产出105,世界产出总和为200;第二种状态下,本国产出105而外国产出95,世界产出总和仍为200。

由于在两个状态下世界产出总和不变，因此不存在系统性风险（systematic risk）。在两国都只有自身产权不能进行资产买卖的情况下，每个国家在每种状态下只能消费自己生产的产品。我们可以想象一个例子：本国农产品产出在全球平均气温较低的情况下较低，在全球平均气温较高的情况下较高；外国农产品产出正好相反。第一种状态代表全球平均气温较低，这种情况下本国产出低而外国产出高，两国都只能消费自己的产出。第二种状态代表全球平均气温较高，这种情况下本国产出高而外国产出低，两国仍然只能消费自己的产出。无论是本国还是外国，在两种状态下的产出不一样，消费也不一样，无法做到在不同状态下消费相同。

表 4-9 两国经济：无系统性风险，自身产权 100%

	本国	外国	世界
第一种状态	95	105	200
第二种状态	105	95	200

是否存在一种投资组合，使得两个国家在不同状态下的收入相等，从而使不同状态下的消费也相等？如表 4-10 所示，如果每个国家有自身产权 50%、对方产权 50%，在第一种状态下，本国的收入为 $50\% \times 95 + 50\% \times 105 = 100$，外国收入为 $50\% \times 105 + 50\% \times 95 = 100$；在第二种状态下，本国收入为 $50\% \times 105 + 50\% \times 95 = 100$，外国收入为 $50\% \times 95 + 50\% \times 105 = 100$。通过这种投资组合，本国和外国可以做到在两种状态下收入均为 100，从而平滑两种状态下的消费。

表 4-10 两国经济：无系统性风险，自身产权 50%，对方产权 50%

	本国	外国	世界
第一种状态	100	100	200
第二种状态	100	100	200

4.2.5 国际金融市场的效率

我们已经通过数值例子证明如果一个国家能够在国际金融市场上融资，就可以提升这个国家的投资效率并分散风险。在实际经济中，国际金融市场对资本配置和风险分散的情况是怎样的呢？

我们首先考虑国际资产组合的情况，也就是一个国家持有多少对外资产和对外负债。在模型中我们可以假设两个国家的大小相同，针对持有对外资产和对外负债分散风险这个关键点来建模。但是在实际经济中，国家的规模差异很大，我们不能直接比较不同国家的对外资产和对外负债的规模。通常做法是计算一个国家对外资产、对外负债与 GDP 的比值，这两个比值反映对外资产、对外负债的收入占比。使用比值还有一个优势，就是在比较不同时期的对外资产、对外负债时可以考虑经济增长的因素。

表 4-11 列出了 8 个国家对外资产和对外负债与 GDP 的比值。我们可以看出，各个国家在三十多年内，对外资产和对外负债与 GDP 的比值都有所增大，说明各个国家都参与了金融全球化的进程。此外，我们看到荷兰和英国对外资产和对外负债与 GDP 的比值最高，但是对外财富（即对外资产和对外负债之差与 GDP 的比值）相对较小。而美国作为一个经济大国，对外资产和对外负债与 GDP 的比值远小于英国和荷兰。表 4-11 还列出了澳大利亚、法国、意大利的对外负债和对外资产的变化趋势，读者可以进一步具体分析。总之，表 4-11 表明了各个国家都在国际金融市场进行一定程度地分散风险的投资，其对外资产和对外负债与 GDP 的比值都在不断增大。

表 4-11　各个国家对外资产和对外负债与 GDP 的比值

（单位：%）

国家		1983 年	1993 年	2007 年	2011 年	2014 年
澳大利亚						
	资产	12	34	100	90	111
	负债	43	88	160	145	162
中国						
	资产	10	16	68	63	61
	负债	4	22	44	43	47
法国						
	资产	42	76	273	265	274
	负债	44	87	284	276	295
德国						
	资产	37	62	220	231	236
	负债	31	52	203	214	201
意大利						
	资产	21	41	122	107	120
	负债	25	53	150	133	150
荷兰						
	资产	88	139	896	895	1 000
	负债	69	125	915	880	939
英国						
	资产	143	188	534	663	531
	负债	128	184	547	671	554
美国						
	资产	30	46	142	141	140
	负债	26	49	152	152	182

资料来源：世界银行，OECD 数据库。

还有一种衡量世界资本市场运行效率的方法，是由经济学家 Feldstein 和 Horioka 提出的。他们指出，如果世界资本市场能够对资源进行有效配置，那么不同国家的储蓄率和投资率的相关性应该比较低。如何理解这一论点？第一，为了能够在不同国家之间进行比较，我们仍然计算一个国家的总储蓄与 GDP 的比值以及总投资与 GDP 的比值。第二，如果世界资本市场能够对资源进行有效配置，各个国家的投资率就不会受到本国储蓄率的限制。也就是说，即使本国储蓄率较低，但只要投资机会好，这个国家也可以在国际市场进行融资，保持较高的投资率；即使一个国家储蓄率较高，但由于资本边际回报率递减，这个国家的资本也不应该全部投资在本国，而应该流出部分资本，在国际市场上寻找更好的投资机会。

Feldstein 和 Horioka 给出了关于投资和储蓄的论断，那么如何利用实际数据加以检验呢？在图 4-15 中，我们绘制了 23 个国家 1990—2007 年及 2008—2019 年两个时间段储蓄/GDP 和投资/GDP 的关系。这 23 个国家的数据在图上用点标示，对应的三个字母是该国家的简写，例如在（a）上，日本（JPN）对应的投资/GDP 略小于 30%，而储蓄/GDP 略大于 30%，它们是日本在 1990—2007 年这两个变量的平均值。而图上的黑线是针对 23 个国家的数据点的最优拟合曲线。

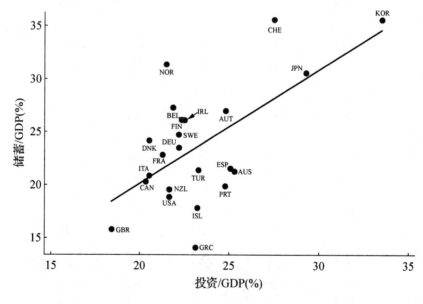

（a）储蓄和投资：1990—2007 年

图 4-15　储蓄和投资

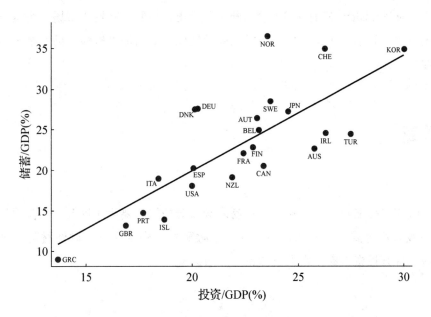

（b）储蓄和投资：2008—2019年

图 4-15　储蓄和投资（续）

注：AUS 指澳大利亚，AUT 指奥地利，BEL 指比利时，CAN 指加拿大，CHE 指瑞士，DEU 指德国，DNK 指丹麦，ESP 指西班牙，FRA 指法国，FIN 指芬兰，GBR 指英国，GRC 指希腊，IRL 指爱尔兰，ISL 指冰岛，ITA 指意大利，JPN 指日本，KOR 指韩国，NOR 指挪威，NZL 指新西兰，PRT 指葡萄牙，SWE 指瑞典，TUR 指土耳其，USA 指美国。

资料来源：世界银行和 OECD 数据库。

从图 4-15 的两张图中，我们可以总结出哪些统计事实呢？在 1990—2007 年和 2008—2019 年两个时间段，根据拟合曲线，各国的储蓄率和投资率都高度相关。那么按照 Feldstein 和 Horioka 的论断，这样的统计事实能否说明世界资本市场运行没有效率？这个问题我们要进一步分析。

Feldstein 和 Horioka 的这一论断的潜在假设是，一个国家的储蓄率和投资率不会受到共同因素的影响。然而，这个假设并不总是成立。如果一个国家经济增长很快，导致投资率较高，但是这个国家受文化因素的影响，储蓄率也比较高，我们也会看到投资率和储蓄率存在正相关性。在这种情境下，储蓄率高不是因为资本市场不完善，使得本国资本不能流向其他资本短缺而回报高的地方，而是因为本国居民偏好储蓄。

此外，如果一个国家的经济增长比较快，投资率高，而政府认为本经济正处于经济周期的扩张阶段，将来会进入经济周期的收缩阶段，为了平滑经济周期，可能会提高储蓄率，用来应对未来经济增长速度下滑和经济进入收缩阶段的消费需要。在这种情境下，我们也会看到投资率和储蓄率存在正相关性。高投资率带来的产出增长可能不能弥补未来经济周期进入收缩阶段时的产出下滑，政府当前仍然需要进行储蓄，用来平滑未来经济收缩时期的消费。

总之，从 Feldstein 和 Horioka 的论断可以看出，检验国际资本市场是否具有有效性是比较困难的。目前关于国际资本市场的有效性以及如何加以检验，仍然是国际金融的前沿问题之一。

关键词

国际收支平衡账户　经常账户　贸易差额　海外生产要素净收入　来自国外的净支付　国民收入恒等式　经常账户恒等式　金融账户　资本账户　对外财富　价值效应　平滑消费　提升投资效率　卢卡斯悖论　分散风险

参考文献

Feenstra R C, Taylor A M. *International Macroeconomics*[M]. 4th ed. New York: Worth Publishers, 2017.

附录

消费者效用最大化问题

一个国家的效用最大化问题可以用拉格朗日方法求解。首先将问题改写为：

$$L = u(C_0) + \beta u(C_1) + \beta^2 u(C_2) + \cdots +$$

$$\lambda(Y_0 + \frac{Y_1}{(1+r^*)} + \frac{Y_2}{(1+r^*)^2} + \cdots - C_0 - \frac{C_1}{(1+r^*)} - \frac{C_2}{(1+r^*)^2} - \cdots)$$

其中，λ 为拉格朗日乘数。然后对 C_0、C_1、$C_2 \cdots$ 求一阶条件：

$$u'(C_0) = \lambda$$

$$\beta u'(C_1) = \frac{1}{(1+r^*)} \lambda$$

$$\beta^2 u'(C_2) = \frac{1}{(1+r^*)^2}\lambda$$

由于效用函数是对数函数，而 $\beta = 1/(1+r^*)$，上述一阶条件可以化简为：

$$C_0 = \frac{1}{\lambda}$$

$$C_1 = C_0$$

$$C_2 = C_0$$

第五章

开放宏观经济模型与政策分析

第五章 开放宏观经济模型与政策分析

在前面几章，我们依次介绍了决定短期汇率与长期汇率的市场机制以及经常账户的相关理论。汇率与经常账户都是开放经济中影响一个国家与世界其他国家进行经济交流的关键因素。本章将视野放大到整个宏观经济体，分析汇率与贸易差额如何与国内的关键因素相互影响，也分析经济稳定政策在开放经济体中的应用。

本章先将前面各章分析过的外汇市场、货币市场等因素与经典的宏观模型相结合，搭建统一的理论框架，即开放经济中的凯恩斯模型，又称 IS-LM-FX 模型。这个模型集合了前面各章讲述的经济学原理。本章着重运用 IS-LM-FX 模型分析"不可能三角"中的"浮动汇率、自由资本流动与独立货币政策"一角，这是美国、日本、英国等发达国家常见的政策选择。第六章与第七章也将沿袭本章的基本逻辑，分析固定汇率与资本管制之下的开放经济。

5.1 开放经济中的凯恩斯模型

本节我们引入开放经济中的凯恩斯模型，分析短期经济政策的影响。模型中包含两个国家——本国和外国，我们重点分析本国经济，将外国经济视作给定。本国经济包括产品市场、货币市场和外汇市场，当三个市场都达到均衡时，模型达到一般均衡。财政政策和货币政策可以将经济从现有均衡推向新的均衡。

5.1.1 总需求

首先，我们明确凯恩斯模型中的假设条件。我们假设短期内价格具有黏性——本国和外国价格都是常数，不会发生改变：$P = \bar{P}$，$P^* = \bar{P}^*$。为了重点分析本国经济情况并进一步简化模型，我们假设本国的税收和政府支出为常数：$T = \bar{T}$，$G = \bar{G}$；外国的产出和税收固定不变：$Y^* = \bar{Y}^*$，$T^* = \bar{T}^*$。此外，我们假设本国没有海外生产要素净收入（NFIA）以及来自国外的净支付（NUT），经常账户只包括贸易差额（TB），而且国内生产总值（GDP）和国民可支配收入（GNDI）相等。

本国的总需求包括消费（C）、投资（I）、政府支出（$G = \bar{G}$）以及贸易差额（TB），下面我们详述每个组成部分。

本国的总消费由代表性家户的消费构成，而每个家户的消费由其可支配收入（disposable income），也就是税后收入决定：$C = C(Y - \bar{T})$。我们用边际消费倾向（marginal propensity to consume，MPC）衡量 1 单位的税后收入能带来多少单位的消费，并假设边际消费倾向是一个常数且 0<MPC<1，本国所有家户的消费倾向都相同且不发生改变。这样，我们可以把消费方程简化为线性形式：$C = \text{MPC}(Y - \bar{T})$。从图 5-1 可以看出，消费和税后收入正相关。在给定的税后收入水平上，外生冲击导致消费发生变化。例如房价上涨，家户的自住房价值提高，从而财富增加，但是家户收入不变，这样的外生冲击可能会使家户在每个给定收入水平上产生更多的消费，因此在图 5-1 上表现为消费函数曲线上移，从 C_1 上移到 C_2。

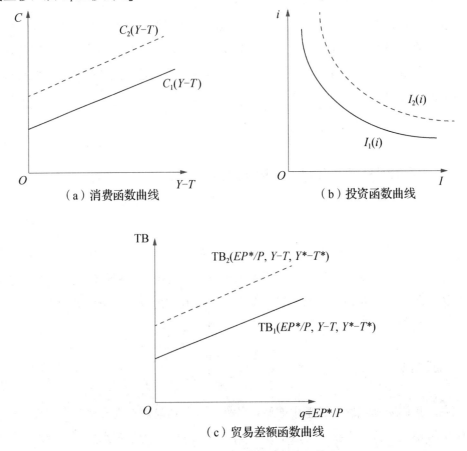

图 5-1 消费、投资和贸易差额函数曲线

本国企业通过投资获得回报，其投资成本即实际利率。由于短期价格具有黏性，通货膨胀率为 0，实际利率和名义利率相等，因此投资是名义利率的函数：$I = I(i)$。利率越高，投资成本越大，投资越少，即投资是利率的减函数，因此在图 5-1 中，投资函数曲线的斜率为负。类似于消费函数曲线，在给定的利率水平上，外生因素也可以使投资发生变化。例如厂家认为新兴技术可以提高投资收益率，因此在任何给定的利率水平上，投资都会增加，表现在图 5-1 中为投资函数曲线从 I_1 右移到 I_2。

本国经济中我们已经假设政府消费和税收都是常数，当该国税收大于政府消费

（$T>G$）时，政府有预算盈余（budget surplus）；当税收小于政府消费时（$T<G$）时，政府处于预算亏损（budget deficit）状态；当税收等于政府消费时，政府预算收支平衡（balanced budget）。

贸易差额可以衡量本国的净出口，两国产品的相对价格、本国家户的税后收入、外国家户的税后收入会影响进口、出口，从而影响贸易差额 TB=TB($E\bar{P}^*/\bar{P}$, $Y-\bar{T}$, $Y^*-\bar{T}^*$)，其中 $E\bar{P}^*/\bar{P}$ 代表实际汇率。如果本币贬值，购买一篮子的外国产品需要更多单位的本国产品，那么 $E\bar{P}^*/\bar{P}$ 变大，则有利于本国出口，因此实际汇率和贸易差额正相关，如图 5-1 所示。本国税后收入（$Y-\bar{T}$）增加，本国家户会增加进口，因此本国税后收入和贸易差额负相关。外国税后收入（$Y^*-\bar{T}^*$）增加，会刺激本国出口增加，因此外国税后收入和贸易差额正相关。如果有外生因素可以在任何给定的实际汇率水平上增加贸易差额，那么图 5-1 中的贸易差额曲线从 TB_1 上移到 TB_2。

综上所述，我们将总需求定义为消费、投资、政府支出以及贸易差额的总和：

$$D = C + I + G + TB = C(Y-\bar{T}) + I(i) + \bar{G} + TB(E\bar{P}^*/\bar{P}, Y-\bar{T}, Y^*-\bar{T}^*)$$

当市场达到均衡时，总产出（Y）和总需求（D）相等：

$$Y = D = C(Y-\bar{T}) + I(i) + \bar{G} + TB(E\bar{P}^*/\bar{P}, Y-\bar{T}, Y^*-\bar{T}^*)$$

图 5-2 刻画了总产出和总需求相等时的均衡状态。例如在点 1，总产出等于总需求，总需求曲线和总产出曲线（即 45°线）相交，称为凯恩斯交叉（Keynesian cross）。

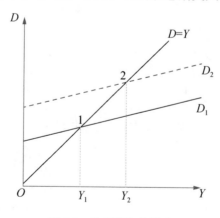

图 5-2　总产出和总需求

由于图 5-2 中总需求曲线是二维图，影响总需求的其他因素都是外生因素，因此税收（$\bar{T}$）下降①，利率（i）下降，政府支出（$\bar{G}$）上升，实际汇率（$E\bar{P}^*/\bar{P}$）上升，以及任何其他可以增加消费、投资、贸易差额的外生因素，都会使总需求曲线上移，在图 5-2 上表现为从 D_1 上移到 D_2。

---

① 税收下降使本国税后收入增加，这会增加进口，导致贸易差额下降。但是本国消费者购买本国产品的倾向大于购买外国产品，因此税收下降的净效应会带来总需求上升。

5.1.2 产品市场与外汇市场的均衡

在上一小节分析了总需求的基础上,本小节我们着重分析产品市场的均衡,推导出 IS 曲线。IS 曲线是产出（Y）和利率（i）的组合,在 IS 曲线上产品市场和外汇市场同时达到均衡。注意:在封闭经济的情境下,IS 曲线上的产出和利率组合只需要使产品市场达到均衡;而在开放经济的情境下,除了产品市场,IS 曲线上的产出和利率组合还需要使外汇市场达到均衡。

我们可以将利率看作货币市场的均衡价格,在给定货币市场均衡价格的前提下,寻找产品市场与外汇市场的均衡。在图 5-3 中,给定 i_1,本国经济的总投资为 $I(i_1)$。在利率 i_1 下,外汇市场上本币收益率（$DR_1=i_1$）和外币收益率 $[FR=(E^e-E)/E+i^*]$ 服从无抛补利率平价 $i_1=(E^e-E)/E+i^*$,由此可以决定外汇市场均衡汇率 E_1。在本国价格、外国价格、外国税后收入都保持不变的前提下,E_1 决定贸易差额,当总需求和总产出相等时,可以得到均衡产出 Y_1。总结一下,在给定货币市场均衡价格 i_1 的前提下,我们可以得到外汇市场均衡汇率 E_1 和产品市场均衡产出 Y_1。

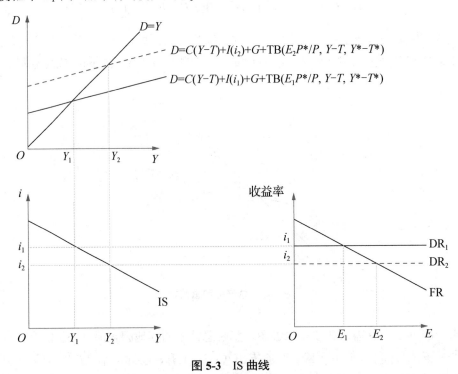

图 5-3 IS 曲线

在图 5-3 中,如果利率从 i_1 下降到 i_2,投资增加到 $I(i_2)$,外汇市场上新的均衡汇率也上升到 E_2,即本国货币贬值,从而促进本国出口,最终均衡产出达到 Y_2,如图 5-3 所示。我们在新的货币市场均衡价格 i_2 下,求得新的外汇市场均衡汇率 E_2 和新的产品市场均衡产出 Y_2。

在利率-产出二维图上,我们将 (i_1, Y_1) 和 (i_2, Y_2) 连接后得到 IS 曲线,可以看出利率和产出负相关,因此 IS 曲线斜率为负。

在推导出 IS 曲线后,可知任何引起总需求增加的外生因素,例如税收($\bar{T}$)下降、政府消费($\bar{G}$)增加、外国利率(i^*)上升、预期汇率(E^e)上升、本国价格下降($\bar{P}$)而外国价格($\bar{P}^*$)上升,以及其他增加消费、投资和贸易差额的因素,都会使 IS 曲线右移,在给定利率下,均衡产出增加;反之,会使 IS 曲线左移,均衡产出减少。

5.1.3 货币市场均衡

上一小节中考虑了产品市场与外汇市场的均衡,通过 IS 曲线使两个市场同时达到均衡状态,并得出均衡状态下的利率和产出组合。在推导 IS 曲线的过程中,我们假定本国利率是给定的;但在现实中,利率影响其他宏观变量,也受到其他宏观变量的影响,应该是宏观模型的内生变量。因此,我们需要考虑均衡利率的决定机制。本节我们考虑 LM 曲线——产出 Y 和利率 i 的组合,基于凯恩斯的流动性偏好理论,使得货币市场达到均衡。

我们首先推导 LM 曲线。在给定产出 Y、利率 i 的基础上使得货币市场达到均衡,即货币供给($M/\bar{P}$)和货币需求($M^d = L(i)Y$)相等:

$$\frac{M}{\bar{P}} = L(i)Y$$

在图 5-4 中,如果产出从 Y_1 增加到 Y_2,货币需求增加而货币供给不变,那么均衡利率从 i_1 上升到 i_2,在利率-产出二维图上,连接两个均衡点 (i_1, Y_1) 和 (i_2, Y_2),就得到 LM 曲线。

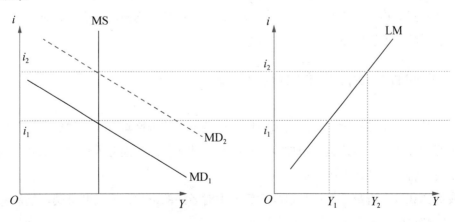

图 5-4　LM 曲线

给定产出下，如果货币供给增加，或者有其他外生因素使得货币需求减少，那么 LM 曲线右移，即在给定产出下均衡利率下降；反之，LM 左移。

在分析了产品市场、汇率市场和货币市场均衡之后，我们可以将各个市场综合起来，建立本国的一般均衡，即 IS-LM-FX 均衡。

如图 5-5 所示，IS 和 LM 线相交，均衡点 1 处的利率 i_1 和产出 Y_1 使得产品市场和货币市场都达到均衡状态，同时利率 i_1 也是外汇市场中本币收益率曲线和外币收益率曲线的均衡点，均衡汇率为 E_1。此时本国经济的三个市场同时达到均衡。

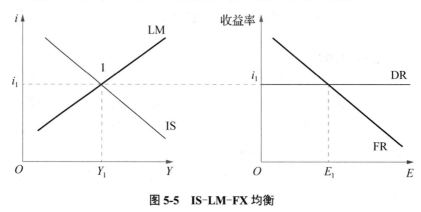

图 5-5 IS-LM-FX 均衡

5.2 凯恩斯模型政策分析

上一节展示了开放经济中的凯恩斯模型，本节主要展示模型的实际应用。我们以浮动汇率下的开放经济为例，分析货币政策和财政政策对经济的作用。我们将看到，短期内货币政策和财政政策都可以刺激经济增长，但是永久性的货币政策和财政政策会改变预期，在长期价格可以调整的情况下，经济最终回归长期均衡。我们还将讨论通货膨胀偏差、货币贬值的影响以及流动性陷阱等问题。

5.2.1 暂时性的货币政策和财政政策

我们从均衡状态出发，仍然采用凯恩斯模型中短期价格具有黏性的假设，分析浮动汇率下开放经济的短期政策。短期政策只有暂时性的作用，因此人们对长期经济状况的预期不变，特别是预期汇率（E^e）不变。

我们先详细分析货币政策与财政政策冲击对经济的影响，厘清其机制，然后考虑政策在不同情境下的应用。

1. 货币政策

首先分析暂时性的货币政策。本国想要实行扩张性货币政策以刺激经济增长，货币供给将增加，从 LM_1 曲线右移到 LM_2，而 IS 曲线不变，图 5-6 显示，此时 IS 曲线和 LM_2 曲线相交达到新的均衡点 2，利率从 i_1 下降到 i_2，而产出从 Y_1 增加到 Y_2；同时，外汇市场上由于本国货币收益率下降，均衡汇率从 E_1 右移到 E_2，即本国货币贬值。与扩张性货币政策作用正好相反，紧缩性货币政策在短期内会推高利率、减少产出，并使本国货币升值。

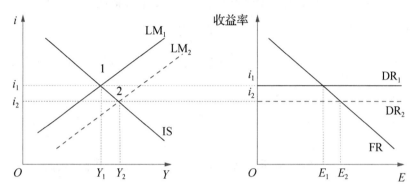

图 5-6 浮动汇率下的扩张性货币政策

我们可以用简单的模型来复刻扩张性货币政策下的经济变化，用数学表达式帮助我们进一步明晰影响机制。

浮动汇率下的开放经济体宏观模型包括三个市场的均衡条件。一是产品市场均衡，即总产出等于总需求，IS 曲线可表示为：

$$Y = C(Y-T) + I(i) + G + TB(Y-T, s) \tag{5-1}$$

在式（5-1）中，$s = \ln(E)$ 是名义汇率的对数。式（5-1）的经济学原理已经在上一节说明了。需要注意的是，为了计算的方便，我们对 IS 曲线的表达式进行了少许改动：净出口 TB 也受到外国税后收入（$Y^* - T^*$）的影响，但因为外国收入在模型中是外生变量，我们在不必分析国外经济冲击时假定它为常数，暂且忽略它。另外，影响净出口的是真实汇率，但短期内价格指数不变，因此真实汇率与名义汇率将同向变动。

在接下来的运算中，我们根据经济原理为函数的偏导数作出假设。这是为了保证模型的通用性，避免为消费、投资等每个需求项单独指定实际的函数形式。假定式（5-1）各项的一阶导数符合以下条件：

$$C_Y > 0, \quad I_i < 0, \quad TB_Y < 0, \quad TB_s > 0$$

在上述表达式中，C_Y 代表消费函数对产出的偏导数，即在产出增加 1 单位时，消费的增加量；I_i 则代表在利率上升 1 单位时，投资的减少量。我们还假设：

$$0 < C_Y + TB_Y < 1$$

这个假设的含义是什么呢？每增加 1 单位的产出，消费增加 C_Y。但在开放经济体中，这种消费增量不会完全落在国内商品上，其中一部分增量会流向进口商品，TB_Y 代表流失部分。在封闭经济体中，每增加 1 单位的产出，消费需求将增加 C_Y；而在开放经济体中，每增加 1 单位的产出，消费需求将增加 $C_Y + TB_Y$。由于 $TB_Y < 0$，其增量少于封闭经济体的增量。$C_Y + TB_Y$ 为小于 1 的正数，是因为我们假设一些消费增量总是落在国内商品上，并且家庭总会将部分收入用于储蓄。

二是货币市场均衡，即真实货币供给与需求相当，LM 曲线可表示为：

$$M/P = L(i, Y) \tag{5-2}$$

如前所述，真实流动性需求随着利率 i 的升高而下降，随着收入 Y 的增加而上升，由此有：

$$L_i < 0$$
$$L_Y > 0$$

三是外汇市场均衡，即无抛补利率平价成立。为了方便，我们称之为 FX 曲线：

$$i = i^* + s^e - s \tag{5-3}$$

式（5-1）、式（5-2）与式（5-3）用三个数学等式总结了模型的一般均衡，共同决定了三个关键的内生变量（Y、i 和 s），消费、投资、净出口和流动性需求为这三个变量的函数。已知三个变量的值，即可得出四个函数值。

我们用一阶微分作为工具，研究一个冲击对经济变量的影响。在我们关注的短期均衡中，各经济变量的变动幅度较小，一阶微分可达到较好的近似效果。在本章和接下来的各章中，我们将使用同一个模型和同样的方法来分析各种政策与冲击的效果。

货币扩张冲击会如何扰动经济体的均衡呢？由于价格指数 P 是恒定的，央行可以通过改变名义货币供给来直接改变真实货币供给 M/P。为了简便，我们定义真实货币供给 $\mu = M/P$，并将货币冲击表达为 $\Delta\mu > 0$。在以上三个等式中，货币供给出现在 LM 曲线中。将 LM 的一阶微分方程记为：

$$\Delta\mu = L_i \Delta i + L_Y \Delta Y \tag{5-4}$$

其中，$\Delta\mu$ 表示 μ 的一个小变化。式（5-4）的含义是，在新的均衡中，新增货币供给必须被新增货币需求吸收。货币需求的变动来自两个因素的推动：一是均衡利率的改变，L_i 代表其变动对货币需求的边际作用；二是均衡产出的改变，其边际作用是 L_Y。在随后的推导中，每一阶微分方程皆可这样理解。

利率与产出各自如何变动呢？IS 曲线可展开为：

$$\Delta Y = C_Y \Delta Y + I_i \Delta i + TB_Y \Delta Y + TB_s \Delta s$$

由于政府支出 G 和税收 T 是外生变量且没有改变，可以归零消去，上式化为 ΔY 的表达式：

$$\Delta Y = \frac{1}{(1-C_Y - \text{TB}_Y)}(I_i \Delta i + \text{TB}_s \Delta s)$$

产出的变动受到两个变量的拉动：利率的改变会通过投资影响产出，汇率的改变会通过出口影响产出。而 $1/(1-C_Y - \text{TB}_Y)$ 是我们耳熟能详的凯恩斯乘数，与封闭经济体中一样，它是一个大于 1 的常数，但由于假设 $\text{TB}_Y < 0$，开放经济体中的凯恩斯乘数更小，这是由于新增需求有一部分是落在进口商品上，因此并不促进本国产出增加。我们将凯恩斯乘数定义为 $\kappa = 1/(1-C_Y - \text{TB}_Y)$。

最后我们一阶微分展开 FX 等式，由于国外利率与预期汇率不变，可得：

$$\Delta s = -\Delta i$$

由于 s 是汇率的对数，Δs 约等于汇率的上升百分比。当本国利率上升 1% 而其他条件不变时，无抛补利率平价要求当期汇率上升 1%，预期的货币贬值可平衡国内与国外的投资收益。

将 ΔY 与 Δs 的表达式代入式（5-4），可解出：

$$\Delta i = (L_i + \kappa L_Y I_i - \kappa L_Y \text{TB}_s)^{-1}\Delta \mu < 0$$

均衡利率确定下降（$\Delta i < 0$），这是因为 $L_i < 0$，$L_Y I_i < 0$，$L_Y \text{TB}_s > 0$。

将 Δi 的解代入 Δs、ΔY 的表达式，可得：

$$\Delta Y = \kappa(I_i - \text{TB}_s)\Delta i > 0$$

由于 $I_i < 0$ 且 $\text{TB}_s > 0$，货币政策通过降低利率促进了投资，又通过本币贬值促进了出口，这两个变量的效果通过凯恩斯乘数的加成，共同使总产出增加。利率渠道在封闭和开放的经济体中都是存在的，而汇率渠道只在开放经济体中才起作用。

2. 财政政策

浮动汇率下的扩张性财政政策同样可以提高产出。如图 5-7 所示，本国可以通过增加政府支出等方式实行扩张性财政政策，IS 曲线从 IS_1 右移到 IS_2。在新均衡点 2，即 IS_2 曲线和 LM 曲线的交点，均衡产出从 Y_1 增至 Y_2，但是由于利率升高到 i_2 而不是保持在 i_1，因此政府支出会对投资产生挤出效应。由于利率升高，均衡汇率从 E_1 左移到 E_2（即本币升值），会促进进口增加并降低出口，从而减少贸易差额。紧缩性财政政策与扩张性财政政策作用相反，在短期内会降低产出，降低利率，并使本币贬值。

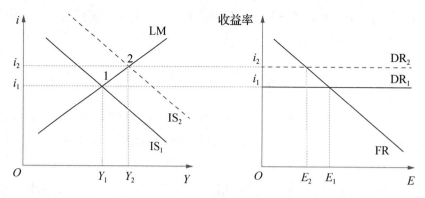

图 5-7 浮动汇率下的扩张性财政政策

现在,我们利用数学模型探讨浮动汇率制度下财政政策的效果。假设政府通过增加支出 G 来刺激经济,我们将这个外生政策冲击记为 $\Delta G > 0$。模型的基石依旧是式(5-1)、式(5-2)和式(5-3),分别代表产品市场、货币市场与外汇市场的均衡,变化的只是外生冲击的种类。

IS 曲线的一阶微分展开式为:

$$\Delta Y = C_Y \Delta Y + I_i \Delta i + \Delta G + \text{TB}_Y \Delta Y + \text{TB}_s \Delta s \tag{5-5}$$

在完整的一阶微分中,$\Delta C = C_Y \Delta Y - C_T \Delta T$,但由于假定税收固定不变,我们用 $\Delta T = 0$ 替代后项。

同样,LM 曲线的一阶微分展开式为:

$$0 = L_i \Delta i + L_Y \Delta Y$$

货币供给无变化,因此上式的左侧为 0。在这个例子中,我们仅考虑财政扩张的情况,假定货币当局不干涉汇率且货币政策独立于财政政策,相互不受影响。解方程得到:

$$\Delta i = -\frac{L_Y}{L_i} \Delta Y \tag{5-6}$$

请注意,$-\frac{L_Y}{L_i} > 0$。式(5-6)表明产出增加将推动利率上升,因为产出增加会导致货币需求上升,从而推高货币市场的价格——利率。

最后,展开 FX 曲线得到:

$$\Delta s = -\Delta i$$

将上式代入式(5-5)以消去 Δs,在等式左方归纳 ΔY 项,得出:

$$(1 - C_Y - \text{TB}_Y) \Delta Y = (I_i - \text{TB}_s) \Delta i + \Delta G \tag{5-7}$$

若均衡利率保持不变($\Delta i = 0$),则可得出 $\Delta Y = \kappa \Delta G$,其中 $\kappa = (1 - C_Y - \text{TB}_Y)^{-1}$ 即为

开放经济中的凯恩斯乘数。然而，由于政府支出增加使得总需求增加，拉动了产出，货币需求也随之增加，进而推高均衡利率。利率上升将部分抵消产出的增加，一方面抑制投资，这条渠道由 $I_i \Delta i$ 捕捉；另一方面导致汇率上升，推高国内商品的相对价格，使得国内商品的需求减少，这条渠道表现在 $-\text{TB}_s \Delta i$ 项。

将货币市场均衡条件即式（5-6）代入 Δi，我们可以精确求解出 ΔY：

$$\Delta Y = \left[(1 - C_Y - X_Y) + (I_i - \text{TB}_s) \frac{L_Y}{L_i} \right]^{-1} \Delta G > 0$$

与预期一致，产量的增幅因利率上升而放缓。细心的读者可能会问 ΔY 是否可能为负数呢？式（5-7）显示，产出为财政扩张所拉动，但又为利率上升所抑制。那么，利率的影响可能超过最初财政扩张的影响吗？答案是否定的。因为利率上升本身是产出增加导致的结果，两者正相关，由式（5-6）表达。如果利率上升会导致均衡产出下降，式（5-6）得出均衡利率也应该下降，那么利率上升的前提条件不成立，从而产生逻辑上的矛盾。因此，虽然扩张性财政政策会使利率升幅有所减弱，但其对产出的最终影响是正向的。

3. 经济政策的溢出效应

货币政策与财政政策都是平稳经济周期的常用政策工具，但两者对汇率的影响是相反的：货币扩张造成汇率上升，而财政扩张造成汇率下降。其根本原因是两种政策工具对国内利率的影响不同，货币扩张降低利率，财政扩张推高利率。

对汇率的作用不同，意味着当一个国家的经济体量足够大时①，其货币政策与财政政策会对外国产生不同方向的政策溢出。**政策溢出**指一个国家的经济政策对世界其他国家的影响。货币政策与财政政策如何影响到外国的经济市场呢？我们以货币政策为例，将上面的分析反转过来看：假设扩张性货币政策发生在外国，其后果是外国的利率下降，外币贬值；对本国而言，这意味着本币升值。在本国利率与预期汇率不变的情况下，从式（5-3）可推导出外国利率每降低1%，本币将升值1%。

本币升值又如何影响实体经济呢？在短期中，价格固定，本币升值意味着本国产品相对外国产品而言变得更加昂贵。本国的消费者能用外国产品替代本国产品，外国的消费者对本国产品的需求将会下降，这种由相对价格变动导致的需求在不同国家的产品间的转换，称为**支出转换**（expenditure switching）效应，是短期中汇率变动影响经济的重要渠道。在 IS-LM-FX 模型中，这体现在式（5-1）中的 $\text{TB}(Y, s)$ 项中。货币升值通过减

---

① 小型开放经济体理论假设所分析的经济体相比世界经济的体量十分微小，无法影响世界市场上的商品价格，也不能对外国商品价格产生影响。因此在模型中，我们假定外国的变量不受本国事件的影响。但在现实中，包括中国在内的许多国家都具有相当大的经济体量，不能严格满足这个假设条件。而且，在全球生产分工高度专业化的今天，即使一个小经济体也可能在其有比较优势的领域占有较大的市场份额，进而对其出口产品的全球价格有影响力，比如法国的商用飞机产业和泰国的硬盘产业等。

少净出口引起需求下降,进而导致产出减少。因此,扩张性货币政策对外国产出会造成负向溢出。与此相反,扩张性财政政策会提高本国利率,导致本币升值。支出转换效应使消费者转向消费外国产品,外国净出口上升,由此对外国产出造成正向溢出。

虽然数学模型仅明确描述了一个小型开放经济体,政策分析也着重于由本国政府发端的经济政策,但在真实世界中,各国通过产品和金融交换产生联系,发生在一个国家的经济事件可能会对其他国家产生深远的影响。思考和分析一个大国的经济政策外溢效应,有助于我们理解本国的经济政策如何传导到本国之外,比如为何美联储等央行的货币政策会引起各国的普遍关注。

4. 开放经济体的政策应用

分析短期货币政策和财政政策的作用之后,我们来考察政策的实际应用情况。假设初始情境下,经济处于完全就业的状态,即在此均衡中失业率达到理想状态(一般认为由于存在找工作等劳动力市场摩擦,理想状态下的失业率为5%)。由于暂时性的外部冲击,消费者的需求偏好短期内会发生改变,更偏好消费外国产品,这对总需求而言是负面冲击。如图5-8所示,初始均衡点为IS_1和LM_1的交点,初始均衡产出$Y_1=Y_f$,即达到完全就业的产出,均衡利率为i_1。在外汇市场上,给定本币收益率i_1,均衡汇率为E_1。受到负面冲击后,消费者对本国产品的需求下降,同时货币市场上完成产品交易所需的均衡货币需求也下降,表现为IS_1曲线左移到IS_2,产出由Y_1减少到Y_2,利率由i_1下降到i_2。外汇市场上本币收益率下降到i_2,但是由于汇率预期不变,外币收益率曲线FR不变,均衡汇率由E_1右移到E_2,本币贬值。

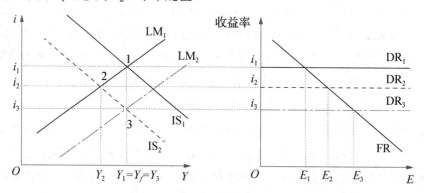

图 5-8　需求冲击 1:积极货币政策

在这种负向冲击下,积极货币政策可以起到刺激经济的作用。如果实行积极货币政策,例如通过公开市场操作增加货币供给,那么LM曲线将从LM_1右移到LM_2,新的均衡点为IS_2和LM_2的交点,产出回到Y_f,利率进一步下降到i_3。在外汇市场上,本币收益率下降到i_3,外币收益率曲线FR预期不变仍然为FR,均衡汇率进一步右移到E_3,本币持续贬值。

除了采取积极货币政策，本国政府还可以采取积极财政政策，例如增加政府购买。如图5-9所示，在积极财政政策下，IS_2 曲线回到 IS_1，利率回到 i_1，产出回到完全就业产出。在外汇市场上，由于本币收益率回到 i_1，而外币收益率曲线 FR 不变，汇率回到 E_1。

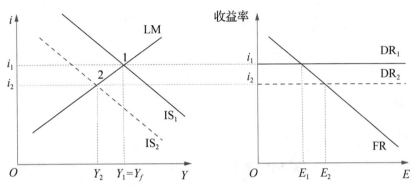

图 5-9　需求冲击 1：积极财政政策

如果经济受到另外一种负向冲击，例如交易主体短期内有更多的货币需求（但不是由产出增长带来的），就会推高本国利率，在外汇市场上使本币进一步升值；但是，这会造成本国产品出口减少、进口增加，从而降低产量。如图5-10所示，初始均衡点仍然为 IS 和 LM_1 的交点，初始均衡产出 $Y_1=Y_f$，均衡利率为 i_1。更多的货币需求使 LM 曲线从 LM_1 左移到 LM_2，新的均衡利率上升到 i_2，产出下降到 Y_2，由于货币市场上本币收益率上升到 i_2，外币收益率曲线 FR 不变，均衡汇率从 E_1 左移到 E_2，本币升值。

在这种冲击下，同样有两种政策选择，我们分析积极货币政策的影响。如图5-10所示，增加货币供给，LM_2 曲线重新回到 LM_1，即回到充分就业状态，产出回到 Y_f，利率回到 i_1。在外汇市场上，本币收益率回到 i_1，外币收益率曲线 FR 不变，均衡汇率回到 E_1。

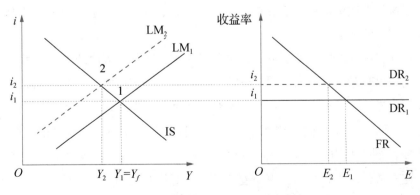

图 5-10　需求冲击 2：积极货币政策

我们再分析积极财政政策的影响如图 5-11 所示，增加政府购买，IS_1 曲线右移到 IS_2，新的均衡点为 IS_2 和 LM_2 的交点。在新均衡点下，产出回到 Y_f，但是利率上升到 i_3。在外汇市场上，本币收益率上升到 i_3，外币收益率曲线不变，均衡汇率左移到 E_3，本币进一步升值。

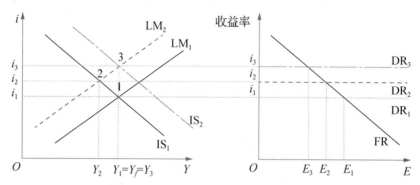

图 5-11　需求冲击 2：积极财政政策

我们总结一下上面提到的短期积极货币政策和财政政策。面对负向冲击，在短期价格存在黏性的前提下，经济人对未来的预期不变，政策制定者可以通过短期积极政策将均衡产出推回到完全就业产出水平。然而，以上分析都是模型中的理想情境，在实际应用中，政策制定者会面临各种实际问题。下面我们讨论可能会影响政策效果的各种情况。

第一，通货膨胀偏差。由于存在短期价格黏性，即使面对负向冲击，在理想模型中扩张性政策也可以将产出推回到完全就业状态，因此政策制定者会在各种情境下使用扩张性政策，甚至在政治竞选前为了获得选票而采取扩张性政策以稳定生产和就业。但是频繁使用扩张性政策会让经济人改变预期，例如劳动者面对扩张性政策会预期产出增加，也会预期价格进一步提高，从而要求更高的工资。如果模型中的预期不变这一条件难以成立，那么扩张性政策对均衡产出的作用将变小，甚至消失。预期中价格的改变被称为**通货膨胀偏差**，会减弱短期扩张性政策的作用。各国的应对措施是保持中央银行的独立性，这样货币政策就会相对独立，可以增强经济人对政策独立性的信心，例如独立的中央银行可以降低在政治选举前实施扩张性货币政策的可能性，这样理想模型中预期不变的前提条件更容易成立。

第二，在实际经济中，负向冲击的来源可能难以区分，因而政策制定者难以确定使用扩张性的货币政策还是财政政策。在以上例子中，若需求冲击针对 IS 曲线，则扩张性货币政策可以导致本币汇率上升；若需求冲击针对 LM 曲线，则扩张性货币政策最终使得本币汇率不变。对于财政政策而言，在第一种负向冲击下，扩张性财政政策最终使得本币汇率回到初始均衡；而在第二种负向冲击下，扩张性财政政策最终使得本币汇率下降。在开放经济中，本币汇率不变或者本币贬值有利于进一步扩大出口，因此政策制定者往往不希望汇率下降。但是在现实中，精准确定负向冲击是针对产品市场的 IS 曲线还是货币市场的 LM 曲线往往比较困难,而且在很多情况下财政政策往往比货币政策见效更快,因为货币政策的传导需要一段时间,所以财政政策可能是政策制定者较好的选择。

第三,还需要考虑实施货币政策和财政政策的机构因素。在理想模型中,只要出现经济冲击使得均衡偏离充分就业均衡,政策制定者就应当迅速反应,实施扩张性政策。但是在现实中,发达国家的大规模扩张性财政政策往往需要国会等权力机构批准,从提出到实施的讨论过程比较漫长。相对独立的中央银行能够迅速决策,即使政策需要更长的时间才会传导至现实经济,也往往会实行扩张性货币政策,以便迅速应对经济冲击,避免实施财政政策所需的漫长过程。

第四,政府赤字是实施扩张性货币政策的障碍。例如 2020 年以来,为应对新冠疫情,美国实施了数轮刺激性财政政策,使得本就严重的政府赤字问题进一步恶化,达到政府债务上限。扩张性财政政策使得政府赤字增长过快,如果不采取进一步措施就会重新达到债务上限,致使扩张性政策停止甚至反转(fiscal reversal)。但是如果政府长期没有能力还债,那么该国可能会出现债务违约。因此,政府需要按照经济的长期目标,在经济发展时努力缩减政府赤字,在经济出现危机时适当采取刺激措施,而不是遵循选举周期,利用刺激性财政政策获得选票,这种短视的财政政策会积累大量政府赤字。

第五,本节理想模型中的负向冲击是暂时性的,但实际经济中的负向冲击的强度和持续时间往往难以准确衡量,给实施精准政策带来难度。如果无法准确衡量负向冲击的波及范围和规模,就难以确定扩张性政策的实施强度和持续时间,规模太小达不到推动经济回到完全就业水平的目的,规模太大除了造成经济过热,还会带来政府赤字、通货膨胀等一系列问题。

总之,本节我们首先讨论了针对暂时性冲击所采取的货币政策和财政政策,然后讨论了在实际经济中,政策实施效果和理想模型的差距。本节的所有例子都是负向冲击和扩张性政策的组合,这一分析同样适用于导致经济过热的冲击和紧缩性政策的组合。

5.2.2 永久性的货币政策和财政政策

永久性的货币政策和财政政策不仅会改变货币供给或者政府收支,还会改变长期均衡汇率。给定市场上的经济人是完全理性的,他们可以预测长期均衡汇率的改变。面对永久性的货币政策和财政政策,经济人对未来汇率的预期也会改变,这是永久性政策和暂时性政策的不同。

为了将重点放在永久性政策的后果上并尽量简化分析,我们假设经济最初位于长期均衡点上;如果初始不在长期均衡点上,我们还要考虑除政策影响外,经济自身回到长期均衡的趋势。我们还假设政策变化是分析中唯一的变化因素，即其他条件不变；如果经济中还存在其他冲击（例如突然发生自然灾害），经济变化是政策和外生冲击的复合结果，那么我们还要分离政策影响。从假设中可以看出，经济模型要集中于所分析的关键因素，只要不影响经济机制及其结果，就将其他要素简化。

我们首先分析永久性货币政策的影响。假设最初产出处于长期均衡状态，即达到完全就业产出水平。如图 5-12 所示，最初均衡点为点 1 对应的产出为 $Y_1=Y_f$，均衡利率为 i_1。如果永久性的货币供给增加，那么 LM 曲线从 LM_1 右移到 LM_2，新的均衡点为点 2，对应产出增加到 Y_2，而利率下降为 i_2。在外汇市场上，本币收益率下降为 i_2，因此本币收益率曲线从 DR_1 下移到 DR_2。和第三章中货币超调的情况类似，由于经济人预期货币供给会永久增加，因此预期本币贬值，外币收益率曲线从 FR_1 右移到 FR_2。新的均衡汇率为 E_2，要高于暂时性货币政策下达到的均衡汇率 E_3（本币收益率受到货币供给带来的利率下降的影响，但汇率预期不变，因而外币收益率不变）。

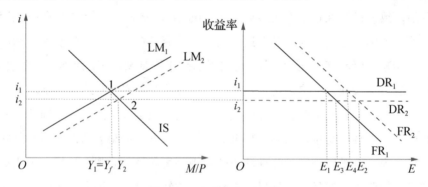

图 5-12　永久性货币政策

短期内均衡产出可以高于完全就业产出，但是经过一段时间后，由于经济过热，劳动者会要求更高的工资，而企业需要提高价格以应对工资上涨等造成的生产成本上升。从长期来看，价格会上升直到实际货币供给回到最初均衡状态下的水平，LM 曲线从 LM_2 回到 LM_1，利率回到 i_1，产出回到完全就业产出。但是在外汇市场上，虽然本币收益率曲线回到 DR_1，但是汇率的预期已经永久性地改变了，因此外币收益率曲线仍然保持在 FR_2，长期均衡汇率为 E_4。与汇率超调的情况一致，汇率的总体变化是从 E_1 到 E_2，然后缓慢到 E_4，但是与初始均衡汇率 E_1 相比，本币还是相对贬值了。

我们分析永久性财政政策的影响。如图 5-13 所示，最初均衡点为点 1，产出达到完全就业产出。由于本国经济为小国开放经济，而且在长期均衡点没有货币贬值压力，因此汇率预期和即时汇率相等，根据无抛补利率平价公式，本国利率 i_1 应该和外国利率（假设为 i^*）相等。

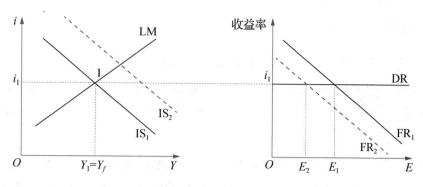

图 5-13 永久性财政政策

如果政府决定采取永久性财政政策，例如永久增加政府开支，IS 曲线就会从 IS_1 右移到 IS_2。在外汇市场上，由于永久性财政政策会导致总需求增加，从而交易所需的货币需求增加，汇率预期随之发生改变，本币预期升值。在图 5-13 中，外汇市场上的外币收益率受本币预期升值的影响从 FR_1 左移到 FR_2，即时汇率从 E_1 左移到 E_2，本币升值。

由于永久性财政政策从长期来看既不会影响货币供给，也不会影响利率（开放经济下，从长期来看汇率预期和均衡汇率相等，由无抛补利率平价公式可得 $i_1=i^*$），而且不会影响产出（产出在长期均衡中回到充分就业产出），因此永久性财政政策既不能通过改变货币供给，也不能通过影响利率或产出来改变货币需求，也就不能在长期均衡中通过改变均衡货币供给 M 来影响价格。综合来看，货币的实际供给 M/P 不受永久性财政政策的影响。

给定货币的实际供给不受政策影响这一事实，从图 5-13 可以看出，永久性财政政策会增加需求，推动产出增加，从而对利率 i 产生推高压力。但是从长期来看，利率和产出都将回到 i^* 和 Y_f。那么，产出增加和利率上升的压力被什么因素吸收呢？答案就是汇率。如果本币快速升值，本国消费者的进口需求增加而本国的出口需求减少，从而拉低总需求，降低均衡产出。本币升值同时会增加利率上升压力，由此外汇市场会较快达到 E_2，从而使得 IS_2 以较快速度回到 IS_1。

总之，从长期来看，永久性财政政策不会影响均衡产出，只会造成本币升值。

5.2.3 宏观政策与经常账户

本章介绍凯恩斯模型中的一个重要假定，即本币贬值会导致贸易差额增加。由于贸易是连接本国经济与外国经济的重要枢纽，也是通过汇率变动影响实体经济的渠道，我们有必要结合现实、对这个假定进行更加细致的考察。

1. J 曲线

我们讨论了货币政策和财政政策对汇率的影响,现在继续分析其对经常账户的影响。我们已经讨论了经常账户,在凯恩斯模型中,我们重点关注经常账户 CA 中的贸易差额。贸易差额受实际汇率以及本国可支配收入和外国可支配收入的影响:TB=TB($E\bar{P}^*/\bar{P}$, $Y-\bar{T}, Y^*-\bar{T}^*$)。

在短期扩张性货币政策下,图 5-6 显示,本国均衡产出上升、利率下降、本币贬值,实际汇率会上升,本国消费者会因外国产品的相对价格上升而减少进口,而外国消费者会因本国产品的相对价格下降而购买更多的本国产品,因此本国出口增加。综合来看,净出口扩大,经常账户得到改善。永久性货币政策对经常账户的作用没有确定性的结论:根据图 5-12,回到长期均衡状态后,本国产出回到均衡产出,产品价格上升,本币贬值,实际汇率 EP^*/P 的变化方向需要根据汇率和本国价格的变化幅度进一步确定。

在短期扩张性财政政策下,图 5-7 显示,本国均衡产出上升、利率上升、本币升值,短期内价格存在黏性的情况下实际汇率会下降,本国消费者会倾向于购买相对价格更低的外国产品,而外国消费者会减少购买本国产品,因此本国进口增加、出口减少,致使经常账户恶化。在永久性财政政策的影响下,经常账户同样恶化。图 5-13 显示,回到长期均衡后,本国产出没有改变,产品价格也不变,而本币升值,由此实际汇率 EP^*/P 下降,本国和外国的消费者都会减少购买本国产品。

通过以上对货币政策和财政政策的分析可以看出,在凯恩斯模型中,如果汇率上升而其他因素保持不变,经常账户就会得到改善;如果汇率下降,同时其他因素保持不变,经常账户就会恶化。接下来我们分析实际经济中汇率对经常账户的影响。由于供给和需求的动态调整,经常账户的变化不是一步到位而是逐步实现的。我们会看到违反经济学直觉的现象:如果一个国家的实际汇率上升,经常账户首先会恶化,然后才会改善。从图 5-14 可以看出,如果实际汇率上升发生在 t_1,经常账户首先恶化,直到 t_2 才回到原有水平,然后开始改善。因为经常账户在区间 t_1 到 t_2 的变化趋势和字母 J 相似,我们把经常账户的变化曲线称为 J 曲线,意为实际汇率上升会使经常账户先恶化再改善。

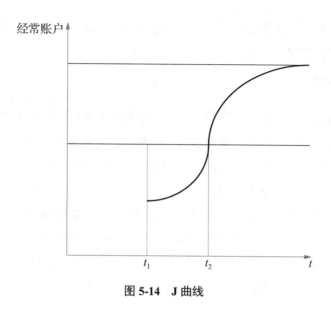

图 5-14　J 曲线

为什么 J 曲线会存在？当实际汇率突然上升时，由于原先的进口合同仍在执行中，进口的产品数量没有发生改变，但是换算成本币的产品价格上升，因此进口价值（进口产品价格和进口产品数量的乘积）增大。同理，在原先的出口合同执行期内，如果出口产品以本币计价，那么出口价值不受汇率影响。由于经常账户以本币衡量，那么在原先的进口、出口合同执行期内，即使进出口产品数量不变，但受汇率影响，也会使进口价值增大而出口价值不变，由此实际汇率上升对经常账户的初始影响是使其恶化。

当原先的进出口合同到期后，给定实际汇率上升有利于出口但会提高进口产品价格，供给方面和需求方面仍然需要调整一段时间。具体而言，在供给方面，出口方需要时间来添置生产设备、增加生产线并雇佣更多工人。如果本国生产者需要进口原材料，那么较高的进口产品价格会使得进口方重新寻找更合适的原材料供货商。在需求方面，本国出口也是逐渐扩大的，经销商需要时间建立出口产品的销售渠道。在图 5-14 中，我们会看到随着时间的推移，过了 t_2 之后，经常账户会逐渐改善，最终达到长期均衡状态。在实证研究中，J 曲线经常会持续超过半年，但一般不长于一年，在图 5-14 上表现为 t_1 和 t_2 的间隔不超过一年。我们可以用数学表达式来精确界定汇率上升促进贸易差额增加的条件，参见本章附录。

由于短期内 J 曲线的存在，我们将模型分析中的理想结果应用于实际时需要加以修改。实际经济中的短期扩张性货币政策的作用，应该是图 5-6 的理想分析和图 5-14 J 曲线的综合效应：扩张性货币政策导致本币贬值，最初的作用和 J 曲线一致，出口价值并未增加而进口价值增加，总均衡产出减少；随着时间的推移，经常账户改善，最终总产出增加。

我们进一步思考发现，如果货币政策的最初作用是使产出减少，引发货币需求减少，那么货币政策后的初始利率应该比图 5-6 的最终利率下降得更多,而更低的利率会使本币贬值更多,即汇率超调。因此,J 曲线效应除了改变汇率预期,还可以改变汇率超调。

2. 汇率传递

除了 J 曲线效应,实际经济和凯恩斯模型理想状态的区别还有名义汇率和实际汇率的变化关系。在模型中,由于短期内本国价格和外国价格都具有黏性,一旦名义汇率 E 发生改变,实际汇率 EP^*/P 就会立即同比例变化。但是在实际经济中,即使在短期,名义汇率和实际汇率的变化也不相同。

为了衡量名义汇率和实际汇率之间的变化关系,我们引入"汇率传递"(exchange rate pass-through)这一定义:当名义汇率变化 1%时,实际汇率的变化率。在理想模型中,由于 P^* 短期内不发生改变,名义汇率 E 的变化会同比例传导给进口产品的本币价格 EP^*。但是在实际经济中,汇率传递可能并不完全。什么因素会导致当 E 变化 1%而 EP^* 的变化小于 1%?

不完全汇率传递的原因可能是国际市场分割(international market segmentation)。由于本国市场和外国市场可以分割,按照产业组织理论,市场不是完全竞争的,外国生产者可以针对本国市场和外国市场分别定价(price to market),在这种情况下,外国生产者对本国进口产品的价格调整可能会小于汇率引起的变化。假设本币贬值 10%,外国生产者可能不会立即对本国进口产品加价 10%,因为本币的变化是暂时的,短时间内可能会回到原来的价格水平,外国生产者将会观望一段时间,确定汇率变化并非暂时后再调整价格。如果马上加价,外国生产者就可能失去本国销售份额,这也是在调整价格时需要考虑的成本。此外,即使本币升值 10%,外国生产者也不会立即对进口产品降价 10%。除了希望知道汇率的变化是否为暂时的,外国生产者还可以以小于 10%的幅度降价,或者维持原价以维持利润。

我们短期内可以看到名义利率的变化不会完全传递到进口价格上,虽然长期内外国生产者在完全了解名义利率的变化趋势后,会将进口价格和名义利率的变化趋势调整至一致。短期的不完全汇率传递可能会使 J 曲线效应更加复杂。一方面,即使名义汇率上升,但实际汇率的变化率较小,进口价格的上升幅度较小,初始阶段经常账户的恶化程度也较低;另一方面,由于进口价格调整较慢,图 5-14 中的 J 曲线效应区间$[t_1,t_2]$可能会被拉长。

除了不完全汇率传递使进口价格变化较小,本国是否存在较高通货膨胀率也会使实际经济情况不同于理想模型情境。模型中我们假设本国价格存在黏性,但是实际经济中本国通货膨胀率可能较高,即使短期内本国价格 P 也会发生变化。那么,实际汇率 EP^*/P 还会受到本国价格 P 的影响吗?如果名义汇率 E 上升导致总需求增加,也会产生通货膨胀,进而推升本国价格 P,那么本币贬值带来的竞争力会被本国出口产品价格 P 的上升部分抵消。这种效应和不完全汇率传递一样，都会减弱 J 曲线效应。

5.2.4 流动性陷阱

流动性陷阱指当名义利率下降到 0 时，中央银行不能再通过增加货币供给的方式继续降低利率，进而提高金融市场的流动性。在名义利率为 0 的情境下，人们更愿意持有现金而非无风险债券。

近年来持续时间较长的流动性陷阱出现在日本。从 20 世纪 90 年代中期起，日本进入经济停滞和通货紧缩时期，短期利率在 1999 年下降到 0。日本经济在 2006 年左右呈现复苏迹象，日本央行试图废除零利率政策，但是 2008 年的全球金融危机让日本央行提升利率的努力白费了。

为什么流动性陷阱是各个国家中央银行的一大挑战？在图 5-15 中，由于流动性陷阱，LM 曲线的前半段平行于横轴，在点 1 达到均衡，此时产出为 Y_1、利率为 0。即使提高货币供给，LM 曲线从 LM_1 右移到 LM_2，均衡利率也为 0，不能进一步降低。为什么均衡利率不能低于 0？如果均衡利率继续降为负值，经济人就会选择持有现金，而不是持有负利率的无风险资产。

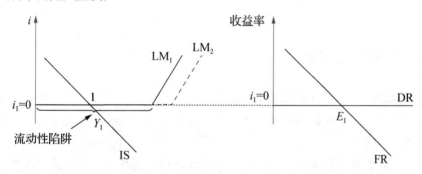

图 5-15 流动性陷阱与货币政策

图 5-15 的左图说明在流动性陷阱下，即使采取扩张性货币政策刺激经济，本国利率也仍然为 0。在外汇市场上，本币收益率为 0，而且短期内市场预期该国无法走出流动性陷阱，预期汇率仍然不变。在这种情况下，根据无抛补利率平价公式，外国利率也为 0，而且 $E=E^e/(1-i^*)=E^e$，即本币不能进一步贬值了，因此货币政策也不能影响本国汇率。

当存在流动性陷阱时，财政政策是常规政策工具箱里的唯一选择。如图 5-16 所示，如果采取扩张性财政政策，例如增加政府购买或投资，IS 曲线从 IS_1 右移到 IS_2，这样短期均衡产出就从 Y_1 增加到 Y_2。由于利率在流动性陷阱中保持为 0，因而不存在政府购买或投资的挤出效应，即不会因利率上升而造成私人投资减少等情况。

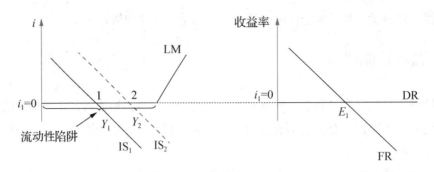

图 5-16　流动性陷阱与财政政策

2008年全球金融危机后，美国的名义利率降到非常低的水平，市场上各经济主体都预期接近0的利率会保持较长时间。美国采取了两种扩张性财政政策：一是自动稳定（automatic stabilizer）政策涉及税收和政府支出的部分，是为了稳定经济而设计的政策。当总产出减少时，相应的税收也会减少，从而避免对经济造成过重负担；增加政府购买，从而刺激产出。二是针对经济危机的刺激政策。最终，政府与国会通过谈判确定的方案是在2009—2011年采取减税7 870亿美元等政策刺激经济。然而，扩张性政策的决策和实施过程存在滞后性，而且刺激政策以减税而非政府购买为主，对经济的刺激作用有限，不利于促进产生新的购买和消费。

专栏 5-1　安倍经济学

安倍经济学以日本前首相安倍晋三（Shinzo Abe）的名字命名，指的是日本从2012年12月开始实施的一系列经济政策，旨在将日本经济从长达二十多年的停滞状态中解救出来。

第二次世界大战后的几十年里，日本是经济增长的奇迹，从极度贫困直接走向繁荣。到20世纪80年代，许多人以为日本可能会超越美国，成为世界最大经济体指日可待。日本经济充满活力和创新精神，催生了许多世界知名的跨国公司。股票市场和房地产市场蓬勃发展，预示着未来经济将大有可为。

然而在1991年，日本的黄金时代被一场大规模的股票市场崩溃突然打断了，随后又发生了房地产崩溃，日本经济陷入了低迷状态，此后一直未能恢复危机前的势头。1970—1991年期间，日本实际GDP年均增长率为4.5%；而1992—2012年期间，日本实际GDP年均增长率仅为0.86%。

增长停滞带来了通货紧缩。日本通货膨胀率从1970—1991年的年均5.5%下降到1992—2012年的年均0.1%。事实上，在1991年经济崩盘后的二十多年里，消费者价格指数已经下降到12年前的水平。由于21世纪初以来无风险利率实际上已被压低至0，低通货膨胀率使日本陷入流动性陷阱，货币政策失去进一步降低实际利率的作用。

2012年，日本政府承诺要通过实施由"三支箭"组成的一揽子政策——货币扩张、财政扩张和结构改革——重启日本经济。这"三支箭"设计为同时发射并相互加强。可以理解的是，鉴于公共债务的增加和根深蒂固的旧方式，财政扩张和结构改革遇到了强大的阻力，只能缓慢实施，甚至根本无法实施。

但第一支箭（即货币扩张）确实射得又快又猛。图5-17显示，日本央行推出了大规模的量化宽松计划，在不到十年的时间里，日本央行资产规模翻了两番多；更广义的货币供应量指标（M1，M2）也有所回升，尽管所占比例较小。

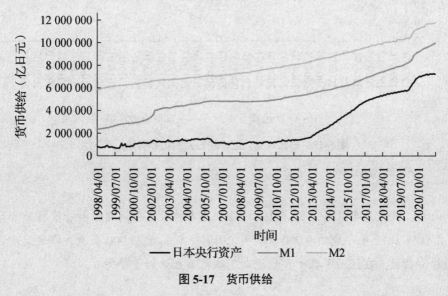

图 5-17 货币供给

当利率无法下降时，货币扩张政策怎样才能发挥作用呢？传统理论认为，货币政策通过降低实际利率来刺激投资和消费支出。但除了利率渠道，货币扩张政策还有两种方式可以提供帮助：第一，在开放经济中，货币扩张或货币扩张预期会引发本币贬值，压低国内生产产品的相对价格，从而增加市场对本国产品的需求，我们把这称为出口渠道；第二，货币扩张可以通过推动资产价格上涨来创造财富，而财富的增加可以促进支出，促使家庭增加支出，并放松企业的抵押品约束，我们称之为财富渠道。

数据初步显示，出口渠道和财富渠道均具有乐观的前景。作为极其敏感的资产价格，货币扩张政策一出，汇率立即开始变动，日元/美元汇率从2012年年底的80日元/美元升至2015年年初的120日元/美元。日元不仅对美元汇率下跌，而且对一篮子货币的实际汇率也下跌。图5-18中的实线是实际有效汇率[①]。到2015年，日元对其贸易伙伴货币的实际汇率达到几十年来最低点。

---

① 实际有效汇率（real effective exchange rate，REER）是一个以日元对一篮子货币的加权平均实际汇率指数。在这里，实际有效汇率的表达方式与名义汇率的直接报价有相同的惯例，其数值的增大标志着本国货币贬值。

图 5-18 日元对美元汇率和日元的实际有效汇率

资料来源：WIND。

此外，股价急剧飙升。图 5-19 描绘了日本的股票市场指数和房价指数。日经 225 指数从 2012 年年底的 9 000 点升至 2019 年年底的 23 000 多点。即使是走势较慢的房价指数，在经历了数十年的逐渐下跌之后也开始蓄势待发。

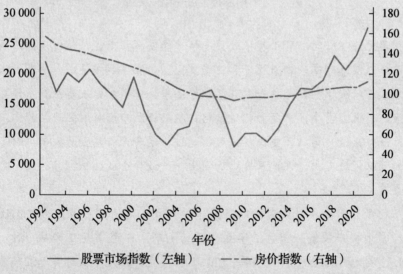

图 5-19 日本的股票市场指数（日经 225 指数）和房价指数

资料来源：WIND。

本币贬值和资产价格上涨是否有助于经济增长？迄今为止的数据几乎没有提供支持性证据。考虑到新冠疫情的影响（2020年及之后的数据有所下降），2013—2019年的实际GDP年均增长率为0.94%，仅略高于1992—2012年的年均增长率0.86%。2013—2019年的年均CPI通货膨胀率增至0.82%，虽然有所改善，但仍远低于2%的目标。

为什么货币扩张的实际经济效果不是那么明显呢？虽然理论预测，本币贬值和资产升值都有助于增加需求，但实际上却出现了偏差。日元贬值带来了严重的贸易逆差。日本是一个进口大国，2011年福岛核事故使其更加依赖进口能源。能源需求普遍缺乏弹性，因此日元贬值提高了进口成本。在日元贬值后日本出口确实增加了，但由于消费者必须投入更多支出来进口能源，因此净出口减少。1992—2012年，日本的贸易顺差为GDP的1%，但2013—2019年，日本的贸易顺差相当于GDP的0.6%。

安倍经济学的批评者指出，国内生产总值增长和通货膨胀的适度改善使日本付出了巨大的代价。到2019年，日本的公共债务增加到GDP的220%，使人们对日本经济可持续性产生怀疑。虽然股票和房地产价格的上涨可能对国内支出产生积极影响，但也会加剧不平等。最重要的是，第三支箭——解决长期问题的结构改革——进展十分缓慢，日本的贸易壁垒仍然存在，公司治理依然薄弱且不透明。一些人指责政府开错了药方，用货币政策解决人口老龄化等结构性问题。

在本文撰写之时，安倍经济学仍在继续，日本经济不振的真正原因仍然难以捉摸。但有两个启示是明确的。第一，虽然模型描述的经济体是典型的、普遍的，但在实际应用中，我们总是需要质疑假设是否正确。日本的情况印证了J曲线模型情况，货币贬值反而导致净出口减少。第二，记住模型适用的时间范围很有用。与封闭经济下的IS-LM模型一样，我们模型的许多预测仅在短期商业周期内有效，比如货币扩张政策短期内能增加支出。从长期来看，货币扩张政策的影响是无效的。货币的名义贬值也是如此，把调控短期经济的工具用来解决长期问题是徒劳的。

关键词

凯恩斯模型　IS曲线　LM曲线　FX曲线　货币政策　财政政策　凯恩斯乘数　政策溢出　支出转换　通货膨胀偏差　暂时性政策　永久性政策　J曲线　汇率传递　流动性陷阱

参考文献

Feenstra R C, Taylor A M. *International Macroeconomics*[M]. 4th ed. New York: Worth Publishers, 2017.

Krugman P R, Obstfeld M, Melitz M J. *International Economics: Theory and Policy*[M]. 9th ed. London: Pearson Education, 2012.

附录

马歇尔-勒纳条件

标准的 IS-LM-FX 模型假定本国货币贬值会使本国净出口增加。现实数据显示，货币贬值对净出口的影响往往是先负后正，由 J 曲线概括。也就是说，汇率对净出口的影响可正可负。那么，究竟是什么因素决定了这一影响的正负呢？

马歇尔-勒纳条件（Marshall-Lerner condition）分析了货币贬值促进净出口的前提条件。假设进出口商品的价格不变，一国的净出口（TB）为：

$$\text{TB} = \bar{P}X - E\bar{P}^*M$$

其中，$\bar{P}$ 与 $\bar{P}^*$ 分别代表出口价格指数与进口价格指数，X 与 M 分别代表出口与进口的数量，E 代表名义汇率。

净出口随汇率的变化为：

$$\frac{d\text{TB}}{dE} = \bar{P}\frac{dX}{dE} - \left(E\bar{P}^*\frac{dM}{dE} + \bar{P}^*M\right)$$

我们通常假定 dX/dE 为正数，随着本国货币贬值，本国商品价格相对下跌，国外消费者会增加进口商品的需求。我们通常假定 dM/dE 为负数，外国商品价格上升，本国消费者会减少进口商品的需求。以上进出口数量的变化都会促使净出口增加，是 IS-LM-FX 模型假设货币贬值增加净出口的主要原因。$\bar{P}^*M$ 代表着货币贬值带来的进口价格上升：本币贬值，每 1 单位进口商品的本币价格上升。进口价格增加减少了净出口。因此，$d\text{TB}/dE$ 的正负是不确定的。广义的马歇尔-勒纳条件是指等式右侧为正的情况，即 $\frac{d\text{TB}}{dE} > 0$。对等式右侧换算可得：

$$\frac{\mathrm{dTB}}{\mathrm{d}E} = \bar{P}\frac{X}{E}\frac{\mathrm{d}X/X}{\mathrm{d}E/E} - \left(\bar{P}^*M\frac{\mathrm{d}M/M}{\mathrm{d}E/E} + \bar{P}^*M\right)$$

定义 $\epsilon_X = \dfrac{\mathrm{d}X/X}{\mathrm{d}E/E}$、$\epsilon_M = \dfrac{\mathrm{d}M/M}{\mathrm{d}E/E}$ 为出口和进口的汇率弹性——汇率上升 1% 带来的进口（出口）数量变化的百分比。同时假定在货币贬值前，贸易处于均衡状态，即 $\bar{P}X = E\bar{P}^*M$，可将上面的等式简化为：

$$\frac{\mathrm{dTB}}{\mathrm{d}E} = \bar{P}^*M\left(\epsilon_X - \epsilon_M - 1\right)$$

因为 $\epsilon_M < 0$，当 $\epsilon_X + |\epsilon_M| > 1$ 时，狭义的马歇尔-勒纳条件满足，在此情境下，本币贬值将导致贸易顺差。概括起来说，马歇尔-勒纳条件要求进出口的数量对汇率变动有足够高的灵敏度，而贸易中的进出口需求变化相对汇率变化往往有一定的滞后性，也就是在本币贬值刚发生时，$\epsilon_X + |\epsilon_M|$ 往往较小。这就是 J 曲线为何先负后正的原因。

第六章
汇率制度

第六章 汇率制度

6.1 汇率制度与固定汇率

汇率制度指一国货币当局管理本国货币对其他货币的制度安排。在本书中，截至 2022 年，汇率和国际收支账户相关理论均基于汇率完全灵活、资本自由跨境流动的假设。

而在现实中，这些假设并不完全成立。出于各种考量，政府会干预外汇市场从而影响均衡汇率，限制外国资本流入与流出的资本管制政策也屡见不鲜。

本章首先介绍汇率制度的分类，然后通过数据来回顾世界各国汇率制度的变迁。我们发现，与通常的印象相反，大多数国家的汇率制度绝非完全灵活。汇率管制不但普遍存在，而且在近期有增无减。

接下来我们用 IS-LM-FX 模型分析固定汇率制度对宏观经济的影响。第五章研究的是"不可能三角"中"浮动汇率、自由资本流动、独立货币政策"的一角。本章说明，只要改变模型中少许的前置条件，就能够用同一个理论框架分析"固定汇率、自由资本流动、货币政策不独立"的政策选择。我们将深入分析固定汇率制度如何影响经济稳定政策的效果，尤其是相比浮动汇率制度的情境，固定汇率下的货币政策与财政政策的效果分别将如何变化。

运用理论明晰固定汇率的机制后，我们将探讨现实中汇率管制的利弊，逐一列举和分析汇率制度选择中应该进行的现实考量。这能够让我们理解各国如何根据自己的不同特征来选择汇率制度。

6.1.1 汇率制度分类

20 世纪以前，经济学家们对汇率制度形式鲜有争论：国际金本位制度即是答案。20 世纪初，几乎所有主要国家都采取固定汇率制度。各个国家都将货币价值固定等同于特定数量的黄金，从而保证了国际固定汇率制度。两次世界大战令金本位制土崩瓦解，自此经济学家对于最佳替代制度争论不休。在两次世界大战之间，凯恩斯旗帜鲜明地反对回归金本位制。在 1953 年布雷顿森林体系处于巅峰的时代，弗里德曼提出了采用灵活汇率的依据，为 1961 年蒙代尔研究最优货币区理论奠定了基石……关于汇率制度选择的讨论一直持续到今天。过去的分析大多集中于固定汇率和浮动汇率制度孰优孰劣，然而实际的汇率制度比这两种极端情况更加多元、更加复杂。在进行理论研究之前，我们先通过数据了解近代的汇率制度变迁。

第一代汇率分类方法由 IMF 创建的。IMF 分类法是基于各国对所采用的汇率制度的自行申报,汇总于《汇率安排和汇兑限制年报》(Annual Report on Exchange Arrangements and Exchange Restrictions,AREAER)。早期,各国仅汇报其是否遵守了布雷顿森林体系的规定,以及所实施的资本管制。布雷顿森林体系瓦解后,各国的汇率政策出现了分歧,由此 IMF 扩充了汇率制度的类别。自行申报的汇率制度与实际施行的汇率制度之间可能存在差异。公布官方汇率的国家也存在外汇平行市场。固定汇率制度也可能被多次调整,特别是发展中国家其汇率的管控远超官方发布的政策,表现出"浮动恐惧"。也许是因为实际施行的汇率制度与申报的汇率制度之间存在差异,基于名义分类法对不同汇率制度下的经济表现进行对比往往无法得出定论。

这促使 IMF 对汇率制度的分类方法进行了多次修订,新的分类法根据 IMF 的评估,考虑了各国的汇率惯例。汇率制度根据汇率灵活程度和对汇率路径的承诺来分类,常用汇率制度简要概述如下。

第一大类:硬钉住(hard pegs)

无独立法定货币(no separate legal tender),也称美元化(dollarization)。采用这种汇率制度的国家使用另一个国家的货币作为其法定货币。显然,这种制度对汇率的限制最为严格,毫无调整的余地,因为货币当局无权管理本国的货币供给。以几个岛国为例,密克罗尼西亚联邦和帕劳以美元作为其法定货币,而基里巴斯则以澳元作为其法定货币。2009 年,津巴布韦在经历了数年的恶性通货膨胀后转而使用美元作为其法定货币。

货币局(currency board)。采用货币局制度的经济体施行固定汇率,并从法律上要求每 1 单位本币的发行,都必须增加等值的外汇储备。该经济体的货币当局对货币政策的控制极为有限。以钉住美元的港元为例。新发行港元时必须提供全额等值的美元储备作为保障。从理论上讲,在这种安排下,政府可以在市场上以承诺汇率、用美元储备买入全部流通中的港元[①]。保加利亚等其他经济体也采用货币局制度。

第二大类:软钉住(soft pegs)

传统钉住安排(conventional pegs)。经济体以固定汇率将货币钉住另一种货币或者一篮子货币。其汇率围绕中心汇率,在 1%的狭窄范围内波动;或者至少在 6 个月内保持在 2%的变动幅度内。货币当局随时准备通过直接干预或资本控制等间接措施来维持官方汇率。当一个国家的汇率制度被判定实际属于软钉住类别并与官方制度不同时,其汇率制度被称为稳定化安排。

爬行钉住(crawling pegs)。在爬行钉住制度下,货币价值按一定间隔时间做调整,或者根据某些定量指标(例如历史通货膨胀率)做定期调整。

---

① 这里的港元仅包括基础货币。考虑到货币乘数的影响,流通中的港元资产总量依然可能超过货币当局的外汇储备。

第三大类：浮动安排

浮动（floating）。汇率主要由市场决定，无预先设定的汇率路径，但货币当局仍使用干预措施影响汇率。由于没有明确的官方汇率，政府的干预手段通常基于外汇储备、国际收支状况等常见指标来判断。

自由浮动（free floating）。汇率水平取决于市场供求关系。货币当局偶尔通过干预来阻止汇率急剧变化，旨在处理无序的特殊市场情况。澳大利亚和英国通常被视为自由浮动汇率国。

IMF汇率制度分类法历经多次修订。自1998年起，IMF曾试图结合实际外汇管理信息来制定汇率制度的分类法，但这项任务比设想的更加困难。汇率干预数据难以收集，汇率干预手段花样繁多，有时难以判断汇率变化是受汇率政策还是经济冲击的影响。在下一节我们还将看到，货币政策和汇率政策的效果有时难以区分。因此，我们需要通过主观判断对汇率制度进行分类，由此产生的分类必然带有主观性。

自20世纪90年代以来，经济学家提出主要（有时甚至仅）依赖观测数据进行分类。汇率的变化和波动以及中央银行准备金的变化、平行市场等均可作为汇率管控的指标。

各国汇率制度的演变

20世纪70年代早期，布雷顿森林体系崩溃，从第二次世界大战以来的国际汇率体系陷入混乱。在汇率制度去中心化的新世界，各国在坎坷中寻找适合自己的汇率制度。美国、英国等选择了主要依靠市场来决定汇率；欧元区国家选择用采纳同种货币的方法来锁定成员国之间的汇率；许多发展中国家尝试采用不同的汇率制度安排。汇率制度并非一朝选定就永远持续下去的，至今为止，全球汇率体系依旧处于调整和进化阶段。因此，我们有必要回顾各国汇率制度近几十年的发展历史。

我们将两个主要的数据集结合起来研究近代汇率制度的变迁。伊尔泽茨基、莱因哈特和罗格夫（Ilzetzki, Reinhart and Rogoff，以下简称IRR）在2019年的研究中提出一种对汇率制度和汇率锚定货币（或参考货币）进行联合分类的算法，他们综合了早期学术文献中的方法论，是汇率分类的理论更新。我们将IMF与IRR分类法相结合。

图6-1按照IMF分类法描绘了全球汇率制度的演变过程。汇率制度大致分为四类：钉住、爬行、管理浮动和自由浮动。每个类别由数据库中使用该类汇率制度的国家所占百分比表示，四个类别合计100%，且每个类别的频宽代表该类汇率制度在各时间段的流行程度。

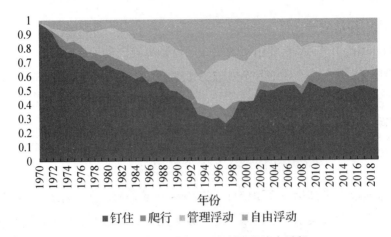

图 6-1　IMF 分类法下汇率制度的演变过程

注：为使两种分类法更具可比性，"无独立法定货币""货币局""传统钉住安排"和"稳定化安排"被归为"钉住"类别，而"爬行钉住""类爬行安排"和"水平区间钉住"被归为"爬行"类别，"浮动"被归为"管理浮动"类别。

资料来源：IMF AREAER 数据库。

图 6-2 按照 IRR 分类法同样描绘了汇率制度的演变过程。IRR 分类法新增了两种特殊制度：二元市场（dual market）和自由落体（free falling）。二元市场表示存在外汇平行市场。由于存在外汇交易的官方壁垒或官方市场限制，二元市场（黑市）通常作为替代，进行外汇交易。当官方采用固定汇率时，平行市场汇率保持灵活。但由于缺少记录，经济学家没有此类国家的平行市场汇率数据。自由落体通常用于表示动荡年代的汇率制度。一个国家在经历了一段时间的高通货膨胀后，其货币不断贬值。当一种货币处于自由落体状态时，即使官方声称施行固定汇率制度，本国货币显然也不能算作固定汇率下的货币，但也迥异于正常的浮动汇率制度。这些考虑促使自由落体类别的诞生。

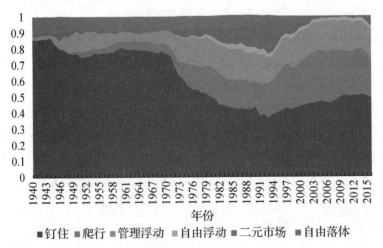

图 6-2　IRR 分类法下汇率制度的演变过程

资料来源：伊尔泽茨基、莱因哈特和罗格夫（2019）。

IMF 分类法和 IRR 分类法拥有众多共同的趋势。两种分类法都显示，在 20 世纪 70 年代初布雷顿森林体系瓦解之后，固定汇率制度占比急剧下降；之后的二十多年间，汇率控制持续放松；进入 20 世纪 90 年代，自由化趋势停止，汇率管制开始回归。这两个分类中的不少国家已经转向钉住或爬行汇率制度，而管理浮动制度类别中的国家则相对稳定。

目前，对汇率管制为何在 20 世纪 90 年代回归尚无定论。根据 IMF 分类法，随着汇率管制的恢复，施行自由浮动汇率制度的国家占比下降。而 IRR 分类法则显示，自由浮动汇率制度的国家占比保持稳定，数据后期转向了钉住和爬行汇率制度国家的货币曾经历过自由落体时期。例如 20 世纪 90 年代初期，巴西经历了恶性通货膨胀，货币价值暴跌。在此期间，IMF 分类法将巴西归为自由浮动汇率制度；而 IRR 分类法认识到巴西货币正处于危机之中，将巴西归类为自由落体汇率。保加利亚、哈萨克斯坦、摩尔多瓦、蒙古国、尼日利亚、秘鲁、罗马尼亚、俄罗斯、坦桑尼亚、乌克兰、乌拉圭、赞比亚和津巴布韦也是如此。

与 IMF 分类法相比，IRR 分类法中属于自由浮动汇率制度的国家数量更少。这是因为 IMF 的定义相对宽松，在 IMF 分类法中，对外汇市场进行干预（只要这种干预只偶尔发生）的国家仍可算作拥有自由浮动汇率的货币。而在 IRR 的定义中，只要有证据表明某国中央银行通过外汇储备或资本管制来影响汇率，该国就被归类为管理浮动汇率制度。

IMF 和 IRR 分类法的最大差异在于对欧元区国家的分类。欧元相对其他主要货币进行浮动。然而，对于使用欧元的单一国家而言，每个国家都将本国货币对欧元区其他成员国的货币的汇率恒定在某一水平，这是最严格的固定汇率。在 2008 年更新分类后，IMF 将欧元区国家归为自由浮动汇率制度（2008 年之前，IMF 分类法将欧元区国家归为无独立法定货币）；而 IRR 认为欧元区的每个成员国均属于共同的货币区，将其归为固定汇率制度。

对汇率制度的分类不仅仅是名义上的问题。下一节的理论分析将向我们揭示，采用固定汇率将对各种经济变量和政策有效性产生深远影响。每个欧元区国家对货币供给的影响极为有限，因为它们已将货币政策的执行权交给欧洲中央银行，但每个欧元区国家仍自行控制财政预算并保留财政政策工具。①这些特征表明欧元区国家类似于采用严格的固定汇率制度的经济体。出于经济研究目的，我们将其归入钉住汇率类别也不足为奇。

IRR 分类法还显示，从布雷顿森林体系瓦解后至 20 世纪 90 年代末期，许多国家经历了一段货币价值自由落体的混乱期，当时货币危机时有发生。到了 21 世纪初期，国际金融体系才开始趋于稳定。

我们首先研究政府如何固定汇率，并探讨固定汇率对其他宏观经济变量与经济政策的影响。

---

① 为了维持统一货币，欧元区国家的财政政策也受到一定的限制，但各国财政政策的实施在满足限制的条件下相对自由。

了解固定汇率制度极为重要，原因如下。第一，研究固定汇率制度是理解真实世界的重要前提，即使研究对象只限于浮动汇率制度国家也是如此。如果不了解固定汇率制度的机制与后果，就无法知道一个浮动汇率制度国家为何选择浮动汇率制度，也无法知道这个选择的取与舍。另外，即使浮动汇率制度国家也可能会干预汇率。例如，日本曾在2012年干预外汇市场来抑制日元升值，澳大利亚与南非都有明确的法规来保留在"极端"波动情况下干预汇率的权力。汇率管制知识可以帮我们理解这些干预的理由和后果。

第二，研究固定汇率制度尤其有助于我们理解发展中国家面临的问题。尽管主要货币之间的汇率，特别是美元、欧元和日元（G3货币）之间的汇率频繁变化，看似自由浮动，但远非全球各国的汇率常态。在上一节我们看到，仅允许货币自由浮动的国家是少数且往往是发达国家，发展中国家更愿意固定其汇率或使之保持相对的稳定。因此，不了解固定汇率制度就无法正确分析发展中国家面临的问题。特别是考虑到中国正从固定汇率制度转变为管理浮动汇率制度，是一个可用于分析浮动汇率制度与固定汇率制度孰优孰劣的案例。

总而言之，实际的汇率制度通常介于自由浮动和固定钉住两种极端情况之间。第五章运用 IS-LM-FX 基准模型研究了自由浮动汇率制度下的汇率和国际收支平衡的关系，本章补充介绍固定汇率理论，使我们对汇率安排的经济学原理有更全面的了解。

6.1.2 中央银行资产负债表和货币供给

在第二章，我们简要地分析了人民币对美元的汇率与中国外汇储备之间的关系，通过二者的关系来推断中国的汇率决定机制。在本节，我们将深入研究中央银行如何通过干预外汇市场来影响本国货币的价值。此外，本节中介绍的工具将进一步阐明此类干预措施对宏观经济其他方面的影响。

名义汇率指两种货币的相对价格。中央银行控制着货币供给，对货币的相对价值具有决定性的影响。宏观经济学揭示了中央银行的货币供给决策如何影响经济体的繁荣或者衰退。事实上，作为影响本国货币相对于另一种货币的价值的手段，汇率干预与国内公开市场操作具有诸多共性。本节通过中央银行资产负债表这一工具来阐明二者的相似性，从而将汇率政策和货币政策联系起来。

中央银行与私人企业的资产负债表十分相似，记录了中央银行持有的资产和负债，其编制遵循复式记账规则，即获得的每一笔资产都必须以相等的负债来平衡（见表6-1）。

表6-1 中央银行资产负债表

（单位：美元）

资产	金额	负债	金额
国内资产	1 500	流通中的货币	2 000
国外资产	1 000	商业银行存款	500

表 6-1 为某虚构国家的简化版中央银行资产负债表。示例中的中央银行同时持有国内资产和国外资产。国内资产指本国公民和国内机构发行的对未来收入的债权。中央银行的国内资产通常包括本国政府发行的债券（债券是典型的公开市场操作工具），还包括中央银行对商业银行的债权。有时，中央银行还会吸纳其他资产。国外资产指对外国人的债权。中央银行的国外资产大部分为外币债券。出于历史原因，黄金储备也被视为中央银行的国外资产，即为中央银行的国际储备。当中央银行干预外汇市场（例如购买本国货币）时，它将出售其国际储备。因此，国际储备是汇率干预工具之一。

本例中，中央银行持有两种负债。一为流通中的货币。当中央银行发行新货币时，货币增量被视为负债——这是历史惯例。历史上，纸币的价值等同于预先设定的商品货币（commodity currency，如黄金或白银等贵金属）金额，中央银行承诺可以按需将纸币转换为此类商品货币。在法定货币时代，这显然不再适用。二为商业银行存款。商业银行将一定比例的存款存放于中央银行作为法定准备金，准备金的数额可超出规定标准。本例中，中央银行总共持有 2 500 美元的资产和等量的负债。复式记账法保证了资产与负债的平衡。①

对中央银行资产负债表有了基本了解，现在我们利用它来分析外汇干预对货币供给的影响。先回顾中央银行的公开市场操作。公开市场操作（open-market operation）指中央银行为改变货币供给而进行的资产交换。当中央银行希望向经济中注入更多的资金时，它会从市场上购买资产，并以发放货币作为交换。假设本例中的中央银行购买了价值 100 美元的政府债券，完成购买后的资产负债表更新如表 6-2 所示。

表 6-2　进行公开市场操作后的中央银行资产负债表（I）

（单位：美元）

资产	金额	负债	金额
国内资产	1 600	流通中的货币	2 100
国外资产	1 000	商业银行存款	500

中央银行的资产和负债同时增加了 100 美元，即所购买债券的价值。中央银行资产负债表规模扩大了，因此而增发 100 美元的货币。

货币价值是外汇市场的均衡价格，中央银行将如何影响汇率？中央银行作为规模庞大且重要的参与者进入市场，当其支持本国货币升值时，它将购入本国货币并出售国外资产；当其支持本国货币贬值时，它将进行反向操作，在外汇市场上出售本国货币。因此，中央银行需要通过出售外汇储备使本国货币升值，而这种操作手段受限于本国外汇储备量。想要使本国货币贬值，理论上看出售本国货币的操作不受限制，但实际上因为中央银行垄断了本国的货币供给。

---

① 因价值变动等，中央银行的净资产（资产减去负债）实际上可能是正值或者负值，但其数额相对于资产、负债的总规模而言通常微不足道，由此假设其净资产为零。

上述说法并不全面，因为干预还会产生其他影响。假设中央银行通过出售价值 100 美元的本国货币换取国外资产来实施干预，其资产负债表将如表 6-3 所示。

表 6-3 进行公开市场操作后的中央银行资产负债表（Ⅱ）

（单位：美元）

资产	金额	负债	金额
国内资产	1 500	流通中的货币	2 100
国外资产	1 100	商业银行存款	500

这次，中央银行的国外资产增加了 100 美元，流通中的货币也等量增加了。中央银行的资产负债表再次扩大，增加货币供给等同于等值的国内公开市场操作。这表明汇率政策和货币政策具有诸多共性。在负债部分，通过汇率干预使本币贬值看起来像一种旨在增加货币供给量的公开市场操作。在宏观经济学中，货币供给是一种常规的稳定化工具，对宏观经济具有更广泛的影响。那么，汇率干预是否具有同样的效果？下一节将通过开放经济模型来说明汇率制度对经济其他方面的影响。

专栏 6-1 中央银行资产负债表一览

中央银行的资产负债表有助于我们了解汇率政策与货币供给如何相互作用。上文例子中的资产负债表经过了高度程式化和简化，事实上，中央银行资产负债表通常更加详细。从资产和负债的构成中可以得出一个国家关于货币政策实践的多项信息，我们将会比较美联储和中国人民银行两家中央银行的资产负债表的区别。

表 6-4 提炼了美联储资产负债表的主要组成部分。美联储持有多类资产和负债，表 6-4 只显示了每类中规模最大的项目。美联储的大部分国内资产为美国国库券，这表明国库券依然是公开市场操作的主要工具。除此之外，美联储资产中很大一部分为抵押贷款支持证券。美联储在 2008—2009 年全球金融危机期间开始购买此类非常规资产以支持房地产市场，并在 2020 年新冠疫情开始后再次大量增持。

资产负债表的负债项包括美联储票据（即所谓的"流通中的货币"）、存款和逆回购协议。逆回购协议是一种相对较新的政策工具，中央银行通过逆回购协议向公众出售证券，并约定在规定时间回购证券。

与国内资产相比，美联储持有的国外资产价值很小。美联储的低外汇储备表明，它几乎没有直接干预外汇市场的意图，但并不意味其缺乏影响力。相反，尽管美国的货币政策目标主要是内向型的，侧重于通货膨胀与失业等国内目标，但对美元的汇率、全球资本流动和全球金融市场有着巨大的影响。

表 6-4　美联储资产负债表

（单位：百万美元）

资产	**8 723 090**
国内资产	
美国国库券	5 608 738
抵押贷款支持证券	2 678 519
…	
国外资产	
黄金凭证账户	11 037
特别提款权凭证账户	5 200
以外币计价的资产	17 208
…	
负债	**8 681 216**
美联储票据	2 234 457
存款	3 939 326
逆回购协议	2 489 364
…	

注：数据为 2022 年 10 月 27 日美联储的资产负债表。

接下来，我们看一下中国人民银行的资产负债表。表 6-5 包含了中国人民银行资产和负债的主要项目。

表 6-5　中国人民银行的资产负债表

（单位：百万元）

资产	**398 871.25**
国内资产	
对中央政府的债权	15 240.68
对其他存款机构的债权	129 059.88
…	
国外资产	
外汇储备	213 137.49
货币黄金	2 855.63
其他国外资产	8 743.54
…	
负债	**398 871.25**
流通货币	103 575.52
存款	229 377.98
政府存款	53 509.52
…	

注：数据为 2022 年 10 月中国人民银行的资产负债表。

上文已对负债项做出直接的释义，现在我们重点关注资产项。与美联储一样，中国人民银行使用公开市场操作来调整货币供给。美国的主要传统工具是国库券。而在中国，中央政府发行的债券相对较少，因此中国人民银行通过其他金融工具向商业银行等金融机构发债，在国内资产中这类债权占比比较大。

与美联储的资产负债表相比，中国人民银行的资产负债表最突出的不同是国外资产占比。在全球各国中，中国拥有最多的外汇储备，占中国人民银行总资产的一半以上。

是什么因素导致这种差异？美联储的决策是以国内为导向，中国人民银行则一直审慎管理着汇率和跨境资本流动。在外汇储备方面，中国并不是世界上唯一持有大量外汇储备的国家。在经历过20世纪90年代末期的亚洲金融危机后，许多亚洲国家和其他发展中国家都积累了大量的外汇储备。

6.1.3 固定汇率制度下的经济政策

本小节将用正式的经济模型来研究固定汇率制度。我们的理论框架与第五章并无二致，只需调整少许假设条件，与前面的模型具有直接可比性。模型中依旧有"本国"与"外国"两个国家，而在现实中，外国通常指除本国外的世界上其他国家的整体。外国的变量带有星号上标。和第五章一样，我们假定外国变量是外生的，不受本国经济事件的影响。同时，本节的理论分析聚焦于短期，假定价格不变。

1. 货币政策与国外冲击传导

我们分析国外发生的冲击如何传导至国内，中央银行如何维持固定汇率，其行为对国内产出有何影响。在这个过程中，我们复习一下第五章介绍的IS-LM-FX模型的基本要素。

我们先回顾如何确定外汇市场均衡。其均衡条件是国内资产和国外资产的事前预期收益相等，表现为线性无抛补利率平价条件：

$$i = i^* + s^e - s \qquad (6\text{-}1)$$

其中，$s = \ln E$ 表示汇率的对数，定义为购买1单位外币所需的本币数量；s^e 表示预期的未来汇率；i 表示本国利率。

若该国采用固定汇率，则 $s^e = s$，因此无抛补利率平价假定国内外利率相等：

$$i = i^*$$

显然，当汇率固定时，投资者无法从汇率变动中得到额外收益，由此国内外无风险利率相等；否则，投资者将抛售利率较低的资产而买入利率较高的资产，在此过程中改变外汇市场的供需关系进而打破固定汇率的约束。

利率是货币市场的均衡价格。货币市场的均衡条件为:

$$M/P = L(i,Y) \qquad (6\text{-}2)$$

式（6-2）左侧 M/P 为实际货币供给量；右侧 $L(i,Y)$ 为实际流动性需求，受利率 i 与产出 Y 的影响。利率上升会抑制流动性需求，产出增加则会使流动性需求增加。

中央银行控制货币供给，从而间接控制利率。为了固定汇率，它必须确保在货币供给方面国内均衡利率与国外利率相等，这要求央行使用货币政策工具——货币供给——来固定汇率。考虑一个最初处于均衡状态的经济体，其均衡点是图 6-3 所示的 (Y_1,i_1,s_1)。假设此时国外利率上升（比如美联储加息），这会对本国的汇率与利率产生怎样的影响呢？国外加息使投资国外资产的收益增加，FR 曲线右移，国外资产收益率上升幅度为 Δi^*。因国内利率低于国外利率，投资者将抛售国内资产转而投资国外资产以获取更高的收益。抛售国内资产将增加本币供应，产生本币贬值压力，若央行不为所动，则汇率将右移到 s_2。为维持汇率不变，中央银行应当与市场逆向而行，卖出外汇储备而购入本币。央行资产负债表分析告诉我们，这种外汇市场干预，与在国内市场卖出债券收回本币一样，将减少本币供给。在图 6-3 中，表现为 LM 曲线左移，因为货币供给减少，国内利率提升。当足够的本币被央行回收并将国内利率提升至国外利率相同水平时，投资者将不再抛售国内资产，此时 LM 曲线处于 LM_2 的位置。新的均衡产生于 LM_2 与 IS 曲线的交汇点，均衡利率 i_2 与国外利率持平。这时，相比之前的均衡点，汇率不变，但利率上升了。利率上升会抑制投资，从而对国内产出造成负面影响，在图 6-3 中表现为均衡产出从 Y_1 变为 Y_2。

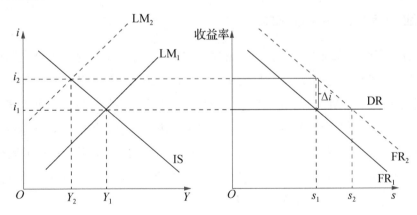

图 6-3　固定汇率下，国外利率上升

我们可以用 IS 曲线的表达式求解均衡产出的变化。和第五章一样，IS 曲线的数学表达式为：

$$Y = C(Y-T) + I(i) + G + TB(Y-T,s) \qquad (6\text{-}3)$$

同第五章一样,我们对式(6-3)的偏导数做如下假设:

$$C_Y > 0, \quad I_i < 0, \quad \text{TB}_Y < 0, \quad \text{TB}_s > 0, \quad 0 < C_Y + \text{TB}_Y < 1$$

以上假设的经济学原理已在第五章解释过,此处不再赘述。用一阶微分展开 IS 曲线可得:

$$\Delta Y = C_Y \Delta Y + I_i \Delta i + \text{TB}_Y \Delta Y$$

因为汇率固定,所以 $\Delta s = 0$。同时,无抛补利率平价告诉我们国内外利率相等,必然有 $\Delta i = \Delta i^*$。国外的利率变化 Δi^* 是一个已知外生变量,将其代入上式并求解 ΔY 可得:

$$\Delta Y = (1 - C_Y - \text{TB}_Y)^{-1} I_i \Delta i^* < 0$$

$I_i \Delta i^*$ 捕捉了利率上升抑制投资的直接作用,它对最终产出的影响受到凯恩斯乘数的放大作用的影响——同第五章中一样,$(1 - C_Y - \text{TB}_Y)^{-1}$ 是开放经济体中的凯恩斯乘数。有趣的是,在这个例子中,央行成功阻止了汇率的波动,但为了达成这个目标,它必须"复刻"国外的利率。当国外加息时,国内产出所受影响近似于封闭经济体中的国内加息。

在这个例子中,央行利用货币供给来稳定汇率。如同 6.2.1 小节的分析,外汇干预与公开市场操作的工具实质相同,即数学模型中的 M。不管引起 M 变化的是国内资产还是国外资产,其作用是一样的。那么,稳定汇率的目标会因为使用货币政策的工具而影响后者的效用吗?下一小节将回答这个问题。

2. 固定汇率制度下的货币政策

前述分析表明,在资本自由流动的情况下,固定汇率的前提是国内外利率相等,而央行需要用货币供给来保证这个前提的实现。货币供给也是货币政策的工具,央行通过它来改变利率进而影响国内需求和产出。那么,一个工具(货币供给)可以兼顾两个目标吗?中央银行能否在维持固定汇率的同时保留实施货币政策的能力?答案是:不能。为了弄清楚其中原因,我们先简单回顾一下在浮动汇率制度下,货币扩张有何效果,以作为对比。图 6-4 的 (Y_1, i_1, s_1) 表示经济体的初始均衡点。假设中央银行通过增发货币来拉动内需,导致利率下降,在图 6-4 中,LM 曲线从 LM_1 右移到 LM_2 的位置,低利率促使企业增加投资。同时,因为利率下降,国内资产收益率降低,投资者将资金转向国外,出售国内资产将导致汇率上升到 s_2,本币贬值使国内产品更便宜,从而进一步拉动对国内产品的需求。短期内,需求拉动供给,企业将提升产量,产出上升到 Y_2。

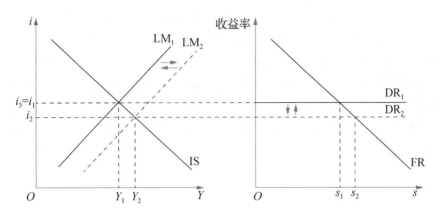

图 6-4　固定汇率下的货币扩张

因此，若无须担忧汇率，则本币将贬值，进一步增强货币扩张的有效性。然而，假设该国承诺采用固定汇率，会发生什么呢？中央银行发现，货币扩张会引发对国内资产的抛售，为了维持固定汇率，它必须干预外汇市场，出售外汇、购买本国货币。这对货币供给有何影响呢？随着中央银行减少流通中的货币，货币供给减少，而货币供给减少将造成国内利率回升，LM_2 曲线开始往 LM_1 方向回移。为了维持固定汇率，中央银行需购入多少本国货币呢？它购入的本国货币量必须足以使得国内外利率相等，此时投资者才不会再出售国内资产。这要求 LM 曲线回移到初始位置，即货币供给必须回到货币扩张前的水平，此时新的利率 $i_3 = i_1$，经济回到货币扩张前的初始均衡状态。也就是说，维持固定汇率必须通过干预完全抵消货币扩张效果。

经济回到初始均衡点，仿佛货币扩张和外汇干预都未曾发生。通过分析告诉我们，虽然央行负债端的货币供给没有变，但央行资产端的构成确实变了：货币扩张的公开市场操作增加了央行的国内资产，而外汇干预消耗了央行的国外资产。虽然两者相抵消而保持货币供给不变，但在央行的资产中，国内资产占比增大。这种情况与冲销干预的外汇管理方法非常相似，下面将给出更详细的分析。

因此，若中央银行需要维持固定汇率，则货币政策将毫无效果。根本原因在于，国内利率是实施货币政策的关键渠道。在固定汇率制度下，中央银行无法灵活地调整国内利率——它必须与国外利率相等，即固定汇率制度致使货币政策无效。

我们可以使用数学方程式精简地推导出这个重要的结论。式（6-1）表明，想要使汇率不变，国内外利率必须相等。在国外利率不变的情况下，国内利率亦然，由此必然有 $\Delta i = \Delta s = 0$。在此条件下，式（6-3）推出均衡产出不变，由此又有 $\Delta Y = 0$。在 $\Delta i = \Delta Y = 0$ 的情况下，式（6-2）右侧的货币需求不变，左侧的均衡货币供给也不变：$\Delta M = 0$。因此，汇率固定一个条件即锁死了货币供给，导致货币政策失效。

3. 固定汇率制度下的财政政策

如果经济体采用固定汇率，那么它必须放弃使用货币政策。这是一大损失。不过，货币政策并非稳定经济的唯一工具，政策制定者的常用工具箱中还有财政政策，通过改变政府支出或税收来影响经济。固定汇率会影响财政政策的有效性吗？

我们先回顾第五章关于浮动汇率制度下的财政扩张，然后比较其与固定汇率制度下的异同。在图 6-5 中，(Y_1,i_1,s_1) 为初始均衡点。假设财政扩张增加了总需求，造成 IS 曲线从 IS_1 右移到 IS_2，在新均衡点上产出增加、利率上升。利率上升拉高了国内投资收益率，导致国际资金流入国内，本币升值会通过抑制进口来抵消部分产出的增加。新均衡点是 (Y_2,i_2,s_2)。

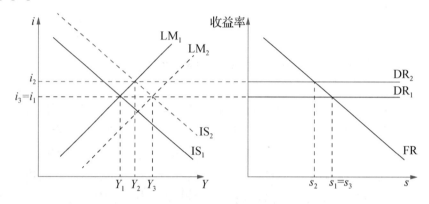

图 6-5 固定汇率下的财政扩张

但在固定汇率制度下，上述并非故事的全部。本币升值会促使中央银行出手干预，卖出本币而买入外币，由此本币供给增加而本币市场均衡利率下降，推动 LM 曲线从 LM_1 右移到 LM_2，直到利率回到初始值。此时，汇率也回到初始值，国内外资产收益率持平，央行达成汇率不变的目标。财政扩张叠加外汇干预后的均衡点为 (Y_3,i_3,s_3)，此时利率和汇率与财政扩张之前一样，但是由于央行的干预，产出从 Y_2 增加到 Y_3。因此，在固定汇率制度下，财政政策对增进产出的效果增强了。

为了使逻辑更加明确，上述分析将整个经济调整过程分为财政扩张与外汇干预两步，但在现实中，两者不必有先后之分，可以同时进行。央行在财政扩张的同时可以在外汇市场上卖出本币，保持汇率的稳定，以至于本币无须经历先升值后贬值的起伏。

财政紧缩的情况与此相反且完全对称，这里不再赘述。

我们可以通过 IS-LM-FX 模型推导并计算固定汇率制度下财政政策的效果。假设政府支出 G 增加，我们将这种外生冲击记为 $\Delta G>0$。浮动汇率制度下的冲击引发的变化已经在第五章推导过，我们只需对假设条件稍加修改，即可推导其在固定汇率下的经济变化。IS 曲线的一阶微分展开式依然与式（5-5）一致：

$$\Delta Y = C_Y\Delta Y + I_i\Delta i + \Delta G + TB_Y\Delta Y + TB_s\Delta s \qquad (6\text{-}4)$$

在固定汇率下，均衡利率必须与国外利率相等，不受财政扩张政策的影响。

$$\Delta i = \Delta s = 0$$

这使得 IS 一阶微分中关于利率和汇率的变化项可以设为 0，求解产出可得：

$$\Delta Y = \left[(1 - C_Y - X_Y)\right]^{-1} \Delta G$$

将此解与第五章浮动汇率下得出的解做对比，显然在固定汇率下，财政政策的有效性更高。直接原因为：在浮动汇率下，利率和汇率的变化抵消了财政扩张的部分效果；而在固定汇率下，央行为了维持承诺的汇率而增加货币供给，使利率和汇率水平保持在财政扩张前的均衡水平。通过模型中的 LM 曲线表达式，即式（6-2），我们可以精确地算出所需的货币供给增量（这作为练习题留给感兴趣的读者）。

4. 目标汇率变更

除非一个国家已完全美元化或加入某个货币联盟，否则即便它承诺采用固定汇率，也依然可以适时地改变目标汇率。官方将货币价值上调称为法定升值（revaluation），而将货币价值下调称为法定贬值（devaluation）。改变目标汇率是固定汇率制度下可用的一个经济调控工具，本小节研究它的作用。

一个国家在改变目标汇率后将发生什么？假设政府希望本国货币贬值，同时市场坚信政府能够达成新的固定汇率。中央银行如何引发货币贬值？它只需宣布将要设定新的固定汇率，并做好以新汇率进行货币交易的准备，届时汇率将应声下跌，汇率预期也会相应地调整。

$$\Delta s^e = \Delta s > 0$$

由于当前汇率和预期汇率双双下跌，汇率变动未造成预期收益率变化，无抛补利率平价条件表明国内利率必须维持不变，即 $\Delta i = 0$。

此时，IS 曲线的一阶微分展开式可写作：

$$\Delta Y = C_Y \Delta Y + \text{TB}_Y \Delta Y + \text{TB}_s \Delta s$$

从中求解产出的变化：

$$\Delta Y = \frac{1}{1 - C_Y - X_Y} X_s \Delta s$$

等式右侧的 $X_s \Delta s$ 表示产品需求的初始增长，因为汇率下跌导致产品变便宜了；乘数效应同样显现，放大了初始需求增长对国内产出的影响。

产出增加对货币需求产生积极影响。中央银行充分调节货币需求，从而保持利率和汇率恒定，所需货币供给增量可从 LM 曲线求解得出。

$$\Delta(M^s / P) = L_Y \Delta Y$$

因此，即便市场坚信新的目标汇率会达成并立即调整了汇率预期，中央银行仍需通过增加货币供给来保证新目标汇率的可信度。

我们用熟知的 IS-LM-FX 图来展示法定贬值前后的均衡。在图 6-6 中，以 s_1 标注原汇率，假设 s_2 是官方宣布的新汇率，市场相信政府有维持新汇率的能力。在此情况下，s^e 与 s 同时上升到新的目标汇率 s_2。给定每一个 s 值，预期汇率 s^e 的上升使国外资产收益率上升，FR 从 FR_1 右移到 FR_2。FR_2 与本币收益率曲线 DR 相交于新目标汇率 s_2。

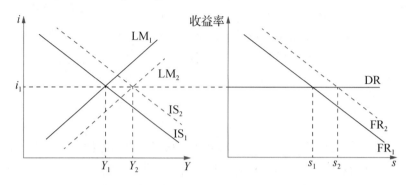

图 6-6　法定贬值的政策效果

与此同时，货币贬值增加了出口，使产出在每一个利率值上都增加，表现为 IS 曲线从 IS_1 右移到 IS_2。在货币供给不变的情况下，这会导致国内利率上升，因而产生货币升值压力。中央银行为了维护其承诺的新汇率，必须介入外汇市场出售本币，由此增加货币供给而使 LM 曲线从 LM_1 右移到 LM_2。IS_2 曲线与 LM_2 曲线交汇于原利率 i_1，产出增加到 Y_2，此时 (i_1, Y_2, s_2) 构成法定贬值后的新均衡点。

上例说明了贬值并非坏事。首先，它可以在不使用财政政策的情况下增加产出。财政扩张需要通过发行债券或者增加税收来获取资金，而货币贬值似乎是"免费的"。其次，它增加了贸易顺差，改善了国家的收支平衡。最后，它可以通过本币贬值来避免耗尽外汇储备。当一国货币面临贬值压力时，中央银行可能出现外汇储备不足的情况，而法定贬值要求中央银行在外汇市场上出售本币、买入国外资产，这一过程可以补充外汇储备。

5. 预期汇率变更

关于预期汇率变更的分析表明，在诸多方面，货币贬值对一个国家而言是一种诱惑。市场参与者自然明白这一点。有时，他们预测货币将贬值，即市场预期汇率 s^e 上升。

当这种信念占据上风时，会发生什么？直接影响是，与持有国外资产相比，持有国内资产的预期收益率下降，图 6-7 中 FR 曲线从 FR_1 右移到 FR_2。当本国利率不变时，这将引发投资者抛售国内资产，造成汇率下跌。

如果中央银行不愿屈服于市场预期，欲竭力捍卫其汇率，那么它应当买入本国货币以抵消市场抛售的影响，从而减少流通中的货币量。货币供给减少推高了国内利率，提升了持有国内资产的预期收益率，体现在 LM 曲线从 LM_1 左移到 LM_2。在新的均衡状态下，国内利率的上升足以抵消预期汇率的下跌。

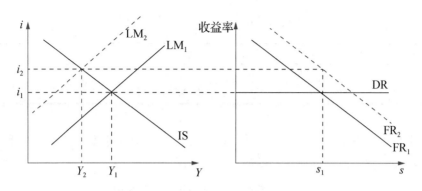

图 6-7 预期汇率下跌

此时，更高的国内利率推高投资成本，导致投资减少，产出减少到 Y_2。因此，虽然中央银行成功保住了目标汇率，但也付出了货币紧缩、产出减少的代价，这些是保持汇率稳定产生的经济成本。

有些情况下，由于外汇储备耗尽或者经济成本过高等，中央银行会放弃保住目标汇率。此时，市场对汇率下跌的预期就会自我实现并立即引发当前汇率下跌。

国内资产被抛售以及随之而来的外汇储备损失通常被称为资本外逃（capital flight）。在货币危机中，许多国家都会遭遇资本外逃，发展中国家尤甚。那么，最初是什么导致市场预期汇率下跌呢？通常是由于市场感觉到经济基本面疲软，该国可能积累了过多的外债，政府存在长期、不可持续的预算赤字；但也有可能在经济状况良好时，由于市场自证预言而引发危机；也有可能是潜在疲软和投机性攻击共同作用的结果。国际资本流动的变迁仍是一个活跃的学术研究课题，第八章将进一步讨论发生在新兴市场的资本外逃与货币危机。

6. 冲销干预

前文分析了固定汇率制度对宏观经济的影响。固定汇率制度相关知识是第五章建立在浮动汇率假设之上的早期理论研究的重要补充。

当政府干预外汇市场时，干预措施将影响货币供给，可能不利于国内经济发展。例如，一个国家可能希望本币汇率下跌，但需要通过出售国内资产并增加本币供给来实现，而这可能会造成本国的通货膨胀。

有时，一个国家会使用冲销干预（sterilized intervention）来防止外汇市场操作影响货币供给。对冲汇率干预的做法十分简单：当汇率干预影响了货币供给时，中央银行将通过公开市场操作进行国内资产交易，后者将抵消汇率干预对货币供给的影响。下面通过中央银行的资产负债表来说明。假设中央银行持有的资产和负债如表 6-6 所示。

表 6-6　中央银行初始资产负债表

资产	金额	负债	金额
国内资产	1 500	流通中的货币	2 000
国外资产	1 000	商业银行存款	500

假设中央银行希望汇率下跌，在外汇市场上出售了 100 个单位的本国货币。表 6-7 记录了在汇率干预之后的中央银行资产与负债情况。

表 6-7　汇率干预后的中央银行资产负债表

资产	金额	负债	金额
国内资产	1 500	流通中的货币	2 100
国外资产	1 100	商业银行存款	500

汇率干预使得货币供给增加了 100 个单位。假设中央银行认为这并不可取，那么它能通过什么操作来抵消汇率干预对货币供给的影响呢？它可以出售国内资产以回收新增货币，冲销干预后的中央银行资产负债表如表 6-8 所示。

表 6-8　冲销干预后的中央银行资产负债表

资产	金额	负债	金额
国内资产	1 400	流通中的货币	2 000
国外资产	1 100	商业银行存款	500

将表 6-8 资产负债表与表 6-6 的初始资产负债表对比，我们可以发现货币供给并无变化，唯一的变化在于中央银行的资产构成：相比之前，它持有更多的国外资产和更少的国内资产。

鉴于货币供给量并无变化，理论预测冲销干预将不会起作用，因为在相同的货币供给量下，利率保持不变，汇率同样也不变。导致该结果的一个关键因素是，市场参与者将国内资产和国外资产视为完美的替代品。因此，中央银行的投资组合仅仅发生构成变化是不会对经济产生任何影响的。一些经济学家认为，国内资产和国外资产也许不是完全可替代的。也就是说，当中央银行持有较多国外资产与较少国内资产时，它必须诱导市场将国外资产与国内资产进行交换。如果市场认为两种资产不是完全可替代的，那么国内资产和国外资产的均衡收益率必须调整，以促进投资组合的调整。为国内外资产均衡收益率的变化提供了一个渠道，利率和汇率在货币供给总量不变的情况下也可能发生变化。

目前关于冲销干预有效性的经验证据尚不充分，也没有一致的证据表明其是否有效。即使冲销干预起作用，信号传递——中央银行向市场展示其改变汇率的意图——也可能是比投资组合调整更为重要的渠道。在以上冲销干预的例子中，市场在观察到中央银行的操作后，有可能判断中央银行希望汇率贬值。如果市场相信中央银行会为了达成这个目标而施行具体的货币政策或财政政策，就会调整自己对未来汇率的预期。如同我们在上一节看到的，这种对货币未来贬值的预期会使货币当前发生贬值。

当然，信号传递渠道的持续性和有效性取决于政府的信用。如果政府一直宣布其意图而没有后续的政策措施予以支持，甚至反其道而行之，市场就不再相信政府所说。有大量例子表明，尽管一些政府会明确意图并公之于众，但由于未能取信于大众，也就不能实现其汇率目标。

6.2 汇率制度选择的考虑因素

从上一节中我们可以看出，经济体在固定汇率制度下的行为与在浮动汇率制度下的行为有所不同。汇率制度的选择影响政策的有效性，每种选择都有利有弊。鉴于不同经济体根据自身特征选择不同的汇率制度，我们可能想知道为什么有些国家致力于稳定汇率，而有些国家则将主动权留给市场。

6.2.1 钉住国与锚定国冲击的相似性

理论分析强调，施行固定汇率制度的国家，要想保持金融市场的开放，就必须放弃独立的货币政策。这是典型的"三难困境"。实证研究验证了采用固定汇率制度的国家必须跟随锚定国的货币立场。

货币自主权有多重要？一个国家如果选择锚定本币与外国货币的兑换价值，就必须"引进"锚定国的利率。采用外国利率产生的损失取决于在汇率自由浮动的情况下，本国最优利率与锚定国利率之间的差距，而这一利率差反过来又取决于两国经济状况的相似性。

试想，中国香港将港元与美元挂钩。假设某一年，香港受到负需求冲击，其产出低于潜在水平。但美国经历了正需求冲击，对美国价格水平造成通胀压力，美联储由此提高利率以应对通货膨胀。为了钉住汇率，香港特区必须相应提高利率。此类加息虽然适合美国，但与香港特区的需求恰恰相反，加息将进一步抑制香港本地的需求，加剧其经济衰退。这种冲击的不对称性在汇率稳定和货币自主权之间形成一种取舍：为了固定汇率，香港特区承诺采取美国的货币立场，但美国的货币立场并不一定适合香港本地经济的发展。如果香港特区和美国受到同样的冲击，这种取舍就不会存在。如果香港特区也像美国那样经历正需求冲击，与美联储一起提高利率就是香港最好的选择。

当然，现实中的情况更加复杂。我们知道，要维持固定汇率，香港特区不仅要加息，还要与美联储保持相同的加息幅度，这样在汇率不变的情况下，无抛补利率平价条件才会成立：

$$i_{HK} = i_{US} + \frac{E^e_{HKD/USD} - E_{HKD/USD}}{E_{HKD/USD}} = i_{US}$$

虽然全球冲击同时对一系列经济体产生积极或消极影响的情况并不少见，但如果全球冲击恰好使各国都按同样幅度调整其理想利率，那就是一种巧合。实际上，每个经济体都会一直受到全球和特定国家的不同冲击。一般来说，经济体和锚定国受到的冲击越相似，固定汇率制度的成本就越低。

诚然，选择固定汇率制度的国家仍然可以用财政政策来稳定经济，但财政政策可能不像货币政策那样灵活和及时。此外，这些政策工具的侧重点也有所不同。例如，财政扩张往往会提高利率，而货币扩张则会抑制利率提升。有时，巧妙地将货币政策与财政政策组合才是最佳方案。因此，失去货币自主权会在政策灵活性方面产生成本。

6.2.2 经济一体化

为什么欧元区国家愿意采用单一货币制度、使用同一种货币——欧元？一个主要原因是欧元区国家之间的紧密联系。**经济一体化**指国家或地区之间商品、资本和劳动力市场的相互联系。欧洲内部的商品和资产贸易极为活跃，还形成了最具流动性的跨国劳动力市场。经济高度一体化会促成更多的跨境交易。固定汇率（首先是采用共同货币）可以降低交易成本，并降低货物、资产跨境贸易以及劳动力流动的汇率风险。

总之，钉住国和锚定国之间的经济一体化程度越强，它们之间的交易规模越大，各国从固定汇率中获得的收益也就越高。

6.2.3 汇率制度对贸易的影响

最早、（也许是）最有力的固定汇率论断是汇率稳定有利于国际贸易。从交易者的角度来看，其原理很容易理解。与国内交易相比，汇率风险是国际交易中的额外成本。在国际贸易中，货物的订购和货款的交付通常会有相当长的滞后性，进一步加剧了汇率风险。虽然远期合约、掉期和货币期权等汇率衍生工具可对冲此类风险，但衍生品的成本可能不菲，并且在金融市场不够成熟的发展中国家根本不存在这些选择。

抛开理论不谈，实证是否支持汇率波动不利于国际贸易这一观点？对于这个问题，我们的第一直觉也许是比较不同汇率制度国家的贸易量。例如，如果双边固定汇率的国家之间确实有更多的贸易往来，这可能支持汇率稳定促进国际贸易这一假说。但是，这种比较常常被反向因果关系和遗漏变量偏差困扰。也许经济一体化程度更高的国家也倾向于采用固定汇率,这就是欧元区国家采用同一种货币的原因。也许有历史联系的国家往往会进行更多贸易,双边汇率也更加稳定。这类内生性问题一直困扰着学术界,但经济学家已经找到解决这类问题的创新方法。例如,一项研究指出,在欧元成为欧元区国家的通用货币后,一些曾被法国殖民的非洲国家将其锚定货币从法国法郎变为欧元。对于这些国家来说,采用欧元形成了一个自然实验区,即相对于除法国外的欧元区国家,这种外生冲击减轻了双边汇率的波动。数据显示,在采用欧元后,这些非洲国家与德国的贸易有所增加。沿着这个思路进行的多项研究,为稳定汇率促进国际贸易这一假说提供了实证支持。

专栏 6-2 英国与 ERM

英国脱欧——英国(The United Kingdom, UK)退出欧盟(European Union, EU)——并不是英国第一次质疑自己的欧洲成员身份;从欧洲共同体到欧盟,英国曾多次怀疑是否应该加入欧洲这个单一市场。早在 1973 年,英国就加入欧盟的前身——欧洲共同体,简称欧共体。欧共体对欧洲单一市场的关键设想是使用共同货币,在欧共体区域内,货币、资本甚至劳动力的跨境流动都可以在没有货币兑换风险的环境中发展。

在共同货币的设想下,1979 年,欧洲汇率机制(Exchange Rate Mechanism, ERM)建立。ERM 是一个类似于布雷顿森林体系的固定汇率体系。在 ERM 体系下,所有成员国都同意将货币按固定汇率捆绑。但与最初的布雷顿森林体系不同,ERM 旨在为实现共同货币——欧元做准备,没有明确承诺将任何成员国的货币与黄金或共同锚点挂钩。英国不是 ERM 的初创成员,而是在 1990 年才加入 ERM,并在当时承诺维持英镑和其他成员国货币之间的固定汇率。

不幸的是,从事后来看,这并不是一个合适的时机,因为当时一个外部冲击即将袭来。随着 1989 年柏林墙的倒塌,民主德国和联邦德国的统一成为德国在政治议程上的首要任务。民主德国的经济发展落后于联邦德国,为了加强社会支持和基础设施建设,联邦德国向民主德国实施了财政支出计划,这是德国人愿意为统一付出的代价。然而,财政扩张同时增加了总需求,推高了德国的利率和产出。

同时,一项慷慨的货币统一计划启动了,即民主德国货币以 1∶1 的比例兑换成联邦德国马克①(统一前,黑市兑换率为 5∶1)。该计划进一步加剧了通货膨胀的势头。由于担心统一计划对价格水平的稳定有影响,德国中央银行决定进一步提高利率以抑制通货膨胀。图 6-8 显示,随着通货膨胀率的上升,德国的利率从 1988 年的 4% 提高到 1992 年的 8%。货币紧缩政策有效地遏制了经济过热。

---

① 每个人的限额相当宽松。超过限额后,汇率调整为 2 个民主德国马克兑换 1 个联邦德国马克。

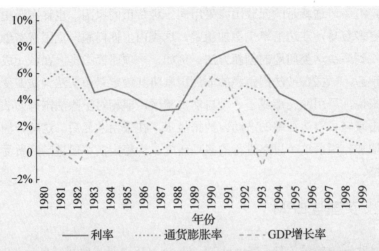

图 6-8　1980—1999 年德国的利率、通货膨胀率和 GDP 增长率

资料来源：世界银行。

德国加息的冲击影响了其他欧洲国家经济的发展。由于欧洲国家之间资本可以自由流动，包括英国在内的 ERM 其他成员国开始面临取舍。德国马克是 ERM 的主要货币，随着德国利率升高，其他 ERM 成员国都面临艰难的选择：是经济衰退，还是货币贬值。

让我们来看看英国的选择。由于德国利率较高，英国的金融资本会流入德国，以获取更高的收益。此时，除非英国也提高本国利率以留住资本，否则德国马克将会相对英镑而升值。然而，与德国不同，英国当时的经济并无过热迹象，如果跟随德国加息，上升的利率就会抑制内需，从而抑制产出。

为了避免经济衰退，英国选择解除英镑与德国马克钉住的汇率关系。德国利率提高，意味着英镑贬值。贬值不仅可以避免加息对英国 GDP 造成的负面冲击，短期内还会刺激外国买家增大对英国商品的需求。当然，英国还可以选择适度加息，缓解英镑对德国马克贬值带来的影响，以便国外需求的增加刚好抵消利率小幅上升对国内需求的抑制。只要英国退出 ERM，所有这些政策选项就都是开放的。

最终，在 1992 年距离加入 ERM 仅两年时间，英国退出 ERM。1992 年 9 月，英国在大规模的投机性攻击下未能捍卫英镑，并决定不再重新加入 ERM。或许英国政府已经判断，在固定汇率制度下，英国从降低交易成本中获得的收益不足以补偿失去货币自主权的损失。至少在短期内，英国似乎做出了一个不错的决定：如图 6-9 所示，英国在退出 ERM 后利率下降，英镑对德国马克也贬值了。在随后的几年里，英国经济恢复了增长；留在 ERM 的法国和意大利，不久后其国内产出遭遇了下滑，不过在经历一段时间的衰退后也回归了正常。

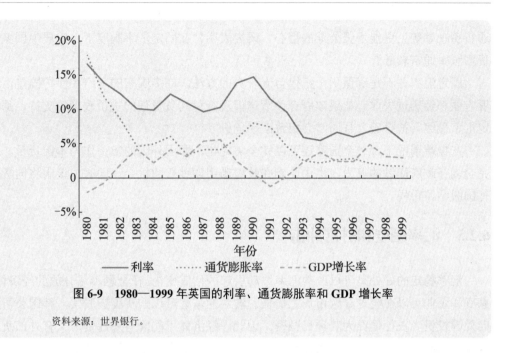

图 6-9　1980—1999 年英国的利率、通货膨胀率和 GDP 增长率

资料来源：世界银行。

6.2.4　汇率制度和货币纪律

失去货币自主权是采用固定汇率制度的代价，但这可能并不总是坏事。人们认为，采用固定汇率，是承诺负责的货币政策的可靠方式。对于高通货膨胀的国家来说，这是有益的。为了维持固定汇率，钉住国必须遵守锚定国的货币立场，也就必须放弃灵活决定本国货币供给的权利。因此，采用固定汇率的承诺束缚了中央银行的手脚，使之不能大规模超发货币。

一直以来，高通货膨胀往往是由于缺乏财政纪律和货币纪律而产生的。尤其是当政府决定通过印钞来解决财政赤字时，这将导致货币供给量增加，从而引发通货膨胀。

通货膨胀等同于对持有货币征税。以一个从 2021 年年底到 2022 年年底持有 M 单位现金的家庭为例。假设 2022 年的通货膨胀率为 2%，2021 年年底的总体价格水平为 P，那么家庭以商品为单位的实际储蓄为 M/P。到 2022 年年底，价格水平变为 $1.02P$。在价格提高的情况下，家庭持有现金的实际价值为 $M/1.02P$，该家庭损失大约 2%的购买力。这种通货膨胀税的经济术语是铸币税（seigniorage）。

铸币税存在于任何通货膨胀为正的经济体中。在一个运转良好的经济体中，通货膨胀率一般很低。但高通货膨胀和恶性通货膨胀会带来扭曲的、让人们厌恶的物价上涨。为了降低当前以及未来公众预期的通货膨胀，政府可将固定汇率作为承诺遵守货币纪律的工具。为什么公众会相信政府的承诺，尤其是在历史记录不尽如人意的情况下？固定汇率可以增强政府的公信力，因为汇率是一种高度可见和可变的资产价格，公众可以直接和持续地观察汇率的变化。在这方面，固定汇率比其他名义锚（如货币供给量或目标通货膨胀率等）更能增强公众的信心。研究表明，在固定汇率制度下，发展中国家的通货膨胀率通常较低。

固定汇率并不是确保货币纪律万无一失的方法。许多国家的政府在保护固定汇率制度方面都经历过失败。如果政府钉住承诺但没有得到负责任的货币政策的支持，那么固定汇率最终会被打破，且通常会招致汇率危机。

在极端情况下，一个国家还可以完全美元化，即用外国的货币作为本国货币。这将完全剥夺政府印钞的权力，也由此剥夺政府滥用印钞权的机会。同时，该国将向货币发行国缴纳铸币税。

6.2.5 汇率制度和财富冲击

汇率稳定的好处是可以改善汇率波动引起的估值变化。在金融市场开放的经济体中，家庭和企业可以在全球金融市场上借贷。波兰的家庭可以购买美国股票，韩国公司可以向外国投资者发行债券为其项目融资。因此，经济体可能既有外部资产又有外部负债，而且资产和负债可能是以外币计价的。汇率的变化会影响这些资产和负债的价值，导致国家财富发生估值波动。这是需要汇率稳定的原因。

为了阐明汇率变化如何影响国家财富，我们来看一个简单的例子。假设世界上有两个国家，即本国和外国。A_H 表示该国以本国货币（如人民币）计价的外部资产，A_F 表示该国以外国货币（如美元）计价的外部资产。同样，L_H 和 L_F 分别表示以本国货币和外国货币计价的外部负债。如何以本国货币为单位来表达本国对外财富的价值？我们不能直接将 A_H 与 A_F 相加，而要使用汇率 E 将 A_F 和 L_F 的价值转换为同种货币。因此，总的对外财富可以表示为资产价值和负债价值的差值。

$$W = (A_H + EA_F) - (L_H + EL_F)$$

汇率的变化如何影响国家财富？显然，A_H 和 L_H 以本国货币计价不受影响，而 A_F 和 L_F 的估值将取决于汇率。因此，在其他条件相同的情况下，汇率变化（ΔE）导致的财富变化为：

$$\Delta W = \Delta E(A_F - L_F)$$

上式表明，如果国家持有的外部资产多于外部负债，那么本国货币升值（ΔE 下降）将导致对外财富减少。例如，假设中国的外汇储备完全由美国国债（以美元计价）组成，且中国没有其他外部资产或负债，当人民币对美元升值时，中国的对外财富将减少，因为以美元计价的债券在以人民币计价时价值下跌。另外，由于外部负债的人民币价值会减少，如果持有的外部负债多于外部资产，本国净财富将因本币升值而增加，从而减轻中国的债务负担。

在特殊条件下，如果以外币计价的外部资产等于外部负债，即 $A_F = L_F$，汇率波动的财富效应就为零，汇率的变化对外部资产和外部负债的影响是等价的，从而财富不发生变化。这可能只是一个罕见的巧合，在大多数现实情况下，外部资产与外部负债的价值不会完全相等，在这种情况下，该经济体的外部资产与外部负债存在货币错配（currency mismatch）。

因此，汇率变化会引起财富变化。为什么这很重要呢？尽管我们的标准模型假设只有收入才对预期支出有影响，但大量证据表明，总需求也会受到家庭财富和企业财富的影响。想象这样一个场景，当一个家庭的股票组合增值时，家庭变得更富有，即使其收入不变也可能会增加支出。对于企业来说，财富的增加使它们拥有更多的贷款抵押品，从而能够增加贷款。因此，汇率波动通过对财富的估值效应，会对总需求产生财富冲击。

此类财富冲击与本国的汇率稳定政策相互作用。例如，本国的货币扩张导致本国货币贬值，从前面的讨论中我们知道，本国货币贬值将提高外国对本国商品的需求，即外国消费者将转向更便宜的本国商品而放弃外国商品。

从以上讨论来看，财富效应是加强还是削弱货币扩张效果，取决于一个国家外部投资组合的结构。如果该国持有的外部资产多于外部负债，那么本国货币贬值将使对外财富增加，从而通过财富效应诱发国内总需求的进一步扩张。因此，货币扩张将比其他方式更有效。不过，如果该国持有的外部资产少于外部负债，那么本国货币贬值将使对外财富减少，从而抵消货币政策的扩张效果。

财富效应也可能放大或抑制外国政策的溢出效应。假设外国，比如美国提高利率以对抗高通货膨胀，美元将升值，即本国货币将贬值，从而通过支出转换对本国经济产生扩张性影响。但是，如果本国的美元负债多于美元资产，其对外财富的价值就会迅速缩减，从而对总需求产生负面影响。

对于拥有大量美元债务的发展中国家而言，上述场景下的估值效应对经济的负面影响尤为深刻。

总之，汇率变动会引起一国对外投资组合估值产生波动，从而对经济造成财富冲击。特别是当一个国家在外汇投资组合中是净债务人时，财富效应会抵消货币政策的效果，削弱其作用。因此，灵活汇率制度的重要优势——货币自主权——对这些国家来说变得不那么重要，这为稳定汇率提供了理由。

6.2.6　固定汇率制度的可行性

本节中我们讨论了固定汇率制度与浮动汇率制度的各自优劣势，并假定各国可以根据自身的具体情况选择最适合其国情的汇率制度。然而，此番讨论尚未触及一个要点，即固定汇率制度的可行性。

之所以要讨论可行性，是因为固定汇率制度要求政府在市场汇率偏离官方目标汇率时出手干预外汇市场。干预无非两种情况：第一种情况是在本币过度升值时，卖出本币并买入外币。在法定通货时代，央行拥有凭空创造货币的特权，理论上具有无限压低本币价格的能力。第二种情况较为棘手，即在本币贬值时，央行需要买入本币并卖出外币。这一操作需要外汇储备的支撑，一旦外汇储备耗尽，又缺乏其他渠道借入外币，本币只能贬值。因此，在货币贬值而外汇储备不足的情况下，固定汇率制度可能会经受不住压力而崩溃。

如果一个国家守不住汇率，就只能放弃固定汇率制度宣布本国从此加入浮动汇率制度的行列。汇率制度转换不是问题，问题是从固定汇率制度向浮动汇率制度的转换很少是风平浪静的。确切地说，自布雷顿森林体系崩溃开始，大量国家是在资本流动冲击、投机攻击、外汇储备流失甚至货币危机或金融危机的交响曲中，无可奈何地进入浮动汇率新时代。20 世纪 80—90 年代，大多数发达国家已经学会在资本的乱流中站稳脚跟，但发展中国家的汇率危机仍然接踵而至。表 6-9 总结了 20 世纪 90 年代至 21 世纪初从固定汇率制度转换为浮动汇率制度的国家的案例。我们可以看到，大多数国家从固定汇率制度的退出是狼狈的。这些国家在转换汇率制度之前都经历了外汇储备流失，遭遇了汇率危机或金融危机。外汇储备流失常常表明这些国家曾经历固守其汇率，而汇率危机则标志着汇率失守，币值在短时间内出现断崖式下跌。汇率危机通常会传导到实体经济，引起经济衰退和失业。

表 6-9 从固定汇率制度向浮动汇率制度的过渡

国家	时间	外汇储备流失	汇率危机或金融危机
阿根廷	2000—2002 年	是	是
	2015—2016 年	是	是
巴西	1998—1999 年	是	是
厄瓜多尔	1997—1998 年	是	是
印度尼西亚	1997—1998 年	是	是
韩国	1997—1998 年	是	是
马来西亚	1997—1998 年	是	是
墨西哥	1994—1995 年	是	是
菲律宾	1997—1998 年	是	是
俄罗斯	2007—2008 年	是	是
土耳其	2000—2001 年	是	是
	2017—2018 年	是	是
泰国	1997—1998 年	是	是
英国	1992—1993 年	是	是

即使一个国家认为固定汇率制度更适合自己的国情，也必须考虑这种制度一旦失守所带来的风险。很多时候，这些风险源自国内基本面：有些国家在经历汇率危机前，已经因金融市场治理失序而埋下银行危机的导火索——一个国家的公共债务或整体债务过高就埋下了债务违约的种子。如果货币政策缺乏独立性但为迎合铺张的财政支出，市场就可能会预测官方汇率不稳定。正如我们在正文中讨论过的，市场的贬值预期可以是自

我实现的预言,遭遇汇率危机的国家并不总是因为基本面较弱。

加剧风险的一个重要原因是固定汇率使投机者的得失不对称:设想金融投机者攻击港元对美元的锚定,以官方汇率卖空港元。货币当局承诺将汇率固定在 7.8 港元/美元,假如当局守住这个汇率,就意味着投机者必须以 7.8 港元/美元的市场价买入港元以偿付其卖空契约,损失的不过是微末的手续费。但一旦投机攻击成功导致港元贬值,投机者就可以在市场以低价买入港元,从中赚取差价。

鉴于巨大的投机回报,在国际资本流动如此汹涌的今天,固定汇率制度是脆弱的。当今许多国家以资本管制作为堤坝守护汇率的稳定。"不可能三角"告诉我们,资本管制与稳定汇率的组合将释放货币政策的自主性。

关键词

汇率制度　钉住汇率　无独立法定货币(美元化)　货币局　中央银行资产负债表　资本外逃　货币危机　冲销干预　信号传递　货币错配

参考文献

Kokenyne A, Veyrune R M, Habermeier K F, et al. Revised System for the Classification of Exchange Rate Arrangements[Z]. IMF Working Papers, 2009.

Ilzetzki E, Reinhart C M, Rogoff K S. Exchange Arrangements Entering the Twenty-First Century: Which Anchor Will Hold[J]. *The Quarterly Journal of Economics*, 2019, 134(2): 599-646.

第七章

资本管制和资本流动管理

根据"不可能三角"理论，一个国家如果选择了固定汇率制度和独立的货币政策，就要通过资本管制限制资本的国际自由流动。这正是中国目前的基本情况。中国的固定汇率制度帮助进出口企业规避了国际贸易中的汇率风险，对中国20世纪90年代发展外向型经济帮助很大。由于当时国内经济开放程度不高、资本市场相对不发达，通过资本管制政策限制资本的国际流动相对比较容易执行，而且效果也不错。但随着中国经济在改革进程中变得更加开放、金融市场更加发达，资本管制的难度也在逐渐加大。同时，中国之前的国际货币体系安排也越来越不适应经济发展进程中出现的新的重要目标，比如人民币国际化和资本市场国际化等。因此，中国在过去十几年推出了一系列的改革措施，例如允许人民币对美元的汇率可以在一定范围内浮动，同时也放松了部分资本项目下的管制。

本章首先介绍常用的资本管制（capital controls）政策，如资本流入管制（capital inflow controls）、资本流出管制（capital outflow controls）和货币兑换管制（exchange controls）等，然后介绍资本管制的作用，或者说国家采取资本管制的原因。采取资本管制，最常见的原因是维持固定汇率的同时保持相对独立的货币政策——这是中国目前选择资本管制的主要原因。另外，越来越多的国家即使采用浮动汇率制度，近年来也开始通过逆周期的资本管制（也称资本流动管理，capital flow management）防止国际热钱的快进快出，从而维护本国金融市场的稳定。我们会对这方面的学术研究和发现做相应的介绍。

与第五章和第六章的理论部分对应，接下来我们将在统一的理论框架中分析固定汇率与资本管制组合下的经济政策。对这些经济政策的传导渠道及其效果的分析，有助于我们理解资本管制的核心逻辑，并通过对"不可能三角"的其他两种政策组合的比较进一步分析资本管制政策的得与失。

本章最后一节讨论国际资本流动中非常重要的内容，即外国直接投资（FDI）。相比国际间的金融资本流动，FDI较为平稳，并且在创造资本之外还能带来先进的技术和管理经验，促成目的地国生产率的提升。因此，即便是采取严格的资本管制的国家，也往往对FDI网开一面。在这一节，我们将分析FDI的益处和影响FDI流动的因素。

7.1 国际资本流动与分类

国际资本流动指资本在国际间的转移。根据国际资本的形式，主要可以分为证券投资（portfolio investment）、外国直接投资和衍生品投资（derivative investment）。其中，证券投资又分为债权投资和股权投资。债权投资包括海外债券市场投融资以及跨国银行的贷款融资活动。股权投资指通过境外股票市场进行的投融资活动。在国际资本流动中，证券投资是最活跃的部分，外国直接投资次之，国际间衍生品投资的体量相对较小且主要集中在少数发达国家之间。

外国直接投资是指对本国之外的企业进行投资，并对被投资企业的经营管理实施有效影响和控制的经济活动。证券投资和外国直接投资的主要区别是投资人是否直接介入企业的经营管理。若境外投资人只是通过购买股票和债券或者贷款等方式进行投资，并没有直接参与企业的运营管理，则属于证券投资。例如，拼多多等中概股在美国股票市场上融资，股票购买者虽然是公司的股东但不参与公司的经营管理，他们的投资属于国际证券投资。2014年左右不少中国房地产企业通过在海外发行债券融资，这也是典型的国际证券投资（海外投资人向中国投资）。外国直接投资的例子在中国非常多，包括特斯拉、富士康和宝洁等跨国企业在中国的投资。境外投资方直接管理这些子公司或者合资公司，这些投资属于外国直接投资。

根据流动方向，国际资本流动可以分为资本流入（capital inflow）和资本流出（capital outflow）。国际资本流入指境外投资人买卖被投资国资产的行为。当境外投资人购买一个国家的资产时，会引起这个国家的资本流入增加；反之，当境外投资人卖出被投资国资产时，会造成这个国家的资本流入减少。在一段时间内（比如一个月或者一个季度），有一部分境外投资人购买被投资国资产的同时也会有另一部分境外投资人卖出被投资国资产，因此资本流入既可以为正值也可以为负值。当境外投资人的买入量高于卖出量时，资本流入为正值，反之为负值。

与资本流入对应，资本流出指本国居民和企业买卖境外资产的行为。例如2015年之后中国出口企业为了更好地服务客户，不少企业到海外设立了分公司或者购买物业和仓储等物流基础设施，这些投资对中国而言是资本流出（通过直接投资方式进行的资本流出）。与资本流入类似，在一段时间内，资本流出既可以为正值（本国居民和企业购买海外资产量大于卖出海外资产量）也可以为负值（本国居民和企业购买海外资产量小于卖出海外资产量）。

国际资本流入和国际资本流出的差值为净国际资本流量。如果一个国家的国际资本流入大于国际资本流出，那么净国际资本流量为正值，往往被称为国际资本净流入；反之，净国际资本流量为负值，称为国际资本净流出。当一国经济发展活跃且被国际投资人普遍看好时，往往会出现国际资本净流入；反之，当一国经济出现问题时，往往会发生国际资本净流出。短期内出现大规模的国际资本净流出往往也被称为资本外逃，是一个国家发生金融危机等严重经济问题的前兆和表现。资本外逃既可能是因为境外投资人大规模抛售被投资国资产造成的，也可能是本国居民和企业把资产转移到境外引起的。当发生国际金融危机时，上述两种情况往往同时存在，只是程度可能不同而已。

国际资本可以相对自由流动的历史并不长，截至2022年只有五十年左右的时间。1970年之前，包括发达国家在内的多数经济体都实行严格的资本管制，而且多数经济学家也不认为资本管制有什么不妥。随着新自由主义（neoliberalism）在1970年之后的兴起，经济学家越来越强调自由市场机制，反对政府对国内经济的干预、对商业行为和财产权的管制。此时，经济学家的主流观点逐步发生转变，认为资本管制总体而言弊大于利，开始主张政府放弃对国际资本流动的限制。20 世纪 70 年代，美国、英国、德国和瑞士等率先放弃了资本管制。80 年代后一些拉丁美洲和亚洲的发展中国家和地区也开始放弃资本管制，逐步与发达国家接轨。

早期的国际资本流动主要发生在发达国家之间，21 世纪后才逐步扩展到发展中国家。在 20 世纪 80 年代和 90 年代的绝大多数时间里，国际资本主要是在欧美等发达国家之间流动。当时欧美等发达国家是国际贸易的主要参与者，而国际资本流动主要是服务于国际贸易的进出口借贷。因此，这个时期多数发展中国家基本上被排除在国际资本流动之外。但 90 年代之后随着外国直接投资的兴起、国际股票和债券市场的快速发展，以及跨国银行在国际信贷方面的业务拓展，越来越多的国际资本开始从发达国家流向发展中国家。

图 7-1 和图 7-2 分别展示了一些主要国家从 1980 年以来吸收外国直接投资（FDI）的存量和对外直接投资（overseas direct investment，ODI）的存量。20 世纪 90 年代之前，绝大部分的外国直接投资发生在发达国家之间，流入发展中国家的 FDI 和发展中国家的 ODI 基本上可以忽略不计。FDI 在 90 年代后开始流入发展中国家，而发展中国家在 2000 年后也开始对外直接投资。然而直到今天，尽管发展中国家也占有一定比例的 FDI，但发达国家仍然是 FDI 的主要输出国。其中，美国的 FDI 和 ODI 存量远超过世界其他主要国家。中国在 90 年代后 FDI 才稳步上升，2021 年 FDI 存量规模达到 2 万亿美元左右。中国的 ODI 起步较晚，直到 2010 年左右才逐步启动，但 2021 年 ODI 存量规模已经达到 2 万亿美元。

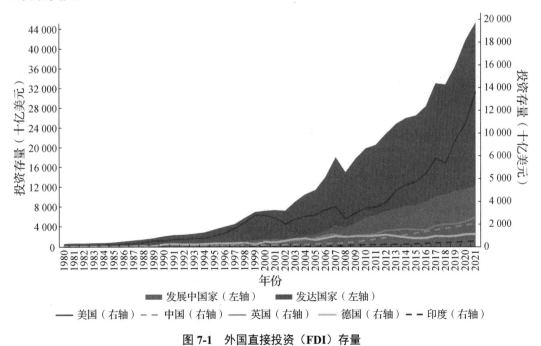

图 7-1　外国直接投资（FDI）存量

资料来源：UNCTADstat,http://unctadstat.unctad.org/EN/BulkDownload.html。

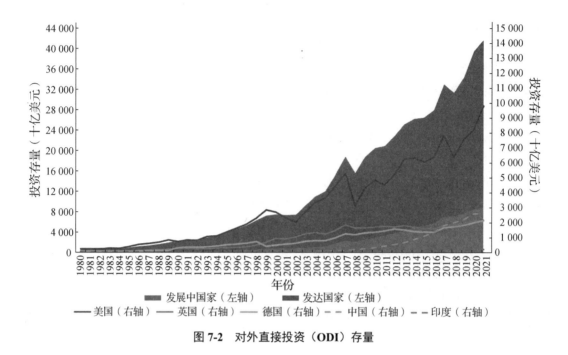

图 7-2 对外直接投资（ODI）存量

资料来源：UNCTADstat,http://unctadstat.unctad.org/EN/BulkDownload.html。

7.2 国际资本管制政策

资本管制指政府对国际资本流动进行限制或干预的措施，包括行政许可、数量限制、价格措施、税收措施等。资本管制可以分为入境管制和出境管制，分别针对资本流入和资本流出。在本节，我们将介绍资本管制政策的手段和方式。

7.2.1 资本管制

尽管多数国家取消了对 FDI 这种国际资本流动的限制，但不少国家仍然对国际证券投资和衍生品投资实行严格的资本管制。前面介绍了资本管制政策主要是为了达到两个目的：一是为了在固定汇率制度下实现货币政策的独立性；二是为了稳定本国金融市场，防止国际热钱的快进快出。采取浮动汇率制度的国家也进行逆周期的资本流动管理。此外，对于一些新兴经济体（包括中国在内）来说，资本管制还可以配合国内的产业政策，帮助政府降低需要优先发展产业和企业的融资成本。当一个国家居民的储蓄意愿较强时，资金成本相对较低。尤其是在国内金融市场不够发达，存在金融抑制的情况下，居民的投资渠道往往比较单一。例如中国在发展金融市场之前，国内银行储蓄基本上是居民唯一的投资渠道。在这种情况下，政府可以通过银行把资金低息贷款给产业政策重点扶持产业和企业。如果没有资本管制，国内居民可以把资金投资到收益更高的境外资产，上述的融资扶持政策就无法顺利实施。

出于以上几个目的，资本管制在不少国家都存在。但需要注意的是，资本管制在绝大多数国家中主要是针对证券投资和衍生品投资的限制，针对 FDI 的限制相对较少，很多国家甚至通过各种政策鼓励 FDI。中国在这方面是一个典型的例子。中国在 20 世纪 80 年代改革开放之初就开始针对 FDI 采取相对积极友好的政策，并在 1995 年全面放宽对 FDI 的限制，降低 FDI 的准入要求和产业限制。尤其是 2001 年加入 WTO 后，中国加快了对 FDI 开放的脚步，例如正式承认外资企业在中国拥有和国内企业同等的地位和权利、允许外资企业在一些行业成立独资公司、放宽行业准入标准、简化 FDI 审批手续和完善 FDI 公司注册与管理政策等。同一时期，中国对其他类型的国际资本流动仍然维持相对严格的限制和管理。

中国和其他一些国家对国际资本流动的谨慎态度与资本项目开放后可能引发的问题密不可分。在放开国际资本流动的过程中，不少新兴经济体遭遇了国际金融危机，例如 20 世纪 80 年代的拉美金融危机、1997 年的亚洲金融危机和 2008 年的全球金融危机等。尤其是 2008 年全球金融危机后，越来越多的经济学家和政策制定者开始反思，无条件支持国际资本自由流动的主张是否正确？一个国家是否应当至少保留一部分对国际资本流动的限制和管理？

为了回答上述问题，我们需要先了解资本管制政策的手段和方式。对跨境资本流动的规制一般称为资本流动管理（capital flow management，CFM）。总体而言，在资本流动的管制对象方面，政府可以通过限制境外投资者购买本国资本来限制资本流入，也可以通过限制本国居民购买外国资本来限制资本流出。一般而言，实施资本管制的国家会同时限制境外投资者和本国居民，尽管限制程度可能会有所差异。在限制国际资本流动的程度上，政府可以通过对国际资本流动征税来提高其成本，也可以通过设定限额把国际资本流动的风险控制在可接受的范围内，甚至可以从法律上完全禁止国际资本流动。完全禁止国际资本流动是最严厉的资本管制政策，通过征税提高国际资本流动成本是最宽松的资本管制政策，设定限额的政策介于前述两类政策之间。

接下来我们分析管理跨境资本流动的具体措施，包括通过行政手段直接控制跨境资本流动，以及通过市场化的间接手段管理跨境资本流动。通过行政手段直接控制跨境资本流动的措施包括：完全限制跨境资本交易以及相应的跨境支付、资金转移；对经济个体在一定时期内的跨境资本流动设定上限；对跨境资本流动进行审批，批准与否可以根据事先制定的规则或者根据当时的情况决定。以上管制手段经常用于管理银行系统内的跨境资本流动。

市场化的间接手段通过增加资本流动成本来管理跨境资本流动，包括双重或多重汇率体系、对跨境资本征税以及其他价格管制措施。我们首先分析双重或多重汇率体系。以双重汇率体系为例，为了控制以套利为目的的资本流出，政府可以要求银行不要将资金贷给进行投机性跨境资本交易的经济主体，但是对在经常项目下国际贸易所需外汇、对外直接投资以及正常的股权性投资等不做限制。在资本流入方面，政府同样可以对短期内大量流入的热钱做出类似的限制。由于在这种管制体系下，政府会对本国居民兑换外币或者外国居民兑换本币从事投机性交易进行限制，但是不会限制兑换外币进行正常跨境交易，相当于对不同类型交易执行不同汇率，因此被称为双重汇率体系。

市场化的间接手段还包括对跨境资本征税。对跨境资本征税，可以是对跨境资本交易直接征税，也可以是对本国居民持有外国金融资产而产生的收入征税，或者是对外国居民持有本国金融资产而产生的收入征税。这些税收会降低资产收益率，增加交易成本。对跨境资本征税还可以进一步细化，针对某种特定的金融资产交易或者特定期限的金融资产（如期限为1年的外国借款）征税。

专栏 7-1 巴西的跨境资本交易税

巴西经济在21世纪头十年一直保持增长势头，主要是由于大宗商品出口发展迅速，同时本国消费增长态势良好。2008年的全球金融危机对巴西的影响也较为短暂，仅仅在2008年的最后两个季度，巴西经济停止扩张；从2009年第二季度起，巴西经济重回增长轨道。大宗商品出口的繁荣以及随之而来的外国资本为寻求高额回报大量流入巴西，对巴西货币雷亚尔造成了升值压力。

为了防止过多外国资本流入，稳定本国汇率，减轻通货膨胀压力，巴西政府对外国资本流入进行管制。从2008年3月起，巴西政府对外国资本的固定收益投资征收1.5%的金融资产交易税，征税范围相当广泛，包括外资信贷、外币兑换、外资购买有价证券等。到2008年10月，巴西对外国资本征税的作用已经十分明显，外国资本净流入与2007年相比下降2/3以上，特别是债权和股权净投资已经降为负值。因此，巴西政府暂停征税。

到2009年2月，由于外国资本流入重新出现大幅增长的趋势，巴西政府重启对外国资本流入征税。2009年10月，巴西政府将税率提高到2%。由于巴西雷亚尔仍然不断升值，2010年10月5日，巴西政府再次将外国资本流入税的税率提高到4%，2周后升为6%。

2011年12月，巴西政府取消了针对股权投资的2%资本流入税。2013年6月，巴西政府取消了对外资在巴西放贷的征税，以及对外汇衍生品1%的征税。

还有一种市场化的间接手段是对跨境资本的间接征税，表现为强制性的无息准备金或者存款要求。在这种管制下，银行或者非银行机构必须按照外国资本流入体量或者外币资产净头寸，以一定比例在中央银行存入无息准备金。强制性的准备金要求使得流入的外国资本需要存入的准备金部分不能以信贷的形式为银行创造利息收入，实际上降低了流入资本收益率，有利于抑制资本流入。而在资本流出、本币有贬值压力的情况下，如果要求银行对外币资产净头寸在中央银行存入 100%的准备金，会增加外币资产净头寸的持有成本，银行就会降低对外币资产的需求，由此可以减轻本币贬值的压力。

除此之外，基于价格和数量的间接规制还包括对不同类型交易与投资者的区别对待。这类间接规制可能用于控制跨境资本流动，也可能和本国货币政策或者宏观审慎考虑相关，包括对商业银行外币资产和外币负债头寸的规定、对本币和外币做多做空的管制、对本国居民和外国居民投资的不同规定、对在国际金融市场上借贷的信用评分要求等。

7.2.2 资本管制与宏观审慎管理

宏观审慎是指为了维护金融体系稳定，防止金融危机对整体经济产生负外部影响而采取的一种自上而下的管理形式。前文提到某些跨境资本流动的间接规制与宏观审慎管理相关。为什么资本管制政策要考虑宏观审慎管理？我们可以从本国金融机构在国际金融市场上面临的风险以及这些风险对金融体系稳定的负面作用这一角度进行分析。其他进行跨境资本交易的经济主体在国际金融市场上面临的风险可以使用类似的分析。

银行从事跨境金融资产交易，可能会面临信用风险、市场风险、流动性风险等。信用风险指信贷合同中至少一方无法履约，不仅涵盖银行资产负债表上的贷款，还包括表内或表外在担保、证券投资等方面的风险暴露。信用风险还包括：汇款风险，例如受突然实行的管制政策等影响，借款方无法获得贷款；清算风险，例如受时差等因素的影响，清算无法及时进行从而导致损失；国家风险，指借款方所在国家在经济、社会、政治环境等方面存在的风险。

市场风险指由于金融产品的市场价格变动，银行的表内或表外相关金融资产或负债的价值也会随之变动。市场风险还包括汇率风险，指银行表内或表外的外币金融资产由于汇率变动而产生损失。利率风险也是市场风险的一种，指利率变动对银行资产的负面影响，是由利率敏感的资产和负债错配造成的。利率风险会影响银行收入、资产和负债价值。利率风险也可以表现为再定价风险，由银行资产、负债、表外业务在久期等方面的差异所引起；或者表现为收益率曲线风险，指长期利率和短期利率的关系发生变化等。

流动性指银行能够在较短期限内以合理成本将资产变现，用于弥补资产减少或负债增加的能力。流动性风险指银行可能无法在规定期限内以合理成本将资产变现,并用于支撑资产负债表的变化。银行的基本盈利模式为吸收存款并发放贷款,通过贷款与存款的利率差获利。在满足中央银行的准备金要求后,银行有动力增加贷款来获取更多利润,但一般贷款期限较长,存款期限较短,而且储户可以提前支取存款。如果较多储户有提前取款的需要,就可能发生银行挤兑,甚至导致银行倒闭。美联储等中央银行可以通过接管发生挤兑的银行、为存在流动性风险的银行提供紧急贷款等方式防止银行发生的挤兑和倒闭进一步蔓延到整个金融系统,但是更有效的做法是日常监测银行的流动性风险。

由上述银行系统面临的风险可以看出,如果银行系统不能有效控制跨境资本交易中的风险,就可能造成银行发生挤兑和倒闭,进而对金融系统,甚至对本国经济造成严重的负外部性。因此,宏观审慎管理应根据自上而下的原则,对银行风险暴露的关键指标进行监控。宏观审慎管理针对银行的整体指标,并不专门区分国内资本和跨境资本交易。但是部分宏观审慎管理的指标涉及跨境资本流动管理,包括:对外币交易的限制(limits on foreign currency, LFC),指对银行外币贷款的限制;准备金要求(reserve requirements, RR),指对银行机构在中央银行的准备金比率要求,准备金要求对本币和外币的规定不同,跨境资本流动的市场化间接管制手段包括对金融机构外币存款的准备金要求,这里资本流动管理和宏观审慎管理的手段重合;对外汇持有量的限制(limits on foreign exchange positions, LFX),指对净外汇存量、外币暴露、外币资金、外币资产负债不匹配等的规定。

宏观审慎管理的以上三个指标涉及跨境资本流动管理,而资本流动管理的政策和规制可以降低资本流动波动性,防止跨境资本快进快出进行投机性交易而对本国货币造成升值或贬值压力;也可以预防金融系统涉及跨境资本交易,预防金融系统对整个经济造成的负外部性。因此,资本流动管理有利于宏观审慎目标的实现。

7.3 资本管制下的宏观经济与政策:理论框架

本节将分析"不可能三角"的第三个"角",即"独立货币政策、固定汇率、资本管制"下的政策效果。与第五章和第六章中的分析一样,理论模型建立在资本不能流动的严格假设之上,以明晰资本管制如何影响政策和冲击的传导机制。现实中各国的资本管制在具体政策制定和执行力度上可能相去甚远,需要结合实际情况加以分析。

本节的理论分析同样用图形与数学两种形式来呈现,但重点在于比较资本管制下的固定汇率制度与资本自由流动下的汇率制度,更倚重数学推导,以便直观地展示政策效果的数量差别。

7.3.1 基本模型的假定

本节的理论分析假设资本管制是完全且完美的。也就是说,资本管制的形式是不允许存在一切贸易之外的金融交换,并且这项政策在实际操作层面能够得到完美执行。

这里有必要对贸易引发的货币兑换做出补充说明。只要一个国家允许本国与外国进行国际贸易,就不可能完全不允许本币与外币的兑换。因为出口商在卖出货物时,通常会获得海外买家支付的外币,出口商需要将至少一部分出口所得兑换为本币,因为其生产成本(比如兴建厂房、购买机器、支付劳动力工资等)通常是用本币支付的。同理,为了进口外国商品或中间产品,本国进口商常常需要外币。因此,国际贸易本身就会产生货币兑换的需求。为了促成国际贸易,这些货币兑换的需求必须得到满足。在实际执行层面,这通常表现为允许贸易项目下的货币兑换。比如,一个出口商可以持出口票据在银行卖出外币,允许卖出的外币总额等于出口票据上显示的出口所得。

允许贸易项下的货币兑换带来的问题是,如果贸易不平衡,就会对汇率形成压力。那么,央行如何维持固定汇率呢?当进口大于出口时,换取外汇的需求超过来自出口商的外汇供给,会对外币升值、本币贬值形成压力;当出口大于进口时,外汇供给超过外汇需求,又对本币升值形成压力。本节的理论分析中,假定中央银行将出手吸收外币的超额供给或需求,以维持汇率固定。

本节的理论分析假定中央银行稳定贸易项下的换汇需求不足以影响到货币供给。这个假定在两种情况下都是合理的:一是贸易顺差或贸易逆差的数额相比本国的基础货币存量是微小的;二是贸易顺差和贸易逆差交替出现。比如,上年出现了贸易顺差,由此央行吸收了多余的外汇,而本年出现了逆差,央行又消耗了多余的外汇,从而使基础货币供给保持不变。

在明确了理论模型的基本假定后,下面进行具体的政策分析。

在一个国家实行资本管制的情况下,跨境资本流动被切断了,因此外汇市场均衡条件不再成立。这是因为即使国内外资产的收益率出现偏离,投资者在资本管制的阻碍下,也无法自由交易,从中赚取额外的收益。

无论一个国家选择的汇率制度与资本管制政策是什么,其国内市场的均衡依然由产品市场出清和货币市场出清两者构成,分别表现为 IS 曲线与 LM 曲线。本章的理论分析主要利用 IS 曲线与 LM 曲线,其数学表达式与第五章和第六章一致。

产品市场均衡(IS 曲线)要求供给与需求相等:

$$Y = C(Y-T) + I(i) + G + \mathrm{TB}(Y-T, s)$$

货币市场均衡（LM 曲线）要求真实货币供给等于对市场流动性的真实需求：

$$M/P = L(i,Y)$$

与之前一样，因为短期内价格不变，央行可以直接控制真实货币供给。用 $\mu = M/P$ 指代真实货币供给，这是央行的政策工具。

7.3.2 货币政策

假设央行实行短期扩张性货币政策，各宏观变量将如何变化呢？

我们首先通过图形来分析货币政策的效果。当央行实行扩张性货币政策时，如图 7-3 所示，货币供给增加使 LM 曲线从 LM_1 右移至 LM_2，经济达到新的均衡点 2，同时利率下降到 i_2，而产出增加到 Y_2。紧缩性货币政策正好相反。

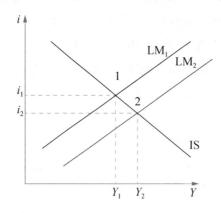

图 7-3 扩张性货币政策

资本管制的存在，使得央行无须担忧利率变化对汇率产生的扰动。如前所述，由于国际金融市场的分隔，套利行为不被允许，联系利率与汇率的无抛补利率平价也不再成立，导致货币政策的效果与封闭经济体基本相同：产出增加，同时利率下降。

即使在汇率固定、金融市场被分隔的开放经济体中，贸易渠道依然是存在的，货币政策的效果依然与在封闭经济体中存在数量上的差别。我们可以通过数学推导来识别，并且将之与第五章和第六章的"不可能三角"下的另外两种政策选择进行对比。

将货币扩张记作 $\Delta\mu > 0$，我们将 LM 曲线写成一阶微分形式：

$$\Delta\mu = L_i \Delta i + L_Y \Delta Y$$

上式告诉我们，在产出不变的情况下，货币供给的增加会使均衡利率下跌。当然，这个分析只考虑了货币市场的部分均衡。利率下跌会影响投资需求进而影响产出，下一步还要考虑产品市场均衡条件。将 IS 曲线写成一阶微分形式，展开后可得：

$$\Delta Y = C_Y \Delta Y + I_i \Delta i + \Delta G + \text{TB}_Y \Delta Y + \text{TB}_s \Delta s$$

显然，财政支出与汇率都是外生的政策变量。在等式左侧汇集包含 ΔY 的项可得：

$$(1 - C_Y - \text{TB}_Y)\Delta Y = I_i \Delta i$$

从中解出 Δi 并代入 LM 曲线扩展式可得：

$$\Delta \mu = \left[\frac{L_i}{I_i}(1 - C_Y - \text{TB}_Y) + L_Y \right] \Delta Y$$

因此，产出的变化可表达为外生变量 $\Delta \mu$ 的函数：

$$\Delta Y = \left[\frac{L_i}{I_i}(1 - C_Y - \text{TB}_Y) + L_Y \right]^{-1} \Delta \mu$$

在给定各一阶导数的符号和大小，与第五章和第六章中相同，可以得出结论：货币供给的增长促成产出的增长。

为了考量在"不可能三角"中不同政策选择的差别，我们将这个结论与第五章和第六章的结论做对比。

与固定汇率、资本自由流动的情形（第六章）相比，当固定汇率与资本自由流动的政策相结合时，我们看到货币政策完全失效了。而实际上，本国货币政策受到国外货币政策的辖制。比如港元的币值与美元挂钩，当美联储加息时，香港金融管理局也必须随之加息，否则资本外流将导致港元对美元贬值。资本管制切断了资本跨国流动的渠道，因此国内外资产的收益率不必一致，维护固定汇率也无须锁定本国的利率，央行由此重新拥有通过利率渠道来调控国内经济的自主权。这也是许多固定汇率国家采用资本管制的原因之一。

货币政策又有效了，那么其效果与浮动汇率、资本自由流动的情形相比，是更大了还是更小了？将 ΔY 的解与第五章中的解进行对比，我们发现等量的货币扩张带来的产出增幅更小。为什么呢？不论汇率制度为何，货币供给增加都会使国内利率下降，从而刺激投资。在浮动汇率制度下，国内利率还会使本国货币贬值；货币贬值又促使净出口增长，从而对国内产出产生更大的刺激。由此在浮动汇率制度下，货币政策通过影响汇率，从贸易方面产生额外的刺激经济的渠道。

7.3.3 财政政策

在分析了货币政策后，再来看固定汇率、资本管制之下的财政政策。假设政府进行财政扩张，增加政府支出。如果实行扩张性财政政策，如图 7-4 所示，政府支出增加使

IS 曲线从 IS_1 右移至 IS_2，经济达到新的均衡点 2，同时利率上升、产出增加。紧缩性财政政策的作用正好相反，从均衡点 2 到均衡点 1，产出减少、利率下降。

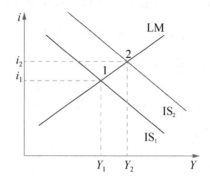

图 7-4　扩张性财政政策

由于无抛补利率平价条件不成立，财政政策的效果看似与封闭经济体下无甚区别。下面我们通过数学推导来比较政策效果。

在模型中，假定财政扩张采用增加政府支出的方式，记为 $\Delta G > 0$。政府支出的增加将直接增加国内需求，将 IS 曲线一阶微分展开后可得：

$$(1 - C_Y - TB_Y)\Delta Y = I_i \Delta i + \Delta G$$

为了得出这个等式，我们假设汇率固定，即 $\Delta s = 0$。在当前情形下，产出不仅会因政府支出的增加而增长，还会受到内生的利率变化的影响。

利率变化是因为产出的增长会促使货币需求增加，其增幅可以通过 LM 曲线的一阶微分展开可得：

$$0 = L_i \Delta i + L_Y \Delta Y$$

从中解出

$$\Delta i = -\frac{L_Y}{L_i} \Delta Y$$

将上式代入 IS 曲线扩展式，求解 ΔY 可得：

$$\Delta Y = \left[(1 - C_Y - TB_Y) + I_i \frac{L_Y}{L_i}\right]^{-1} \Delta G$$

因为 $1 - C_Y - TB_Y > 0$，$I_i < 0$，$L_i < 0$，$L_Y > 0$，ΔY 的正负符号与 ΔG 一致。不出意料的话，财政扩张会使产出增加。与货币政策不同，财政政策在"不可能三角"中的任何一个政策组合中都是有效的。不过，相比其他两种政策组合，财政政策的效果将如何变化了呢？

首先与浮动汇率、资本自由流动的政策组合进行对比（参见第五章）。ΔY 的解告诉我们，单位财政扩张对 GDP 的推动作用更大。在浮动汇率、资本自由流动的情形下，利率的上升会抬高国内资产收益率，从而吸引资本流入，导致汇率下降，本币升值。然而，本币的升值会促使净出口减少，抑制对国内产品的需求，从而向下调节总产出。这个汇率渠道在本章所研究的情形下是不存在的，因此单位财政扩张对产出的刺激效应更大。

相比于固定汇率、资本自由流动的情形（参见第六章），财政政策的效果是更大还是更小呢？数学公式一目了然地告诉我们，在资本管制的情形下，单位财政扩张对 GDP 的推动作用更小。为什么呢？不论资本是否自由流动，固定汇率都会抑制净出口对总产出的负向调节作用。但是在资本自由流动的情形下，为了维持所承诺的固定汇率，央行还要出手压制国内利率的上涨，否则产出的增加将使货币需求增加，从而抬升货币市场的均衡利率，导致资本流入。为了抵消这种效应，央行必须出售本国货币、吸纳外汇储备，从而使货币供给增加直到在原利率上满足新增的货币需求。在资本自由流动的情形下，相当于央行总是会自动配合财政政策，通过改变货币供给来抵消财政政策对国内利率的影响。在资本管制的情形下，央行无须进行此操作，可以任由国内利率上涨从而对产出的增加起到反制作用，产出的最终增加效果相较于资本自由流动的情形下更小。

7.3.4 汇率政策：目标汇率变更

官方汇率本身可以被用作经济管理的政策工具，下面我们考察的政策是目标汇率变更。

对于固定汇率与资本管制并存的经济体而言，货币贬值的直接效果是作用于 IS 曲线上的贸易收支项。根据一贯的假定，贬值将导致贸易收支增长，其效果与图 7-4 完全一样，我们不再重复用图形分析，而改用数学推导来衡量政策效果。

假定央行宣布本币贬值，则 $\Delta s > 0$。IS 曲线的一阶微分展开式为：

$$(1 - C_Y - TB_Y)\Delta Y = I_i \Delta i + TB_s \Delta s$$

上式中，本币贬值导致贸易收支增加，$TB_s \Delta s > 0$，形成对总需求的初始正向冲击，跟上一小节中财政扩张 ΔG 产生作用的方式是相同的。

从 LM 曲线中，我们可以解出货币市场均衡时的利率与产出的联动关系：

$$0 = L_i \Delta i + L_Y \Delta Y$$

$$\Delta i = -\frac{L_Y}{L_i} \Delta Y$$

这个关系告诉我们，产出的增长会带动利率上涨。将上式代入 IS 曲线展开式，并求解 ΔY 可得：

$$\Delta Y = \left[(1 - C_Y - \mathrm{TB}_Y) + I_i \frac{L_Y}{L_i} \right]^{-1} \mathrm{TB}_s \Delta s$$

与固定汇率制度且资本账户开放下的情形一样，本币贬值也会促使产出提升。其产生作用的渠道与财政扩张相同，都能拉动总需求。财政扩张增加国内需求，而本币贬值通过支出转换作用使国内外的需求更多地倾向于本国产品。

同样是货币贬值，与第六章分析的无资本管制的情形下相比，这里的政策效果如何呢？需求拉动产出增加，国内利率将会因产出提升而上升，由此对产出产生反向的抑制作用。在资本管制下，国内利率上升不会压制汇率，央行可以袖手旁观。但是，在固定汇率制度且资本账户开放的情形下，为了维持官方汇率，中央银行必须保持国内利率不变，由此需要增发货币以抑制利率上升。这等同于在最初的需求扩张之上，又叠加了货币扩张的作用，因而在固定汇率制度且资本账户开放的情况下，产出的增加还会更多（参见第六章）。

与第六章的结论相比，无论是财政扩张还是本币贬值，在没有资本管制的情况下，其刺激产出的作用都较强。需要注意的是，我们不该由此得出固定汇率下的资本管制削弱了财政政策和汇率政策效果的结论。此处所分析的情况是财政扩张而假定货币政策无作为，在资本自由流动的情形下，央行为了维护固定汇率而增加货币供给是不得已而为之。也就是说，为了维持官方汇率，央行的货币供给有且只有一个选择。在资本管制下，货币政策工具不为汇率所束缚。央行可以选择复刻资本自由流动下的货币扩张政策，并配合财政政策以维持国内利率不变；也可以根据自己的判断选择合适的利率，而无须担忧会引致汇率的变动，货币政策选择范围更大，具有更强的灵活性。

7.3.5 资本管制的得与失

综合以上的分析可以看出，资本管制最重要的作用是允许一个国家在维持固定汇率的情况下，放开货币政策的选择自主权。不仅货币政策重新变得有效了，还可以通过改变官方汇率来调控经济。这样看来，资本管制仿佛是无本万利的工具，但它也会带来一系列的问题，不该被滥用。

第一个问题是资本管制的可行性。资本管制人为地切断了国内外金融市场的自由交换，使套利行为无法进行，如此一来，国内的利率和资产收益率可以与国外不同。这是资本管制能够释放货币政策的选择自主权的根本原因，但套利的动机不会因此而消失。比如，如果国内的利率较高，那么国内外的投资者都会希望从国际市场贷款而在国内借出。国内外利差越大，资金的洪流对资本管制这座堤坝所产生的压力也会越大，投资者会借助各种渠道来获取套利机会，无论是在布雷顿森林体系下，还是在交易变得更加方便迅捷的今天，资本管制会随着时间的推移出现越来越多的漏洞。而且，这些漏洞总是由有权势的人掌控，从而滋生腐败与不平等。

第二个问题是资本管制的负面作用。即使资本管制如本章的假定一样是完美无漏洞的，切断国内外的金融交换也可能带来一系列的福利损失。第四章列举了国际金融交换的诸多益处，资本管制将使它们无法实现。当然，国际资本流动同样可能带来风险，政策制定者需要平衡收益与风险的关系，这一点对发展中国家尤为重要。第八章将就此展开更详细的讨论。

尽管在"不可能三角"的三种可能选择中，任何一种选择理论上都是可持续的，但资本管制在实际应用中往往会遇到更多的问题和挑战。长期而言，中国的国际货币制度可能会向包括美国在内的多数发达国家目前的选择方向靠拢，即最终选择浮动汇率制度和资本自由流动。在允许国际资本有更高的灵活性方面，中国也不断进行各种改革并稳步前进。例如前面几章我们介绍过目前人民币对美元的汇率已经不是绝对的固定汇率制度，而是允许人民币对美元的汇率有限浮动。同样，中国的资本管制政策也在逐步放开一些限制。

7.4 外国直接投资

本节我们将目光转向外国直接投资（FDI），着重分析两个问题：第一，FDI 能否促使其目标国的生产率提高？如果能，那么是通过何种渠道？第二，哪些因素会影响 FDI 的流动？

7.4.1 FDI 对生产率和经济发展的影响

20 世纪 90 年代后，越来越多的国家开始放宽资本管制，对国际资本流动采取更积极的态度。尤其是不少新兴市场国家争先恐后地推出各种税收优惠政策吸引 FDI，希望境外企业能够带来先进的技术和管理模式，帮助本国经济实现增长。伴随着 FDI 的流行，涌现出一大批关于 FDI 的研究。虽然有一些研究发现 FDI 企业的溢出效应并不明显甚至是负的，但多数研究发现 FDI 企业的平均生产率高于本土企业，并且至少在一定条件下，会对本土企业的生产率产生正向影响。如果跨国企业在投资决策中没有考虑这些正向的溢出效应，那么 FDI 目标国应该采用优惠政策来鼓励境外直接投资，促进本国经济的增长。

通过 FDI，外国公司在本国建立或收购受母公司直接控制的子公司。相比于本土企业，这些外国公司往往拥有技术或者管理优势，使之能够突破距离的壁垒并渗入他国的市场。早期关于 FDI 及其政策的研究主要集中于技术和管理驱动型 FDI，核心问题是 FDI 企业先进的技术和管理能否促进目标国经济增长和提高本土企业的劳动生产率。FDI 企业和目标国的本土企业相比，往往拥有更高的平均劳动生产率。这个现象很容易让人们认为 FDI 企业一定可以为目标国带来更先进的技术和管理模式，帮助目标国实现经济增长。然而，这种统计上的相关性并不一定代表着因果关系：FDI 企业进入一个国家，往往会选择与本土企业里劳动生产率最高的企业合作，或者聘请最优秀的员工。这种"摘樱桃"的行为会使 FDI 企业的平均生产效率高于本土企业，即便 FDI 企业自身并没有更先进的技术和管理模式。

为了解决这种内生性问题，实证研究通常采用双重差分（difference in differences，DID）法检验 FDI 能否提高生产率：若一个公司被 FDI 收购后，生产效率在随后几年比未被 FDI 收购的公司显著提高，则说明 FDI 可以提高生产效率。不少运用 DID 方法的研究确实发现了支持性的证据。无论是用发达国家数据还是用发展中国家数据，都能发现公司被跨国企业收购后，与没有被跨国企业收购的类似公司相比，生产效率显著提高。当发展中国家的企业被来自发达国家的跨国企业收购后，生产效率的提升表现得更加明显。

在确定了引进 FDI 可以帮助目标国企业提高生产效率和促进目标国的经济增长后，后续的问题是 FDI 可以通过哪些渠道影响本土企业的生产效率。第一条渠道是上下游的供应链关系。外国公司既可以向其上游的国内供应商转移知识和技术，也可以为其下游的国内客户提供更好的产品和服务，从而提高其生产效率。第二条渠道是企业间的人员流动。曾在跨国企业就职的员工调动到本土企业时，可以将先进的管理模式或生产方式带到本土企业。其他的渠道包括技术渗透与创新等。

使用中国数据进行的研究也发现了类似的渠道及 FDI 对经济的正向作用。有研究发现，外资可以促进中国本土企业的创新，促进中国经济发展模式的转型。FDI 还会影响目标国的进出口（数量和质量）和境外投资。例如，有研究发现中国上游服务业 FDI 会显著提高下游企业的出口产品质量，FDI 还从多条渠道促进国内企业增加对外直接投资（ODI）。

1. 双重差分法简介

双重差分（DID）法是一种准实验方法（quasi-experimental approach），在经济学研究中通常用于测量实验组（受到某种政策影响的组别）和对照组（未受该政策影响的组别）随时间推移而产生的结果差异。如果实验组和对照组并非随机分组产生，我们就不能仅通过比较两组结果的简单变化而得出因果结论,原因有两个:第一,政策以外的因素可能会随着时间的推移而影响结果;第二,选择性偏差和两组间不可观察的特征差异也会影响结果。不过,此时我们可以使用双重差分法,即使在无法进行随机分组时它也能帮助我们进行因果分析。

2. 核心思想

双重差分法的双重差分是如何实现的?从概念上理解,第一,DID 计算了实验组在政策实施前后的差异结果。在将同组与自身进行比较时,我们计算的一阶差分控制了该组中随时间变化的因素。第二,为了捕捉随时间变化的因素,DID 计算了对照组的结果在政策实施前后的差异。第三,DID 通过从第一个差异中减去第二个差异来"清除"所有随时间变化的因素,得到的双重差分值就是我们需要政策实施的净效应。

从公式上理解,DID 模型如下:

$$Y_{it} = \alpha_0 + \alpha_1 du + \alpha_2 dt + \alpha_3 du \times dt + \varepsilon_{it}$$

其中,du 为分组虚拟变量,若个体 i 受政策实施的影响,则属于实验组,对应的 du 取值为 1;若个体 i 不受政策实施的影响,则属于对照组,对应的 du 取值为 0。dt 为政策实施虚拟变量,政策实施前 dt 取值为 0,政策实施后 dt 取值为 1。$du \times dt$ 为分组虚拟变量与政策实施虚拟变量的交互项,其系数 α_3 反映了政策实施的净效应。

表 7-1 和图 7-5 总结了 DID 模型的核心思想。

表 7-1 归纳了政策实施前后实验组和对照组的因变量 Y_{it} 取值。比如,在实验组政策实施前,du 取值为 1,dt 取值为 0。因此,因变量 Y_{it} 取值为 $\alpha_0 + \alpha_1$。实验组政策实施后,du 取值为 1,dt 取值为 1,$du \times dt$ 取值为 1。因此,因变量 Y_{it} 取值为 $\alpha_0 + \alpha_1 + \alpha_2 + \alpha_3$。则对于实验组而言,政策实施前后 Y_{it} 取值差异是 $\alpha_2 + \alpha_3$。同理,对于对照组而言,政策实施前后 Y_{it} 取值差异是 α_2。实验组差异减去对照组差异,得到政策实施的净效应——α_3。

表 7-1 双重差分法政策效应

	政策实施前	政策实施后	差分
实验组	$\alpha_0 + \alpha_1$	$\alpha_0 + \alpha_1 + \alpha_2 + \alpha_3$	$\alpha_2 + \alpha_3$
对照组	α_0	$\alpha_0 + \alpha_2$	α_2
差分	α_1	$\alpha_1 + \alpha_3$	α_3

图 7-5 用图示直观地表达了双重差分法的核心概念。在政策实施前,对照组的因变量 Y_{it} 取值为 α_0,实验组的因变量 Y_{it} 取值为 $\alpha_0 + \alpha_1$。在政策实施后,对照组的因变量 Y_{it} 比政策实施前增加了 α_2,取值变为 $\alpha_0 + \alpha_2$。对照组即使在政策实施后,也并未受到政策影响,所以 α_2 这个增加量,可以理解为在没有政策影响的情况下,因变量 Y_{it} 按照自然趋势发展所呈现的增加量。在平行趋势假设下,对于实验组而言,假设没有政策影响,该组

的因变量 Y_{it} 按照自然趋势发展,也会呈现 α_2 的增加量,也就是图中实验组虚线代表的趋势。在政策实施后,实验组的因变量 Y_{it} 会按照平行趋势发展,也会受到政策的影响。所以政策实施后,实验组 Y_{it} 的增加,是二者共同作用的结果。政策实施后,实验组 Y_{it} 增加幅度为 $\alpha_2 + \alpha_3$。去除自然趋势 α_2,剩余的 α_3 才是通过双重差分法得到的政策实施的净效应。

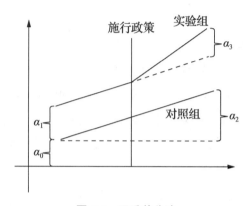

图 7-5 双重差分法

7.4.2 影响 FDI 流动的因素

影响 FDI 流动的因素多种多样,汇率波动是其中之一。理论上,汇率波动会通过两条主要渠道影响 FDI:生产灵活性和风险规避。一方面,汇率波动可以提高跨国公司的生产灵活性,使它们能够在本国汇率波动上升时在境外投资;另一方面,汇率波动也可能增大不确定性并减少外国投资激励,特别是减少内向 FDI。基于数据的大多数研究发现,风险规避的负向效果更大。汇率波动的增大不仅会减小企业对外直接投资的可能性,还会抑制其投资规模。因此,吸引 FDI 是稳定汇率的理由。

制度约束和法律框架也会对企业的对外投资行为产生影响。政治稳定和良好的治理可以增强外国投资者的信心,降低政治风险,促进 FDI 的流入;相反,政治动荡和腐败会抑制 FDI 的流入,甚至导致 FDI 撤出。经济政策和开放程度可以影响一个国家或地区的经济增长前景、市场规模、竞争力、成本效益等,从而影响 FDI 的流入和流出。一般来说,经济政策的稳定性、透明度、可预测性以及市场的自由化和一体化,可以吸引 FDI 的流入;相反,经济政策的不确定性、干预和保护主义,可以抑制 FDI 的流入。法律框架和执行力可以影响一个国家或地区对外国投资者的保护程度,包括财产权、合同权、争端解决等方面。法律框架和执行力越完善、越符合国际标准和惯例,越能保障外国投资者的利益,从而促进 FDI 的流入。相反,法律框架和执行力越欠缺、越不一致,越容易侵犯外国投资者的利益,从而抑制 FDI 的流入。还有一些国家可能会针对外资企业施加制度和法律上的限制,包括外资股权限制、歧视性审查或批准机制、对关键外籍人员的限制和运营限制等。这些限制可能会影响 FDI 的流入和流出。

企业的低融资成本优势也能够引发 FDI 的流动。跨国企业可以从全球资本市场上获取资金，尤其是对金融市场效率较低的新兴市场而言，其融资成本往往低于 FDI 目标国的企业。这种融资约束对服务行业表现得更加明显，因为服务行业可以用于抵押贷款的固定资产相对较少以及科研类服务行业的前期投资较大等因素都会使本土企业和 FDI 企业相比融资劣势更大。因此，即使在没有很强大技术优势的情况下，低融资成本带来的优势也会成为跨国企业进行境外投资的动力，尤其是在金融和科研等服务行业。

专栏 7-2 中国企业对外直接投资

中国企业对外直接投资（ODI）和证券投资在 2010 年后呈现爆发式增长，对外投资规模增量在 2015 年后长期名列全球前三。根据商务部统计，截至 2020 年，中国 2.8 万家境内投资者在国（境）外共设立对外直接投资企业 4.5 万家，分布在全球 189 个国家和地区，境外企业资产总额达 7.9 万亿美元，对外直接投资存量达 2.58 万亿美元，位列全球第三，仅次于美国和荷兰。

我国企业对外直接投资的一个重要目的是开拓境外市场。这类投资将有利于中国的产业结构升级——从简单的代加工和出口产业向品牌生产转型，对出口、就业以及国际竞争力均有正向影响。例如，电商企业代表赛维时代通过对外直接投资贴近欧美消费者，及时了解当地需求，培育和发展自己的国际品牌。

赛维时代是我国电商企业向发达国家进行对外直接投资的代表。作为一家跨境出口品牌电商，赛维时代通过 Amazon、Walmart、eBay、Wish 等第三方电商平台和 Retro Stage 等多个垂直品类自营网站向全球销售商品，包括服饰、运动娱乐、百货家居等。

通过对外直接投资，赛维时代的运营模式由原来作为国际知名品牌的代工厂，发展为在国内进行产品设计、开发和生产的品牌电商，通过跨境电商向境外培育和发展自己的国际品牌，提高公司在产品生产过程中的附加值。赛维时代通过自建和管理境外仓储的投资形式开拓境外市场，目前总面积已达 18 万平方米（主要向北美和欧洲投资，占比约为 78%）。这些对外直接投资帮助公司提高产品在境外的物流速度，吸引和服务好境外消费者。公司能够在短期内建立起境外仓储网络，得益于其风控体系、对投资目的国前期法律环境的研究、核心人员岗位由国内外派以及管理资金和人员等各运营流程的成熟机制。公司对外直接投资的主要考虑因素为市场和客户群体，其他对外直接投资考虑因素包括派送资源、用工政策、税务政策、港口距离等。

2018—2020年，赛维时代已经拥有32个累计营业收入超过千万元的自有品牌，其中13个品牌在此期间累计营业收入过亿元。目前公司的销售市场主要位于美国、英国、德国等全球主要发达国家和地区。2020年的数据显示，销售市场的地区分布分别为北美洲约占73.6%、欧洲约占18.4%、中国约占6.3%、其他地区约占1.7%。境外所得利润除部分用于维持境外的日常运营外，其余利润汇回国内总公司。

境外市场的开拓提高了赛维时代的产量，为国内提供了更多的就业机会，尤其是设计、市场分析和产品推广等方向的高质量就业岗位。为了保证交货速度和方便质量管控，目前公司主要产品的生产仍集中在大湾区，并未出现就业流失的情况。

对外直接投资也可以帮助我国目前一些优势行业开拓境外市场，提升企业的全球竞争力，创造更多的就业机会。深圳能源集团股份有限公司（简称"深能源"）是全国电力行业第一家在深圳上市的大型股份制企业，也是深圳第一家上市的公用事业股份公司，尤其是在天然气发电管理与运营方面有着丰富的经验和技术。2008年深能源开始进行对外直接投资，大力发展风力发电、天然气发电、光伏发电、垃圾发电等可再生能源。公司对外直接投资的主要目的是延伸国内产业布局，开拓境外市场，利用国内外资源提高营业收入。深能源在加纳（西非第一家中资电厂和独立发电商）和越南分别开展了天然气发电项目以及风力发电项目，通过自身丰富的运营经验以及当地良好的投资环境获得满意的盈利，从而推动企业持续增长，为国内创造更多就业机会。

大型跨国企业往往有着严格的供应链布局，不少企业把直接供应商分布在母国，其他国家的公司只能担任第二层甚至第三层供应商。对外直接投资也帮助我国很多制造业公司通过收购跨国公司的母国企业，进入这些跨国公司的直接供应商名单，借此提升自己在全球供应链中的位置，为企业技术创新和持续增长占据优势地位。例如，凯中精密通过收购德国SMK公司，帮助企业获得了更多境外订单，扩展了供货范围，拓宽了境外市场。

凯中精密是一家制造业民营企业，定制开发各类高技术的精密零部件，如换向器、集电环、连接器等，其产品主要用于汽车。公司对外直接投资的主要目的是拓展境外市场，成为更多境外企业的供应商；对外直接投资的主要考虑因素包括客户需求、订单量及下游客户量。公司在完成境外收购之后，会在当地设立持股公司，按照当地的标准及法规运营。考虑到欧洲融资成本低，公司的境外子公司在境外自行贷款，由设立在德国的持股公司予以担保。通过境外融资，子公司升级了设备和技术，增加了下游公司的订单量，也帮助国内的总公司获取了更多订单，扩大了市场份额和升级了产业链。

关键词

证券投资　外国直接投资　衍生品投资　资本流入　资本流出　资本管制　资本流动管理　宏观审慎管理

参考文献

Alam Z, Alter A, Eiseman J, et al. Digging Deeper–Evidence on the Effects of Macroprudential Policies from a New Database[Z]. IMF Working Papers, 2019.

Alfaro L, Chari A, Kanczuk F. The Real Effects of Capital Controls: Firm-Level Evidence from a Policy Experiment[J]. *Journal of International Economics*, 2017, 108: 191–210.

第八章

发展中国家

在本章中，我们将重点转向发展中国家。发展中国家广义地指世界上的欠发达国家。

我们描述各国经济增长表现的差异，并讨论这一差异的潜在原因。前几章提出和运用的一般理论，仍然可以用来分析任何经济体的基本框架。在本章中，我们将特别关注与发展中国家有关的问题。

本章的主要目的是了解发展中国家参与国际资本市场的潜在机遇与风险。经济增长的经典理论表明，发展中国家可以从国际资本流入中获得可观的收益。但实际上，国际资本流动的风险很大，许多发展中国家都遭遇过资本流入突然停止的情况，往往导致国际收支危机，进而引发经济衰退。我们研究发展中国家发生过的严重金融危机，并讨论引发危机的原因和改革措施。

8.1 世界经济的增长与分化

在近代世界经济发展史上，一些国家的经济发展取得了令人瞩目的成绩，但有些国家却相对落后了。当今世界，各国之间的收入差距仍然是一条难以逾越的鸿沟。本节考察了世界各国的经济增长和收入差距，并提出了关于经典增长理论的一个重要预测：国际资本流动可以帮助贫困国家缩小发展差距。

8.1.1 收入差距和幸福感

追求经济繁荣是经济发展的中心主题。世界上所有负责任的国家都在为本国人民谋求更高的收入和生活质量。但审视全球各国的数据，我们发现，各国在实现经济目标方面有着截然不同的表现。

根据人均收入水平，世界银行将各国分为四类：低收入经济体（包括阿富汗、也门、许多撒哈拉以南的非洲国家等）、中低收入经济体（包括印度、肯尼亚、玻利维亚、越南等）、中高收入经济体（包括巴西、中国、墨西哥等）、高收入经济体（包括澳大利亚、日本、美国等）。

表 8-1 列出了每个类别的收入范围、国家数量和人口。世界各国收入差距巨大是一个显著的特点，高收入国家人均 GDP 下限是低收入国家人均 GDP 上限的 10 倍以上。

表 8-1　2022 年按人均 GDP 划分的国家分类

类别	人均 GDP（美元）	国家数（个）	人口（10 亿人）
低收入	1 085（含）以下	28	0.70
中低收入	1 086—4 255	54	3.36
中高收入	4 256—1 3205	54	2.50
高收入	13 206（含）以上	81	1.24

注：最终收入水平会随着时间的推移而调整。人均 GDP 的数据为 2022 年的水平。

尽管有 81 个国家有资格成为高收入俱乐部的成员，但在全球 78.4 亿人口中，只有 12.4 亿人（即世界总人口的 15.8%）生活在高收入国家。

收入差距很重要吗？与许多其他社会哲学分支一样，对经济学家来说，收入不是全部，幸福感——在经济学术语中称为"效用"——才是最重要的。因此，终极问题是：高收入是否会增加人类幸福感？

与收入不同，幸福感是主观的。贝齐·史蒂文森（Betsey Stevenson）和贾斯汀·沃尔弗斯（Justin Wolfers）在一项研究中通过自我评估比较不同收入国家和同一国家不同收入群体的幸福感，得出的结论是：高收入的确会增加人们的幸福感。

然而，还有一个悖论：对一个国家居民的幸福感的长期研究表明，其平均幸福感并不会随着收入的增加而增加。对实证证据的一种可能解释是，与其他国家或同一国家的其他居民相比，一个人的主观幸福感主要取决于其相对他人的富裕程度。

通过询问人们主观幸福感的问卷得出了模棱两可的答案，然而福利的客观衡量标准清晰地表明，经济状况极大地影响了生活质量。表 8-2 列出了三种指标。从生活质量的衡量标准来看，不同收入国家之间的各指标不平等显得更加突出。一个出生在低收入国家的婴儿，预期寿命要比出生在高收入国家的婴儿短 17 年，在 5 岁前死亡的概率是高收入国家婴儿的 13 倍以上，无法上学的概率为 66%。

表 8-2　收入和福利的客观衡量标准

类别	预期寿命（岁）	儿童死亡率（‰）	净入学率（%）
低收入	63	66	34
中低收入	69	45	60
中高收入	76	11	82
高收入	80	5	91

注：儿童死亡率指每 1 000 名活产婴儿中 5 岁以下的死亡人数。净入学率指入学的学龄儿童与相应法定学龄人口的比率。预期寿命和儿童死亡率数据截至 2020 年，入学数据截至 2018 年。
资料来源：世界银行。

这些数据表明，即使不是为了提升主观幸福感，仅仅是为了减少人类所经历的痛苦，经济发展也是很重要的。毕竟，那些关于人类主观幸福的调查是否真正接触过一个刚刚失去孩子的母亲,并询问她对幸福感的自我评价呢?此事值得怀疑。当然,那些过早死亡的孩子更无法通过接受调查来表达他们的不满。

我们在此提出的关键论点是:促进贫困国家的经济增长,具有改善人类福祉的巨大潜力,故而应该在当今经济学研究的议程中占据高度优先的地位。接下来,我们将探讨贫困国家是否有收入增长的趋势,且收入水平能否向富裕国家看齐。此外,我们将重点关注国际资本流动对收入增长的促进作用。

8.1.2 经典经济增长理论的预测和条件趋同

各国之间巨大的收入差距,表明经济增长是改善人类福祉的制胜法宝。试想一下,如果所有国家都能达到与北美或西欧国家相当的收入水平,我们在生活质量方面的潜在收益将有多大。难怪经济学家一直反复研究和争论各国收入差异的原因,以及促进经济增长的最优政策。

经典增长理论预测,随着时间的推移,不同收入水平国家的人均收入应该趋同。趋同性(convergence)意味着在其他条件不变的情况下,贫困国家应该增长得更快,不断缩小与富裕国家的差距。趋同性背后的根本原因是资本的边际回报递减。当一家有两个工人的面包店购买第一个烤炉时,两个工人共同使用,因此烤炉很可能会持续有效地被利用。如果再增加一个烤炉,两个工人各使用一个,每个烤炉的产出将减少,因为工人在准备面团时,烤炉处于闲置状态。如果增加第三个甚至第四个烤炉,那么每增加一个烤炉,预计边际产出将会减少,因为现在每个工人只能用一半的时间使用一个烤炉。同理,一个国家的第一条高速公路可能会修建在交通最繁忙的地段,从而产生最高的效益。而随着高速公路的数目不断增加,其中一些甚至通向偏远和人迹罕至的地区,每一条高速公路的利用率可能会不断降低。最终,维护这些烤炉或高速公路所需的投入几乎无法抵消折旧(即投入回收)。这时,资本投入将不再带来更多的产出。总之,赞比亚的新高速公路应该比德国的新高速公路产生更高的经济效益,因为德国高速公路网络已经四通八达了。这个理论同样适用于生产性机器。在发展中国家,更多的工人与一台机器配对,从而增加机器的边际产量;而在发达国家,人均机器数量已经达到饱和。

此外,经典理论还预测,一个开放的世界可以促进各国收入水平的趋同。一方面,思想的流动——生产背后的知识和管理技能的传播,可以提高发展中国家的生产力,使它们能够以等量的资本和劳动力投入产生更多的产出。另一方面,当资本也可以在国家之间自由流动时,它应该从较发达国家流向欠发达国家,因为后者通常资本短缺但劳动力丰富。资本将在发展中国家产生更高的收益,并加速发展中国家的经济增长。

因此,国际资本流动可以成为缩小各国收入差距使世界更加公平的主要力量。尤其是考虑到在整个世界范围内，只有三十分之一的人口是国际移民。①绝大多数人终生居住在出生国。鉴于各国收入水平之间的巨大差距，一个人一生的际遇很大程度上为其出生地所决定。如果国与国之间能够自由移民，或许可以减少这种与生俱来的不平等。然而，毋庸置疑的是，劳动力自由流动的国际壁垒较强，而国际资本流动往往容易得多。因此，国际资本流动可以替代国际劳动力流动。在这个意义上，资本流动可以拉平国际单位工人的资本存量，并使国家间的生产力和收入水平趋同。

现实中国家收入趋同吗？

根据趋同论的预测，发展中国家将在人均资本、生产率和收入方面迎头赶上发达国家。但实际上，只有少数幸运的经济体才能做到。表 8-3 比较了 1960 年和 2021 年各国家和地区的实际人均 GDP。最后一栏是整个时间段的年度平均增长率。

表 8-3 实际人均 GDP 及其增长率（按 2015 年不变美元计算）

国家和地区	1960 年（美元）	2021 年（美元）	1960—2021 年人均 GDP 的年均增长率（%）
1960 年的工业化国家			
法国	11 170	38 046	2.0
意大利	9 688	31 506	2.0
日本	6 261	35 291	2.9
西班牙	6 215	26 126	2.4
瑞典	16 525	54 262	2.0
英国	14 915	45 102	1.8
美国	19 135	61 856	1.9
非洲			
肯尼亚	787	1 705	1.3
尼日利亚	1 459	2 430	0.8
塞内加尔	1 175	1 437	0.3
津巴布韦	1 137	1 289	0.2
拉丁美洲			
阿根廷	7 410	12 402	0.8
巴西	2 578	8 538	2.0
智利	3 289	14 116	2.4
哥伦比亚	1 951	6 418	2.0
墨西哥	3 897	9 525	1.5
巴拉圭	1 499	6 265	2.4
秘鲁	2 705	6 437	1.4

---

① 联合国《2022 年世界移民报告》。

（续表）

国家和地区	1960 年（美元）	2021 年（美元）	1960—2021 年人均 GDP 的年均增长率（%）
亚洲			
中国内地	238	11 188	6.5
中国香港特别行政区	3 956	44 481	4.1
印度	306	1 937	3.1
马来西亚	1 286	10 576	3.5
韩国	1 027	32 731	5.8
新加坡	3 612	66 176	4.9
泰国	598	6 124	3.9

资料来源：世界银行。

表 8-3 最上面的区域是在过去六十年中，1960 年已经实现工业化的国家人均 GDP 以每年 2%左右的速度增长。有趣的是，这组国家中相对贫穷的国家的确增长得更快。例如，日本和西班牙在 1960 年落后于其他成员，但随后的增长率却更高。

然而，在比较了表 8-3 中的经济数据后，我们发现现实与理论预测相反，趋同是一个例外而不是常态。尤其是非洲国家，其人均 GDP 在 1960 年就比发达国家低得多，但增长速度甚至比工业化国家还慢，这意味着非洲国家与发达经济体之间的收入差距还在扩大。拉丁美洲国家也没有赶超的迹象，只有亚洲经济体的表现似乎证实了趋同论。最值得注意的是，1960 年相对贫穷的中国内地，以年均 6.5%的速度增长，现在已跻身中等偏上收入国家行列。

为什么各经济体的增长表现差异如此之大？为什么贫困国家和地区没有像经典理论预测的那样积累更多的资本？研究指出，发展中国家和地区的一些常见的制度特征可能阻碍了经济的快速增长。例如,许多发展中国家都曾有过政府直接干预经济的情况——政府可能拥有或控制大公司，可能对进口施加限制，并可能消耗很大比例的国民产出。这种干预往往会造成扭曲，并阻碍市场对生产资源进行有效配置。此外，在政府干预市场的情况下，由权力带来的腐败比比皆是。跨国数据显示，腐败与贫困之间存在明显的正相关关系。

虽然流入发展中国家的国际资本有望加快该国的经济增长，但其波动性有时会加剧金融脆弱性和风险，特别是在金融市场不发达的国家和地区。一个健康的金融市场将储蓄引导到生产性投资项目中。但在欠发达金融市场中，信息不对称、法律制度薄弱等因素往往会阻碍金融机构发放稳健的贷款。在这里，银行会为金融状况堪忧或者风险过大的项目提供资金；发放贷款往往基于是否国有企业、个人关系、不充分的信息或判断；破产时对投资者权益的法律保护也十分薄弱。发展中国家多次的债务违约和金融危机事件表明，这些金融摩擦会加快国际资本的流入和流出，从而使得国际资本流动带来的收益常常被风险抵消。

8.2 流向发展中国家的资本、风险和危机

许多发展中国家依靠外国资本流入为国内投资提供资金。虽然国际金融市场使它们能够以更快的速度积累资本，但国际资本流动的不稳定性也会增加风险，有时会导致严重的危机。

8.2.1 发展中国家的资本流动

如上所述，经典经济增长理论预测，发展中国家应该向发达国家借款。发展中国家虽然比较贫穷，但劳动力相对丰富。由于发展中国家的资本相对稀缺，对其投资应该会产生更高的边际回报，只不过由于贫困，许多发展中国家没有能力通过投资来快速积累资本。与之相反，发达国家往往拥有雄厚的财富存量，而且经过长期的发展，其"低矮处的果子"已经被摘完了，国内丰富的资本存量也压低了投资回报水平，此时到发展中国家投资变得有利可图。

资本从发达国家流向发展中国家是一种互惠互利的行为：当资本流入发展中国家市场时，发达国家的投资者会获得比本国更高的收益，同时发展中国家在国民收入和储蓄能力较低的情况下仍能获得解燃眉之急的资本。

通过研究一个国家的经常账户，可以追踪其总借贷情况，得出经常账户余额（CA）、国民储蓄（S）和国内投资（I）之间的关系：$CA = S - I$。也就是说，若经常账户余额为正，则意味着该国居民的储蓄超过国内投资项目的需求。因此，该国可以向外国提供贷款。相反，若经常账户余额为负，则意味着该国可以通过贷款为超过国民储蓄的额外国内投资融资。

表 8-4 总结了发展中国家和发达国家的累计经常账户余额，其中石油出口国单独列出。因为这些国家的出口严重依赖于原油，即它们的经济依赖于一种可耗尽的自然资源，所以该国居民为预防将来资源耗尽而储蓄是合理的。在整个样本期间，石油出口国大多是净贷款人，经常账户有盈余。

正如经典理论所预测的，在样本的最初几年，非石油出口国的发展中国家作为一个

整体，是全球金融市场的净借款人。1982—1989年期间借贷较少，与几次债务危机有关，发达国家投资者对于向发展中国家提供贷款持谨慎态度。在20世纪90年代，发展中国家的债务又开始快速增长。然而，1999—2009年，这个趋势发生了逆转，发展中国家成为了贷款人，发达国家反而成为借款人。这种情况在2008—2009年的金融危机后又再次发生逆转。

我们看到，虽然总体上国际资本是从发达国家流向发展中国家，但这个趋势并不恒常，经常出现起伏甚至逆转。表8-4中的数据并未区分投资的种类，但在现实中，金融投资和直接投资有着不同的特征，对发展中国家的意义也不同。在下一小节我们将详细阐述。

表8-4 1973—2019年累计经常账户余额

（单位：十亿美元）

期间	主要石油出口国	其他发展中国家	发达国家
1973—1981年	155.469	−143.814	−142.897
1982—1989年	−0.772	−254.825	−325.622
1990—1998年	−34.915	−752.498	42.571
1999—2009年	2 895.577	728.142	−2 981.627
2010—2019年	2 873.926	−1 436.017	2 401.018

注：由于一些国家统计存在错误、遗漏和数据缺失，全球经常账户余额的总和不等于0。
资料来源：国际货币基金组织。

金融投资和直接投资

到目前为止，我们通常使用资本流入一词指代一个国家各种类型的外国借款。实际上，国际投资者可以通过多种不同方式放贷。例如，投资者可以购买金融资产（如政府债券、私募债券和股票），可以直接把钱存入银行，也可以创建一个公司并保留直接控制权。所有这些投资都成为接收国的新外债。但不同类型的债务具有不同的属性，对发展中国家而言，这些债务也有着不同的风险。一般来说，我们可以将境外投资分为两大类：金融投资和直接投资。

金融投资包括对各种类型金融资产的对外收购。发展中国家可以通过向外国私人投资者发行债券来借款，也可以通过向外国银行借款来获得资金，还可以向世界银行或国际货币基金组织（IMF）等国际机构借款。在股票市场上购买股票也算作金融投资，只要投资者购买的股票数量不足以直接控制股票发行公司即可。在金融市场上，许多国际多元化基金允许本国投资者便捷地购买发展中国家的金融资产。

直接投资指境外投资者不仅提供资金，还直接控制所投资的公司。直接投资可以采取两种形式：母公司在另一个国家设立子公司，从头开始建立业务，这类直接投资被称为绿地（或棕地）投资；境外投资者可以购买一个预先存在的国内公司的控制性股份，此类投资被称为跨境并购。第二次世界大战后，外国直接投资一直是发展中国家融资的重要途径。

数据显示，直接投资往往比金融投资稳定得多。特别是在经济衰退期间，与持有债券或股票的投资者相比，持有实物资产的外国投资者所直接投资公司的清算概率要小很多。并且，当一个外国公司直接控制发展中国家的公司时，不仅可以带来资本，往往还可以带来特有的无形资产。例如，跨国公司可能会建立一条专门用于某种特殊产品的生产线，在创造有形资本的同时，还可能向子公司转让专利权和管理知识。在经济衰退时期，跨国投资者也许并不想出售这些特定资产，即便有意愿，也可能很难为这些资产找到买家。此外，作为跨国企业的子公司，境外投资者拥有的国内公司不太可能受到同行公司所面临的财务条件恶化的约束。当所在国的借贷成本较高时，子公司可能会依赖总部提供的资金帮助。

跨境资本流动对发达国家和发展中国家而言都是不稳定的。发展中国家的金融市场规模通常较小，因此，对美国金融市场来说适度的资本流入，对发展中国家来说很有可能是金融资源的巨额流出。在债务和股权中，外国投资的股权对发展中国家而言风险一般较小。债务融资的特点是支付固定的利息和本金，不受国家经济状况的影响。当一个国家的经济恶化或其货币贬值时，继续支付承诺的金额可能变得困难或不可能实现，这将导致违约。就股权融资而言，尽管外国股权所有者可以获得公司的股利，但在经济低迷时期股利会自动减少，且没有向权益所有者承诺支付固定股利。因此，对于发展中国家而言，外国股权融资的风险往往低于债务融资。

专栏 8-1　国际资本流动的卢卡斯悖论

芝加哥大学经济学家罗伯特·卢卡斯（Robert Lucas）在 1990 年发表的一篇文章中，探讨了一个令人费解的现象，即与经典经济增长理论的预测相反，资本不会从富国流向穷国。比如，表 8-4 的数据显示，发展中国家（不包括石油出口国）作为一个整体，在 21 世纪前十年是净贷款人。我们知道，由于发达国家和发展中国家之间存在巨大的收入差距，根据经典经济增长理论，发展中国家的资本边际产出本应高得多，从而有更多的资本流入发展中国家。但事实上，资本流动的方向和理论预测往往是相反的。

表 8-5 的上半部分包含截至 2021 年年底的前九大资本流入目的地（定义为股权流入和 FDI 流入的总和），以及 FDI 流入的主要目的地。除中国外，榜单内的其他国家都是高收入的发达国家。显然，尽管人均资本流入量已经很高，但发达国家依然继续吸引私人投资。

欠发达国家的情况怎样呢？表 8-5 的下半部分显示了富国和穷国之间国际资本流动的巨大差距。47 个撒哈拉以南非洲国家，其总资本流入量远低于资本流入总额排第 9 名的西班牙。即使我们把流入所有 54 个中低收入国家（这些国家约有 34 亿人口）的 FDI 相加，也只相当于德国的水平。对发展中国家尤其重要的 FDI 流入数据，也说明了类似的情况。

表 8-5 资本流量和 FDI 流量总存量

（单位：百万美元）

资本流入的前 9 个目的地		FDI 流入的前 9 个目的地	
美国	29 617 130	美国	14 813 042
英国	5 380 508	中国	3 623 770
中国	4 959 765	英国	2 999 803
瑞士	3 563 227	德国	2 022 990
德国	3 531 035	瑞士	1 914 711
法国	2 796 168	加拿大	1 627 912
日本	2 487 581	法国	1 468 645
加拿大	2 407 608	西班牙	1 044 966
西班牙	1 395 975	比利时	955 663
流向欠发达地区的资本		流向欠发达地区的 FDI	
撒哈拉以南非洲 (47)	815 101	撒哈拉以南非洲 (47)	672 730
低收入 (26)	245 649	低收入 (26)	241 784
中低收入 (54)	2 958 147	中低收入 (54)	2 021 246

注：括号中的数字是指该组中的国家数目。
资料来源：国际货币基金组织。

图 8-1 是世界上所有国家的人均资本流入量与人均 GDP 的关系图（不包括避税天堂①）。图 8-1 显示，让经济学家困惑了几十年的现象在 2021 年仍然存在。人均 GDP 和人均资本流入量之间存在明显的正向关系。也就是说，与经典经济增长理论的预测相反，资本倾向于流入富国。

---

① 避税天堂是指低税率的小国，通常作为国际投资的通道而非目的地。就是因为这一特性，避税天堂国家的人均资本流入记录异常高。

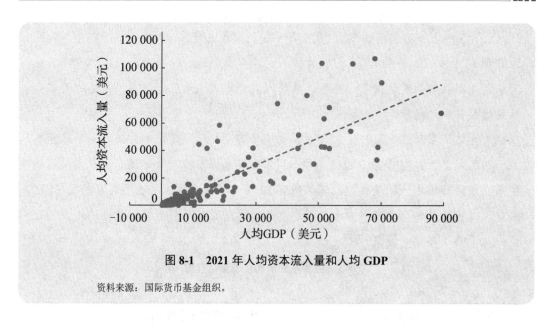

图 8-1　2021 年人均资本流入量和人均 GDP

资料来源：国际货币基金组织。

为什么资本不从富国流向穷国呢？卢卡斯研究了针对上述现象的两种解释。第一种解释是各国之间存在未被观察到的劳动生产率差距，这一差距可能是由教育和培训的差异以及工人之间的知识溢出造成的。例如，一个美国工人的生产率可能比印度工人高好几倍。因此，在均衡状态下，尽管美国工人比印度工人拥有更多的人均资本，但我们仍会观察到美国工人的人均产出更高。

第二种解释是质量较差的制度。例如，垄断力量可能会限制资本流入一个国家，从而人为地压低实际工资。一个对私有产权保护不力的国家，可能无法吸引境外投资，因为投资者担心政府可能会没收他们的资本。法律保护欠缺和信息不完全都会给投资带来额外的风险，腐败则会增加运营成本。这样的例子不胜枚举。因此，在均衡状态下，即使发展中国家的预期资本收益率较高，但高风险也可能会使投资者望而却步。

之后的实证文献研究可以解释为什么国际资本不从富国流向穷国。尽管很多因素都起到重要的解释作用，但一个国家的制度质量被认为是卢卡斯悖论的主要成因。国家的经济发展与制度质量正相关。因此，尽管贫困国家缺乏资本，也更可能为国际投资者提供较高的预期收益，但这些国家往往缺少健全的制度，可能会由于过高的生产成本和风险而阻碍资本的流入。事实上，一项有影响力的实证研究使用标准计量经济学方法的检验结果显示，卢卡斯悖论可以完全用制度质量来加以解释。[1]前沿研究仍在争论这一论点的有效性，但人们一致认为制度质量即使不是最重要的解释，也至少是最重要的解释之一。

---

[1] 参见 Alfaro、Kalemli-Ozcan 和 Volosovych (2008)。

8.2.2 违约和资本流动逆转

一个国家在借款时,需预计未来要支付债务的利息和本金。就像一个通过贷款支付学费的大学生一样,债务国通过向债权国承诺未来会偿还本息来换取当前使用的投资资金。只要这些投资的未来收益和债权人预期的一样高,债权国出借资金就是合理的。但出于种种原因,可能会出现债务国无法按承诺偿还贷款的情况。投资者在选择项目时有时可能会发生决策失误,或者债务国可能会受到意外的负面冲击——如2020年的新冠疫情,使各国陷入经济衰退的困境。

当借款人未能按照贷款合同的时间表付款时,贷款出现违约(default)。鉴于发展中国家金融市场的脆弱性、公共财政的薄弱性以及法律保护的不完善,一般认为对发展中国家的贷款风险比对发达国家的更大。

在违约风险的威胁下,当流向发展中国家的私人资本突然停止,该国将经历产出和就业率的下降。要想了解为什么会这样,请回顾一下 $CA=S-I$ 这个恒等式。假设该国最初出现经常账户赤字。然后,外国贷款人开始担心违约,并中断了对该国的所有新贷款。由于该国无法再借款,其经常账户余额必须为弱正(至少为0:$CA \geqslant 0$)。想要增加经常账户余额,要么增加国民储蓄,要么减少国内投资,或者双管齐下。增加储蓄意味着国民减少消费支出。在所有情境下,经常账户的调整一定伴随着国内需求的下降,从而影响了产出,造成了失业。经济下滑会使一些公司的财务状况恶化,增加其违约风险。因此,即使对即将发生违约危机的最初信念没有依据,这种信念也足以引发实际违约。

当然,由于担心危机即将发生,境外投资者不仅会停止贷款,而且会尽量抽回现有投资,以避免在要求偿还本金时遭受损失。因此,发展中国家将偿还债务本金,并减少境外净负债。这就需要经常账户有盈余,给国内消费和投资带来更大的压力。

资金的快速流出和国内资产的抛售,必然伴随着本币贬值的压力。当本国居民意识到本币可能很快贬值时,其通常会从银行取回存款,购买外币资产,以避免潜在的损失。这种大规模的银行提款,可能会引发银行挤兑。因为担心发生这种潜在的、急剧贬值的负面后果,政府可能会介入,承诺维持汇率稳定,这就要求政府通过出售外汇储备和购买本国货币来干预外汇市场。也就是说,如果政府有足够的外汇储备,就可以成功抵消国内短期资产的抛售,从而防止本币贬值。但是,当一个国家深陷外债(特别是那些可以迅速出售的短期债务)偿还困境时,政府可能没有足够的外汇储备来捍卫其汇率,国际收支危机(balance of payment crisis)就会随之而来。

因此,违约危机、国际收支危机和银行挤兑往往相辅相成,很可能同时发生,进而加剧发展中国家的金融危机,对国家的产出和财富产生严重的负面影响。

主权违约（sovereign default）是指政府无法支付其债务。尽管主权违约与公民个人（或公司）不能履行债务义务的情况不同，但在现实中，这两种类型的违约往往是相互影响的。政府可以在国际市场上过度借贷为公共支出融资，当其外汇储备无法偿还这些债务时，就会引发本币贬值预期和私营部门债务危机。有时，政府也可能接管私人债务以避免经济放缓。无论哪种情况，公共违约和私人违约都可能同时发生。

8.2.3 货币错配与"原罪"

我们在第六章已经分析过，当外币债务超过外币资产时，如果一个国家的本币贬值，那么该国将遭受财富损失。实际上，许多发展中国家在国际金融市场上都是净债务人，其接近 100% 的债务以外币计价。最终，当这些发展中国家发生货币贬值时，其对外财富往往会急剧下降。在 1997 年亚洲金融危机最严重的时候，泰铢对美元汇率下跌约 50%，而印度尼西亚的货币贬值近 75%。同样，2002 年，阿根廷比索贬值近 75%。由于这些国家还持有大量的外币债务，因此它们的对外财富出现了崩溃。据 IMF 估计，1993—2003 年期间，阿根廷的对外财富受估值的不利影响，减少额相当于其 GDP 的 21%，泰国减少了 28%，印度尼西亚减少了 37%。巨大的财富损失导致支出收缩，进而导致 GDP 下降。

正如我们在第六章中的分析所示，货币错配是这种负向财富效应的始作俑者。这些发展中国家持有大量以美元计价的外币债务，当本币对美元的汇率下跌时，以美元计价的债务所对应的本币价值就会上升，而以本币计价的资产价值却没有相应增加。例如，一家泰国公司的经营状况良好，赚取了可观的利润，预计未来会有健康的现金流。在正常情况下，这样一家公司是国际投资者的理想选择。随着公司的快速发展，其对资本投资的需求增加。当然，公司承诺的投资回报也很高。该公司通过国际金融市场借入美元来扩张生产线。这是一次成功的投资，按照计划，公司能够生产更多的产品，销售额大幅增加。然而，一个意想不到的冲击袭来，一场货币危机发生了，泰铢对美元的汇率下跌了 50%。

这家公司将受到怎样的影响？该公司的资产主要是实物资产，例如位于泰国的土地、建筑和机器。以泰铢为单位，这些实物资产的价值保持不变。但是，在资产负债表的负债端，该公司发现自身对国际债权人的欠款比预期的更多。随着泰铢贬值，每欠 1 美元，就得多还 50% 的泰铢。

当然，在现实中，企业并不总是能够直接在国际金融市场上借款。企业通常向银行借款，而银行又向国际投资者借款。尽管银行体系发挥着中介作用，但在亚洲金融危机期间货币贬值压力从银行传导至企业是非常真实和普遍的。货币贬值后债务价值相对于资产价值上升，银行资产负债表急剧恶化。因此，银行切断了对公司的贷款，许多原本健康和有生产能力的公司被推入流动性不足的境地，许多时候其不得不以破产告终。

负债美元化（债务以外币计价）以及本币大幅贬值对企业资产负债表的不利影响，是引发一些发展中国家汇率危机和金融危机的关键因素。我们或许会因此断言，只要发展中国家的企业不以外币计价形式借贷，问题就可以解决。但金融系统中的外围国家，特别是较贫穷的发展中国家，无法用本国货币借款，这是一个长期现象。纵观全球金融市场的历史，国际借贷往往都是以商品货币（黄金或白银）或主导货币（英镑或美元）计价的。

在当今世界，只有少数特权国家可以用本国货币借款。例如，美国主要以美元借贷；享有此类特权的还有其他几个金融中心，如英国、瑞士和日本。共同货币建立后，欧元区国家主要以欧元借款。以上都属于例外。大多数国家的对外借款都是以外币（主要是美元）计价的，而发展中国家平均有90%—100%的外债是以外币计价的。

一个国家如果可以用本国货币计价形式借贷，同时以外币持有境外资产，就会享有一个重要的优势。例如，美国的大部分境外资产以境外货币计价，而接近100%的美国境外负债是以美元计价的。当美元贬值时，美国负债的美元价值不变，但其外国资产的价值增加。因此，美元贬值提高了美国的净境外财富，而持有美国资产的境外贷方则要为此付出代价。

因此，一个国家如果能在国际金融市场上以本国货币计价的形式借款，就可以"贬值去债"。通过简单的货币贬值，该国就能用更少的实际资源偿还原先的境外债务。然而，发展中国家却没有这种选择，它们的外债主要以外币计价，本国货币贬值对其偿还负债是灾难性的打击。

无法以本国货币计价形式借款通常被称为"原罪"。有人认为，从历史的角度来看，贫困国家往往（但并非总是）确实难以坚持审慎和负责的货币政策与财政政策。因此，它们的货币可能因高通货膨胀，甚至恶性通货膨胀而贬值。这时，以本国货币贷款的债权人，其资产购买力被货币价值下降侵蚀而遭受实际损失。所以，债权人可能不愿意持有以发行国货币计价的资产；相反，它们要求使用可靠的外币，以防止通货膨胀和本币贬值。

一些经济学家认为，"原罪"实际上反映了全球资本市场的失败，因为健全的金融市场应该可以引入多种货币的借贷，并以此分散投资风险。到目前为止，这个问题仍然是经济研究中一个引发激烈争论的领域。

有的国家试图通过持有大量外汇储备来降低货币错配程度。最值得注意的是，在20世纪90年代的亚洲金融危机之后，许多亚洲国家政府开始积累大量储备金。政府和私营部门的借款人，也因见识过外币借款所牵涉的风险而更加谨慎。

8.3 新兴市场的国际收支危机

在了解了新兴市场对外借贷的问题和风险后,本节回顾一些重要的国际收支危机事件。

8.3.1 20 世纪 80 年代的拉美债务危机

20 世纪 70 年代,布雷顿森林体系崩溃后,更加灵活的汇率制度促进了资本账户的进一步开放和国际资本的流动。当时,油价急剧上涨,给产油国带来了巨额财富。绝大多数的石油购买价是以美元计价的,石油出口国拥有大量的"石油美元",它们将美元存入国际银行。随着流动性的注入,国际银行向发展中国家慷慨放贷,特别是通过银团贷款(syndicated loans)形式借款给政府,或借款给被认为有政府隐性担保的国有企业。

拉美国家充分利用了这个借贷机会。作为发展中国家,拉美国家的经济增长潜力巨大;与亚洲相比,拉美国家的国内储蓄率较低,对外部资本的依赖度更高。因此,在整个 70 年代和 80 年代初,外国投资不断涌入,该地区的外债从 1975 年的 750 亿美元增加到 1983 年的超过 3 150 亿美元。

在经典经济增长理论下,债务的积累被视为理想的结果。发展中国家通过举债加速资本积累,从而促进经济赶超。只要按期还债,债权人和债务人就应该会满意。然而,一系列有世界性影响的事件打断了拉美国家的债务偿还计划,并最终导致主权违约危机。

美国加息是这次危机的触发因素。20 世纪 70 年代,美国的通货膨胀率居高不下,美联储在稳定物价水平和实现低失业率的双重目标之间左右摇摆,但最终顾此失彼。保罗·沃尔克(Paul Volcker)就任美联储主席时,美国的通货膨胀率超过 11%,民众对通货膨胀的不满情绪高涨。沃尔克向通货膨胀宣战,并于 1980 年 12 月将美国的基准利率——联邦基金利率——大幅上调至 20%。紧接着,全球利率跟随美国一起飙升。债务国发现越来越难以偿还外债或者再融资。债务偿还总额,即利息支付和本金的偿还,从 1975 年的 120 亿美元增加到 1982 年的 660 亿美元。

使问题更加严重的是美元币值同样也在急剧上升。随着美国加息,国际资金流入美国,推动美元汇率在整个 80 年代前半期达到前所未有的水平。由于拉美的债务以美元计价,但政府的税收收入和企业收入以当地货币计价,因此美元加息使得债务价值激增,而资产或收入的价值却没有相应增加,使得偿还债务变得更加困难。

此外,加息引发了全球经济衰退。发达经济体的需求下降不仅对发展中国家产生了直接的负面影响，还导致初级产品价格暴跌，进一步压制了许多发展中国家的出口贸易。

1982年8月，墨西哥宣布外汇储备枯竭，无力偿还债务。它的贷款人——来自工业国家的大型银行，被预期的违约吓坏了。为了降低风险敞口，这些国际贷款人迅速切断了新债务，那些与墨西哥具有相似特征的国家，被要求偿还早期贷款。后来，阿根廷、巴西和智利相继发现无法继续按照合同履行其债务。恐慌蔓延到各个发展中国家，包括以前向欧洲银行借款的苏联集团国家以及非洲国家，尽管它们主要向IMF和世界银行等国际组织借款。唯一幸免于难的是亚洲国家。不同于上述地区，亚洲大多数国家的信用状况良好，并且它们的外部债务有限。到1986年年底，有40多个国家无力偿还外债。

美国担心大规模违约会导致大型银行倒闭并引发世界性的金融危机，于是发起一系列的救援行动。例如1985年的贝克计划，目的是向受影响的国家提供流动资金，允许它们延长偿债期限，但不减少债务总量。当债权人意识到流动性不足并不是问题的全部而破产才是真正的麻烦时，从1989年开始借贷双方就债务减免展开正式谈判，以期减少发展中国家的偿债负担。到1992年，阿根廷和巴西与贷款人达成协议，长达10年的债务危机似乎终于得到了解决。

1992年，美国的联邦基金利率下降到3%，资金开始再次流向发展中国家，包括一些处于20世纪80年代债务危机中心的拉美国家。20世纪90年代，拉美各国普遍启动以市场为导向的国内改革，其经济前景逐渐光明。

8.3.2　1997—1998年的亚洲金融危机

亚洲国家和地区在20世纪80年代的危机中全身而退，几乎毫发无损。亚洲国家和地区在60年代比拉丁美洲国家更贫穷，但在随后的几十年里经济取得了飞速发展。韩国、新加坡，以及中国的香港地区和台湾地区的经济在60年代就开始起飞。紧接着，马来西亚、泰国、印度尼西亚和中国大陆在70—80年代快速发展。到90年代，"亚洲奇迹"备受瞩目，亚洲被视为未来经济的增长中心，国际投资纷纷涌向亚洲寻找机会。

实际上，"亚洲奇迹"发生在多个不同的经济体，其取得成功的原因是多方面的，但是它们的确有一系列的共同特点。第一，亚洲经济体的储蓄比拉美国家多得多。20世纪90年代之前，大多数亚洲国家和地区的金融体系对境外投资保持相对封闭的状态，而亚洲资本投资显著增长，大部分利用国内储蓄自筹资金。第二，亚洲社会在促进全民教育、积累大量人力资本方面做得非常出色。第三，亚洲经济体积极参与国际贸易，通过开拓发达市场追求出口导向型增长。第四，政府积极管理经济，包括调整产业政策和与企业紧密合作。这最后一个因素是有争议的，正如我们将要看到的，这种政府与企业的关系可能是导致金融危机的一个因素。

其实,即使在1997年7月2日泰国意外发生泰铢贬值之时,也很少有人能预见到这一事件最终会像滚雪球一样演变成灾难。诚然,泰国的房地产和股票市场在过去一年里出现了下滑,随着不安的投资者开始清理其在泰国的资产,人们猜测泰铢将贬值,中央银行为应对热钱的外流会损失大部分的外汇储备。起初,泰铢试探性地进行了15%的有控制贬值。然而,在大规模投机活动的冲击下,资本外流,泰铢汇率暴跌。

泰铢汇率的暴跌引发了热钱对其他亚洲经济体的投机性攻击,这些经济体被认为有类似的弱点。首先,泰国的东南亚邻国菲律宾、马来西亚和印度尼西亚遭到攻击。不到一个月的时间内,这些国家相继被迫放弃了固定汇率制度,让本国货币贬值。之后,投机者将目光转向韩国,当时韩国是一个更加成熟的经济体,但在国际资本的洪流中显得渺小而无力。1997年10月,韩元也宣布贬值。到1998年年初,泰铢贬值56%,菲律宾比索贬值41%,马来西亚林吉特贬值46%,印尼卢比贬值81%。

资产价格暴跌,企业破产情势蔓延。资产方面的不良贷款以及本币贬值增加了负债端境外借款的价值,当地银行的资产负债表迅速恶化。与拉丁美洲一样,货币危机和银行业危机相辅相成。

随着国际金融恐慌的加深,资金匆匆流出发展中国家,流向发达市场寻找安全的避风港,金融动荡蔓延得很远、很广。俄罗斯在1998年8月宣布卢布贬值,同时发生债务违约。然后,地球的另一边,巴西雷亚尔于1999年1月实行贬值。

即使是发达金融市场也未能幸免。1998年9月,投资于庞大、多元化全球投资组合的美国著名对冲基金公司——长期资本管理公司(Long-Term Capital Management,LTCM),在资产价值暴跌后濒临倒闭。这个消息引发了大规模恐慌。由于担心LTCM的倒闭会对其他银行和整个金融系统传导不良影响,纽约联邦储备银行发起了一次救援行动。在1998年9—12月期间,美联储三次降息,总降幅为0.75%。欧洲中央银行也紧随其后。同时,IMF增加"配额"——基础资本的建议得到了批准,以增强IMF救援各成员的能力。

到1999年,亚洲经济已经稳定。幸运的是,经济从低迷走向复苏呈现出"V"型增长趋势。受影响的国家在1998年生产总值急剧下降,但在1999年开始增长。

1. 亚洲金融危机产生的原因

亚洲金融危机已经过去了很久,但关于其产生原因的争论却从未形成定论。一方面,在危机期间和紧接着的危机之后,一些亚洲国家将苦难归咎于金融投机者。根据此类观点,国际金融市场的非理性恐慌甚至贪婪,是金融危机的始作俑者,亚洲经济体是受害者。另一方面,一些西方投资者和观察家指出,亚洲经济体的根本弱点才是罪魁祸首。我们将在本小节中讨论这两个观点。

"基础面问题"一派的观点是，亚洲在经济增长方面的出色表现掩盖了一些严重的潜在问题，这些问题使其容易受到金融恐慌的影响。与危机相关的第一个问题是，金融监管不力。在受影响的亚洲经济体中，和许多发展中国家一样，获得直接融资的机会有限，大多数企业都是从银行贷款。此外，银行系统得到政府的隐性担保。政府对银行的支持在发展中国家并不少见，在拉丁美洲，这种政府担保也很普遍。在繁荣时期，银行系统可以顺利地将资金用于投资。但是，如果没有良好的公司治理和审慎的监督系统，道德风险问题就会不可避免地产生，即银行不顾一切地为风险项目融资，国际投资者不顾一切地向银行贷款。因为大家都相信，一旦出了问题，政府就会救助银行。

与危机相关的第二个问题是，一些人认为危机被"裙带资本主义"放大了，政府官员与商业利益之间的联系在分配经济资源方面发挥了重要作用。在泰国，政府官员的亲属经营着金融公司，这些公司向"泡沫"丰富的房地产行业注资。据报道，在印度尼西亚，苏哈托的家庭成员和亲信所经营的企业享有政府授予的特权，如垄断权和获得廉价资金的权利。虽然许多这样的事件在金融危机后被曝光，但它们在多大程度上对危机负有直接责任仍有争议。

与危机相关的第三个问题是，运作不佳的法律体系也深化了危机。例如，《破产法》在危机发生时尚未完善，当企业拖欠贷款时，法律上并不清楚债权人是否有权扣押和清算公司的资产，更不知道如何执行，以至于欠款的企业停止了偿还债务。当然，在这样的僵局中，没有人再愿意借钱给企业。企业最终无法正常经营，就更无法偿还贷款了。

虽然在事后不难列举20世纪90年代亚洲金融危机出现的问题，但要说哪些是影响亚洲金融危机的根本原因却绝非易事。如果一些经济学家和机构在发展中国家发生危机后依然抱有一种乐观的信念，认为国际金融市场本是一份礼物，是发展中国家的固有弱点导致了灾难，那么这种信念被后来发源于发达国家的各种金融动荡事件削弱。事实证明，在受影响的发展中国家中发现的所有弱点，在不同程度上也存在于成熟的金融市场。

话虽如此，但发展中国家的确比发达国家更脆弱。首先，发展中国家金融市场规模小。例如，美国金融市场在全球金融周期中看似正常的潮起潮落，但对规模较小的经济体来说可能是一场破坏性的海啸。其次，"原罪"往往造成发展中国家的资产和负债的货币错配，从而放大了汇率变动的不利影响，许多发展中国家至今仍然背负着大量的遗留债务。最后，发展中国家更依赖出口，由此受到发达市场需求的严重影响。此外，一些发展中国家还严重依赖价格波动很大的初级商品的影响。

总之，虽然全球金融周期中的资本流动本身是不稳定的，而且在很大程度上不受发展中国家的控制，但这些国家的经济特征可能会放大其危害性。发展中国家可以建立保障措施，防止资本流动的突然变化。这样，它们将能够更好地利用国际金融市场所提供的机会，而不会因风险增大而付出代价。接下来，我们将讨论从发展中国家的金融危机中吸取的教训。

2. 从危机中吸取的教训

健康的银行业至关重要。发展中国家的危机往往从国际收支危机开始，然后恶化成为银行危机。事实上，往往是银行危机蔓延到实体经济并引发整个经济的恐慌。由于信贷被切断，即使是本来可以盈利的公司也难以维持经营。在汇率和银行业发生综合危机时，政府往往会陷入进退两难的境地。挽救银行系统需要政府印发大量钞票，充当最后贷款人的角色。然而，货币供给量的增加将对汇率造成进一步下行的压力。

金融部门改革应先于资本账户的开放。20世纪80年代和90年代，一套基于自由市场意识形态的原则，通常被称为"华盛顿共识"，是国际机构给发展中国家开出的经济改革标准处方。然而，随着时间的推移，经济学家发现，虽然经济自由化指出的方向总体上是正确的，但改革的顺序也很重要。特别是，一个国家在向国际资本开放本国金融市场之前，应解决国内金融脆弱性的问题。过早的资本账户开放往往会鼓励国内企业和银行以及国际投资者利用政府的隐性担保进行风险投资，从而加剧道德风险。一些经济学家还认为，贸易开放应先于金融账户自由化，因为实际汇率波动可能会干扰贸易商品部门的发展。

固定汇率制度在开放的资本账户下会产生脆弱性。少有央行有足够的"弹药"对抗国际金融流动并捍卫其汇率稳定。布雷顿森林体系制定的固定汇率制度，在早期是以广泛的资本管制来维持的。一旦资本管制被取消，反复的投机攻击就成了常态，一次又一次的维持固定汇率的努力在大规模的国际资本流动面前都失败了。最终，发达国家要么选择让汇率自由浮动（如美国、日本和英国），要么通过采用共同货币来永久、不可逆地固定汇率（如欧元区国家）。对于发展中国家来说，一个稳定的汇率也许是有诱惑力的，因为它有助于促进国际贸易，还能稳定通胀预期。然而，固定汇率也会产生脆弱性，从而放大金融风险。在固定汇率制度下，企业和银行认为可以忽略可能存在的汇率波动，因此可能会过度借入外币，但这种"安全"是一种危险的错觉。

本小节的讨论主要集中于个别国家可以做些什么，以便更好地应对国际金融流动，并从全球化提供的机会中获得最大利益。正如反复发生的金融危机告诉我们的：即使付出再多的努力，危机也是有可能发生，因为国际金融体系本质上是不稳定和易变的。金融开放带来的任何益处都伴随着风险，下一节将讨论使金融系统更加安全和稳健的方法。

专栏 8-2　全球金融周期

金融一体化使资本能够跨国流动，这意味着机遇与挑战并存。资本的突然外流会引发国际收支危机，而传导性是危机的一个重要特征：危机往往会蔓延至一系列国家，投资者同时撤离多个市场。经济学家长期以来一直指出，危机前的外部环境（如全球利率），是解释危机发生的要素。

全球金融体系的特点是资产价格、资本流动和其他关键金融变量在各国之间的周期性联动，这一观点被称为全球金融周期（global financial cycle）论，由经济学家海伦娜·雷伊（Hélène Rey）在2015年的一篇论文中正式提出。图8-2展示了流入发展中国家的资本彼此之间呈现出共振。随后的文献使用计量经济学工具来研究全球金融周期的特性及其成因，发现全球金融周期与VIX（volatility index，波动率）指数高度相关，可能反映出金融市场避险情绪的周期性波动。

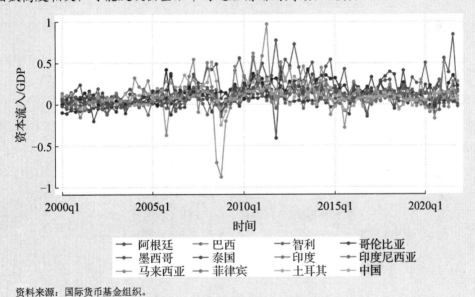

资料来源：国际货币基金组织。

图 8-2　流入主要新兴市场的资本

全球金融周期的成因是什么？美国和欧元区等"中心国家"的货币政策是全球金融周期的重要驱动力，特别是美元在国际货币体系中占据中心地位，由此美联储在其中发挥着重要作用。当美元利率较低时，资本往往会流向其他国家，寻求高回报；在规模较小的市场，资本流入通常会造成资产价格泡沫和信贷过度扩张。美联储加息还会导致全球金融状况恶化，导致私营部门流动性收缩、全球风险资产价格下跌、跨境资本流动速度减缓、大宗商品价格下跌、VIX 指数上升。因此，美联储的货币政策,对全球金融市场和全球流动性具有重要的溢出效应。图 8-3 显示了在美联储于 2008 年大幅降息以应对全球金融危机之后,流入拉丁美洲和亚洲的资本急速上升。

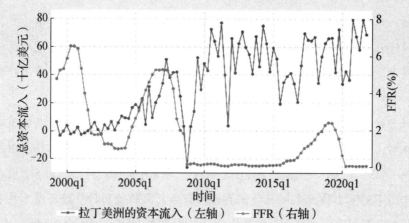

注:资本流入的经济体包括阿根廷、巴西、智利、哥伦比亚和墨西哥。
资料来源:国际货币基金组织。

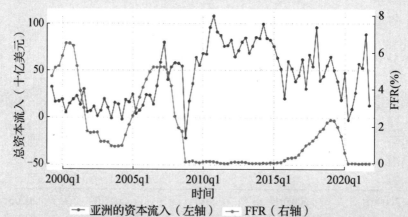

注:资本流入的经济体包括泰国、印度、印度尼西亚、马来西亚和菲律宾。
数据来源:国际货币基金组织。

图 8-3 拉丁美洲和亚洲的资本流入及 FFR

金融周期的全局性意味着,一个国家的金融状况可能取决于外部因素,而非自身的宏观经济基本面。最近的一项研究[①]发现,这一现象在新兴市场中更为明显。流向新兴市场的资金往往相互联动,特定发展中国家受金融周期影响的程度并不取决于自身的制度和宏观经济基本面;相反,人们发现国家与国际金融市场的联系方式更为重要。例如,人们发现,依赖全球共同基金和具有高度市场流动性的国家更容易受到全球金融周期的影响。

全球金融周期的存在对决策者具有重要意义。经典三难困境论表明,在开放

---

① 参见 Cerutti、Claessens 和 Puy(2019)。

资本账户的情况下，只要允许汇率浮动，一个国家就可以实施独立的货币政策。

> 不过，全球金融周期将三难困境变成了决策者的两难选择：国家要么关闭资本账户，维持对利率等的控制；要么开放资本账户，但放弃对国内金融的控制。原因在于，一旦资本账户开放，全球金融周期将"奠定"国内金融的基调，即最终借款人实际支付的利率。换句话说，面对全球金融周期，无论采取何种汇率制度，决策者都必须在"资本账户开放"和"货币政策独立"之间进行取舍。Rey（2015）揭示，美国货币政策收紧，导致资本流入减少和其他国家内部金融环境收紧，这种溢出效应与本国选择的汇率制度无关。换言之，造成国家间实质差异的不是浮动汇率，而是资本管制的实施。这个问题引起了激烈的争论，仍然是经济学界一个活跃的研究领域。

8.4 国际金融安全网

重大的改革往往源于危机期间的经验教训。亚洲金融危机发生后，人们就呼吁改革国际金融体系。但遗憾的是，在 20 世纪 80 年代的拉美危机期间及之后，这样的呼吁基本不存在，反而引发了对受害者的指责。在某种程度上，亚洲金融危机后也出现了相互指责的现象。然而，亚洲经济体有所不同，因为它们没有存在先前在拉丁美洲国家发现的弱点。在亚洲金融危机之前，亚洲经济体被看作模范学生，它们有卓越的经济增长表现，几乎没有一个国家有不良的财政纪律、过量的货币供给，也没有高通货膨胀，没有任何迹象表明货币价值被错估，也没有一个国家是国际货币投机的传统目标。此外，亚洲经济体在危机后恢复良好，事实上，它们最大的错误似乎是天真地相信能自由地参与不可预测的国际金融市场。亚洲金融危机证明，即使基本面良好的经济体，也有可能遭遇货币危机。

显著的金融传导现象也是呼吁改革的理由之一。在亚洲金融危机期间，泰国的危机很快就蔓延到韩国——一个相距 3 000 多千米、较为健康的经济体。然后，俄罗斯的卢布危机引发了对巴西雷亚尔的投机性攻击。受影响的经济体之间的经济联系薄弱，危机蔓延由此及彼似乎完全不合理。此类市场动荡引发了人们的担忧，即便是经济管理良好的国家也无法幸免于金融恐慌，而单一国家的努力不足以防止全球范围的金融崩溃。因此，国际金融安全网被提上决策者的议程。

8.4.1 资本管控的复兴

资本管控指限制资本自由跨境流动的政策。三难困境为理解资本管控的作用提供了理论基础。通常情况下，一个开放资本账户的国家无法在稳定汇率的同时保持货币独立，因为国际投资者会买入或卖出货币以恢复利率平价。例如，假设美联储提高利率以对抗通货膨胀，而中国人民银行希望维持人民币对美元汇率不变。在开放资本账户的情境下，这就要求中国人民银行效仿美联储的做法，提高中国国内利率；否则，美国的高利率会促使投资者抛售中国资产转而购买美国资产，在这个过程中，人民币对美元汇率就会下跌。然而，假设中国国内的通货膨胀率较低，抑制了产出，从国内经济需求来看，加息并不是合适的手段。中国如何在保持汇率稳定的情况下避免加息？如果投资者不能轻易地出售中国资产以换取美国资产，就可以实现保持汇率稳定同时避免加息这两个目标。实际上，中国的资本管控既禁止外国投资者自由购买中国资产，也禁止中国投资者交易境外资产。作为交换，在稳定汇率的同时，中国能够保持一定程度的货币独立性。

当然，资本管控是有成本的。首先，资本管控阻碍了国际资本的自由流动，可能会干扰金融资源的有效配置；其次，资本管控赋予决策者分配自由交易名额的特权，容易滋生腐败；最后，资本管控通常会阻止有利可图的金融交易的发生，从而引发强烈的打破资本管控的动机。因此，随着时间的推移，资本管控会变得漏洞百出。

尽管资本管控存在上述缺点，但仍然是防止货币和金融危机的有效措施。例如，印度和中国在亚洲金融危机期间基本上没有受到影响，因为两国当时都执行了严格的资本管控。在金融危机期间，马来西亚不顾 IMF 的反对意见，实施了紧急资本管控，最终其资本外逃情况有所缓解。更多的发展中国家接受了资本管控，尤其是以此作为遏制热钱流入激增的预防措施。2008 年全球金融危机之后，在 21 世纪的前十年期间，韩国、加拿大和新加坡等发达经济体也加强了资本管控。党的二十大曾提出依法规范和引导资本健康发展。2022 年，IMF 进一步更新了关于资本管控的"机构观点"，承认其作为防护机制的作用，认为一个国家即使目前没有出现国际资本流动激增的情况也可以使用。

除了资本管控，各国还通过各种方式来建立了金融缓冲措施，包括增加外汇储备、签署互换协议以及增加国际货币基金组织（IMF）的借贷救援能力。图 8-4 展示了在 1997 年之后，以上所有金融缓冲措施都经历了大幅增长。在下面的三个小节，我们将详细讨论这些金融缓冲措施。

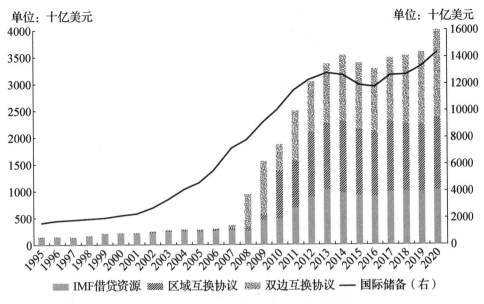

图 8-4 亚洲金融危机后的金融缓冲措施

8.4.2 外汇储备

亚洲金融危机后的一个显著趋势是发展中国家积累了大量的官方外汇储备。

外汇储备指货币当局持有的外币资产。各国过去持有外汇储备是为了在出口额不足以支付进口额时用来支付贸易逆差。在资本快速流动的时代，大多数情况下，外汇储备的主要目的是确保汇率和金融稳定。

对于采取固定汇率制度的国家来说，外汇储备是必要的缓冲。如果一个国家的外汇储备耗尽，当市场抛售其货币时，那么该国除让货币贬值外别无选择。对于没有正式承诺采取固定汇率制度的国家，外汇储备仍然可以用作战争基金，在国际贷款枯竭时提供流动性。

正如我们所看到的，当市场失去信心时，投资者可能急于出售国内资产，给货币带来贬值压力。货币贬值反过来又使外债的价值相对于国内资产的价值上升，使银行和企业更加难以偿还外债。这种机制类似于银行挤兑。当其他投资者大量抛售国内资产，即便是对经济基本形势有信心的投资者，也会发现出售是合理的，因为一旦本币大幅贬值使借款人无法履行其外币偿债义务，他们就会被迫违约。因此，拥有大量的外汇储备有可能阻止银行挤兑的发生，国家甚至有可能不需要实际使用外汇储备，只要市场能够相信货币当局拥有足够的资金就能捍卫本币价值。

亚洲贡献了外汇储备增量的大部分。2005 年，经济学家本·伯南克（Ben Bernanke）提出亚洲外汇储备的增加导致全球储蓄需求急剧增加，并将这种现象称为"全球储蓄过剩"（global saving glut）。他指出，1996年，整个亚洲发展中国家都是净借款国，经常账户赤字合计为410亿美元；到了2000年，亚洲国家扭转了局面，成为净贷款国，经常账户盈余总额达到870亿美元。伯南克认为，亚洲政府这种积累外汇储备的政策变化，促使这一时期全球实际利率的持续走低。

21世纪的前二十年，全球外汇储备持续增长。在2008—2009年全球金融危机期间，外汇储备有所下降，当时各国利用外汇储备来缓冲动荡的国际金融危机。值得一提的是，这次发展中国家相对较好地度过了危机。除增加外汇储备外，危机后全球性的低利率可能也有助于稳定经济发展。

8.4.3 区域安全网和央行互换

区域安全网指一个地区成员之间的机构安排，将金融资源集中起来以防止和缓解金融危机。区域安全网通常是为了应对金融动荡而建立和扩充的。布雷顿森林体系的崩溃和20世纪70年代国际货币体系的动荡，引发并产生了最早的区域安全网，例如1978年成立的拉丁美洲储备基金（Fondo Latinoamericano de Reservas，FLAR）。早在1977年，东盟五国就签署了东盟互换安排①。但直到1997—1998年的亚洲金融危机，IMF的苛刻条件令受影响国家彻底心灰意冷，亚洲国家才决定建立自己的堤坝以抵御国际金融危机。2000年，东盟国家加上中国、日本和韩国，正式签订了《清迈倡议》。2008年全球金融危机后，《清迈倡议》被进一步扩大为《清迈倡议多边化协议》（Chiang Mai Initiative Multilateralization，CMIM）。

CMIM的参与者同意通过货币互换交易，相互提供美元资金支持。CMIM承诺提供的资金多达2 400亿美元，但其效果尚未得到实际检验，原因之一是一些成员国积累的外汇储备激增，而这些储备允许各国进行自我保险。

另外，**央行间货币互换**协议可作为CMIM的替代。在全球金融危机期间，买入美国抵押贷款支持证券的欧洲银行谋求将欧元换成美元，以偿还它们为购买这些资产而背负的贷款，这些举动导致外汇市场上出现严重的美元短缺。美联储与欧洲中央银行、瑞士国家银行签订互换协议，提供急需的美元。同样，韩国和新加坡没有寻求《清迈倡议》的帮助，而是与美联储达成互换协议。美联储是美元的最终发行人，因此这些货币互换协议非常有效地缓解了美元短缺造成的市场紧缩。在全球金融危机期间，美联储通过货币互换协议提供了数千亿美元的贷款。

其他国家的央行也提供本国货币的互换协议。然而，央行间货币互换协议只是临时性工具，只有在紧急情况下才会酌情使用。除了巴西和墨西哥等美洲发展中大国，美联

---

① 创始国包括印度尼西亚、马来西亚、菲律宾、新加坡和泰国。

储的货币互换协议主要提供给发达国家的央行。美联储是否愿意并且能够永久和可预测地扮演全球美元最后贷款人的角色——这是没有保障的。

8.4.4　国际货币基金组织的作用

国家和区域缓冲是有用的，但鉴于资本流动的全球性质，有人提议在世界层面进行战略协调。

国际货币基金组织（IMF）自然成了焦点。目前，IMF 约有 190 个成员，是世界的金融消防员。自 1944 年在布雷顿森林会议上成立以来，IMF 一直是国际货币体系的管家。IMF 最初的任务是协调成员间关系，保持国际收支稳定——这是固定汇率制度稳定的前提。1973 年布雷顿森林体系崩溃后，IMF 更加广泛地参与国际收支危机的预防和干预。

IMF 的功能类似于保险计划。每个成员通过支付配额，为 IMF 提供资源。配额大致基于成员在世界经济中的相对规模。当一个成员遇到潜在的或正在发生的国际收支危机时，它可以向国际货币基金组织借款，以支付债务和稳定货币，为重建国际储备和恢复经济争取时间。

关于 IMF 作用尚无定论，这取决于人们对金融危机原因的认识。有人认为，IMF 的存在助长了不负责任的借贷。各国认为，当它们无法偿还债务时，会得到 IMF 的救助（这主要基于一个国家因自身行为不当而陷入危机的观点）。还有人认为，引发金融危机主要是因为受害国家无法控制的外部因素，因此 IMF 的保险对于国际金融体系的稳定是必要的。然而，即使承认 IMF 有重要作用的人士，有时也认为 IMF 在本该伸出援手之时滥用自身的权力，以迫使受援国进行痛苦的结构改革和采取紧缩性政策，这往往会加深金融危机造成的经济衰退。在亚洲金融危机期间，这种附加条件给受影响国家留下的阴影一直延续至今。亚洲国家在危机后建立外汇储备，并扩大自身的金融安全网，就是因为它们不愿意在未来再向 IMF 借款并被迫接受其条件。

针对贫困国家在 IMF 中代表性不足的批评，IMF 采取了改革措施，通过给予贫困国家更大的投票权来提高 IMF 合法性。2007—2008 年的全球金融危机期间以及 2020 年开始的新冠疫情期间，IMF 的资源急剧增加，使其能够更好地向有需要的国家特别是低收入国家提供帮助。这些措施应该会改善国际金融体系的稳定性和绩效。

关键词

趋同性　直接投资　卢卡斯悖论　债务违约　原罪　全球金融周期　区域安全网　央行间货币互换

参考文献

Alfaro L, Kalemli-Ozcan S, Volosovych V. Why Doesn't Capital Flow from Rich to Poor Countries? An Empirical Investigation[J]. *The Review of Economics and Statistics*, 2008, 90(2): 347-368.

Cerutti E, Claessens S, Puy D. Push Factors and Capital Flows to Emerging Markets: Why Knowing Your Lender Matters More than Fundamentals[J]. *Journal of International Economics*, 2019(119): 133-149.

Lucas R E. Why Doesn't Capital Flow from Rich to Poor Countries[J]. *The American Economic Review*, 1990, 80(2): 92-96.

Rey H. Dilemma not Trilemma: The Global Financial Cycle and Monetary Policy Independence[J]. *NBER Working Paper*, 2015. DOI: 10.3386/w21162.

Stevenson B, Wolfers J. Economic Growth and Subjective Well-being: Reassessing the Easterlin Paradox[J]. *Brookings Papers on Economic Activity*, 2008: 1-87.

本 书 资 源

读者资源

本书附有精选课程视频、延伸阅读、习题集等数字资源，获取方法：

第一步，关注"博雅学与练"微信公众号；

第二步，扫描右侧二维码标签，获取上述资源。

一书一码，相关资源仅供一人使用。

读者在使用过程中如遇到技术问题，可发邮件至 em@pup.cn。

教辅资源

本书配有教辅资源，获取方法：

第一步，扫描右侧二维码，或直接微信搜索公众号"北京大学经管书苑"，进行关注；

第二步，点击菜单栏"在线申请"——"教辅申请"；

第三步，准确、完整填写表格上的信息后，点击提交。